# NATURA

## Biologie für Gymnasien

von
Detlef Eckebrecht

## Oberstufe
## Aufgabensammlung

Ernst Klett Verlag
Stuttgart Düsseldorf Leipzig

**Bildnachweis**

**Fotos:** 9.1 Dr. Joachim Wygasch, Paderborn – 11.1a/b Johannes Lieder, Ludwigsburg –12.1 Okapia (Ca. Biological/Phototake), Frankfurt – 15.1 Okapia (NAS/Biophoto Associates), Frankfurt – 32.1 Okapia (Ulrich Zillmann), Frankfurt – 45.2 Reinhard-Tierfoto, Heiligkreuzsteinach – 97.2 Johannes Lieder, Ludwigsburg – 112.1 blickwinkel (Hecker/Sauer), Witten – 113.2 ullstein bild, Berlin – 114.1 Picture-Alliance (dpa/dpaweb), Frankfurt – 126.1 AKG, Berlin

1. Auflage

1 [7 6 5 4 3] | 2010 2009 2008 2007

Alle Drucke dieser Auflage sind unverändert und können im Unterricht nebeneinander verwendet werden. Die letzten Zahlen bezeichnen jeweils die Auflage und das Jahr des Druckes.



Internetadresse: www.klett.de

**Autor**
Detlef Eckebrecht

**Redaktion**
Horst Schneeweiß

**Gestaltung des Bildteils**
Angelika Kramer, Stuttgart

**Einbandgestaltung**
Jens-Peter Becker; normal Industriedesign, Schwäbisch Gmünd

Reproduktion: Meyle+Müller, Medien-Management, Pforzheim
Medien Druck Unterland, Flein

Printed in: Germany

**ISBN** 978-3-12-045371-0

9 783120 453710

## Vorwort

Diese Sammlung enthält Aufgaben zu allen Themengebieten der Biologie, die in der Sekundarstufe II behandelt werden. Materialien und Aufgaben sind so ausgewählt und formuliert, dass unterschiedliche Anforderungsbereiche und Fähigkeiten berücksichtigt sind. Neben sinnvollem Beschreiben, Zusammenfassen und grafischem Darstellen von Sachverhalten und Versuchsergebnissen wird auch die Übertragung von Wissen auf andere Beispiele verlangt. Eine Reihe von Aufgaben fordert selbstständiges Auswerten von Daten und das Ableiten von Hypothesen sowie deren kritische Bewertung.

Bei der Auswahl von Aufgaben für den Unterricht muss beachtet werden, dass bestimmte unterrichtliche Voraussetzungen gegeben sein müssen, um die im Lösungsteil angegebenen Aussagen zu ermöglichen. Zu einer Reihe von Themen werden mehrere Materialien angeboten. Die Aufgaben haben einen unterschiedlichen Schwerpunkt bzw. Schwierigkeitsgrad, sodass die Bearbeitung des Themas auf unterschiedlichem Niveau erfolgen kann.

Die Aufgabenblätter ermöglichen eine sinnvolle Ergänzung des Unterrichts in Form von Arbeitsblättern oder Hausaufgaben bzw. den Einsatz für Lernzielkontrollen. Alle Aufgaben sind auch unabhängig vom Lehrwerk Natura Oberstufe einsetzbar, auch wenn die Wahl von Begriffen und deren Schreibweise auf Natura Oberstufe abgestimmt ist. Die Abbildungen und Aufgaben sind neu. Sie sind eine echte Ergänzung zu den Aufgaben in Natura Oberstufe und dem dazu gehörenden Lehrerband. Neben Abbildungen und Aufgaben enthalten die Seiten eine kurze Hinführung zum Thema. Das Format DIN A5 erlaubt die Zusammenstellung von zwei Aufgabenblättern für die Schüler ohne zusätzlichen Aufwand. Es ist aber auch möglich, durch einfache Vergrößerung auf DIN A4 großformatige Vorlagen herzustellen.

Jeder Seite ist ein Titel zugeordnet, um die Orientierung in der Sammlung zu erleichtern. Dieser Titel gibt in einigen Fällen Hinweise zur Lösung der Aufgaben. Sollen die Aufgaben ohne diese zusätzliche Information gelöst werden, muss der Seitentitel bei der Vervielfältigung abgedeckt werden.

Das Register am Ende des Bandes erleichtert das Auffinden von Aufgaben zu einem bestimmten Thema. Da eine Reihe von Materialien bei der Bearbeitung unterschiedlicher Gebiete herangezogen werden können, sind die Aufgabenseiten mehreren Stichworten zugeordnet. Durch die Kombination der Materialien unter einem Stichwort können komplexe, gegebenenfalls auch semesterübergreifende Aufgaben gestellt werden (Abiturklausuren bzw. Vorbereitungsklausuren).

## Inhaltsverzeichnis

## Inhaltsverzeichnis

## Zellstreckung gibt die Richtung an

Pflanzensprosse wachsen dem Licht entgegen. Auf welche Weise dies geschieht wurde seit 1880 in einer Reihe von Experimenten an Graskeimlingen untersucht. Hilfsmittel waren kleine Blöcke aus Gelatine bzw. Agar (feuchtes, saugfähiges Material) oder Muskovit (festes, undurchlässiges Material).

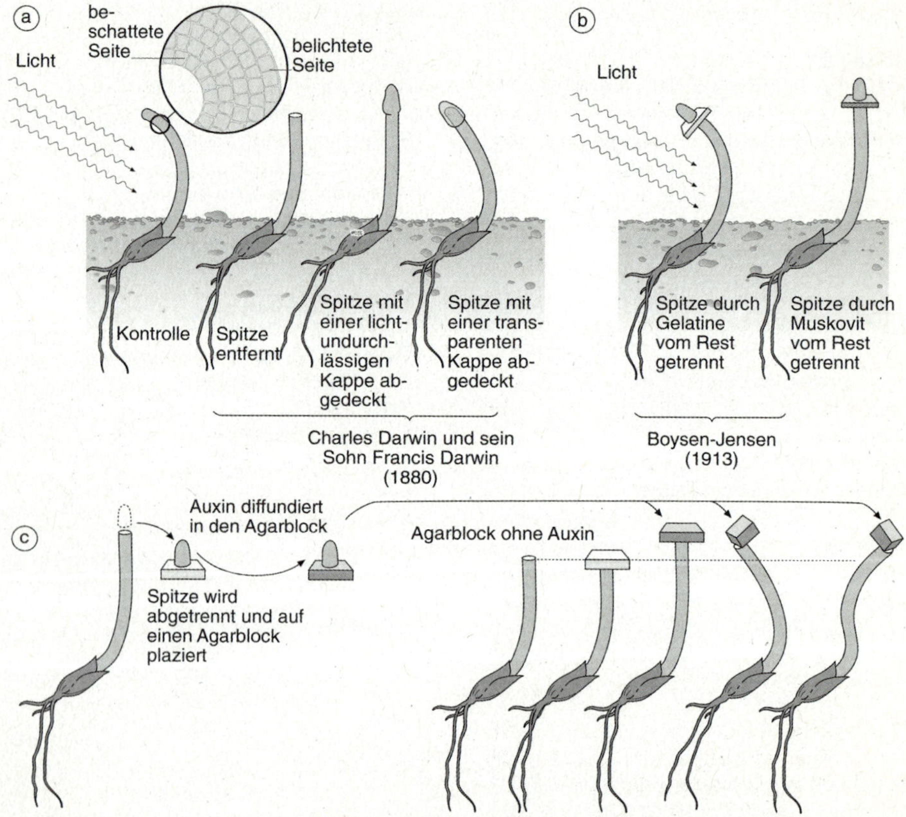


**Aufgaben:**

① Werten Sie die dargestellten Versuchsergebnisse einzeln aus.

② Welche biologische Bedeutung hat die gezeigte Fähigkeit der Pflanzen für ihr Wachsen unter natürlichen Bedingungen?

## Zellen sind Spezialisten

Pflanzliche Zellen entstehen in Wachstumszonen *(Meristemen)*. Zuerst sehen alle dort gebildeten Zellen sehr ähnlich aus, aber im Verlauf der Differenzierung bekommen sie die für ihre Aufgabe charakteristische Gestalt und Ausstattung an Organellen. Als Beispiel sollen die Leitbündel zweikeimblättriger Pflanzen betrachtet werden.

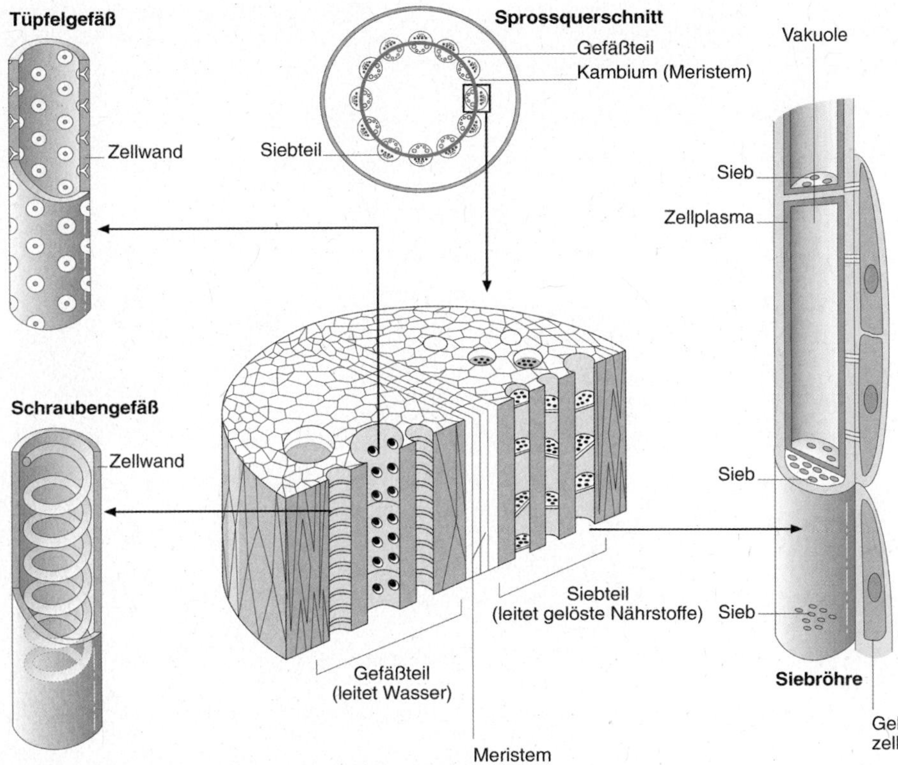


Leitbündel einer zweikeimblättrigen krautigen Pflanze

**Aufgaben:**

① Stellen Sie in einer Tabelle die Eigenschaften der beschrifteten Zelltypen und deren erkennbare Angepasstheiten an die jeweilige Funktion zusammen.

② „Leitbündel sind die Blutbahnen der Pflanzen.“ Vergleichen Sie die Flüssigkeitstransportsysteme bei höheren Pflanzen und Tieren.

## Ein Schleimpilz – Einzeller oder Vielzeller

Der Schleimpilz *Dictyostelium discoideum* ist ein amöboid beweglicher Einzeller, der sich von Bakterien und abgestorbenem, bereits teilweise zersetztem organischem Material aus seiner Umgebung ernährt. Er vermehrt sich durch Zellteilung.

Bei Nahrungsmangel tritt eine enorme Veränderung ein. Innerhalb von ca. 12 Stunden bewegen sich ca. 100 000 dieser Zellen aufeinander zu und bilden einen losen Zusammenschluss *(Aggregation)*. Aus diesem entsteht in mehreren Schritten ein Sporenträger mit Sporenkapsel (siehe Abbildung). Unter geeigneten Bedingungen keimen die freigesetzten Sporen zu amöboid beweglichen Zellen aus.

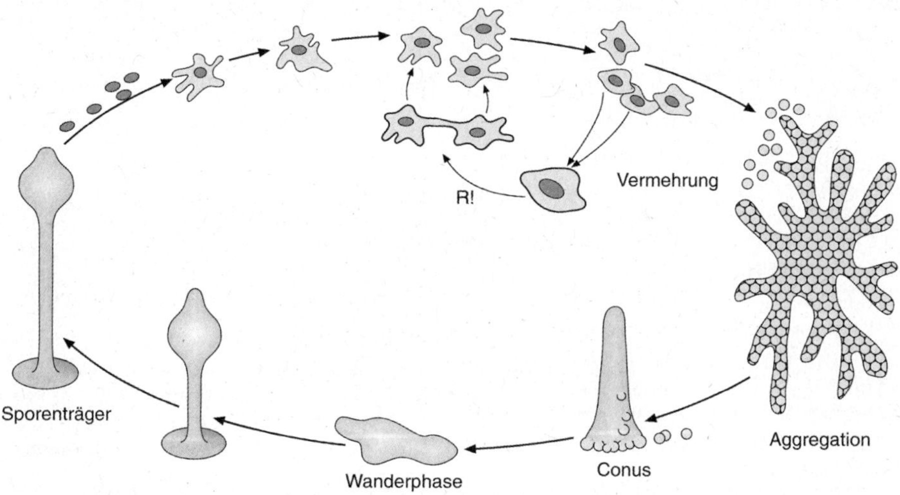


Entwicklungszyklen beim Schleimpilz Dictyostelium discoideum

**Aufgaben:**

① Stellen Sie mithilfe der Informationen und der Abbildung Argumente für und gegen die Aussage zusammen, dass es sich bei dem Schleimpilz um einen Einzeller handelt.

② Amöboid bewegliche Zellen von Dictyostelium wurden auf Nährboden ohne Nahrung übertragen. Sie bildeten Aggregate. Aus dem Nährboden konnte der Stoff c-AMP isoliert werden. In einem weiteren Versuch konnte gezeigt werden, dass sich die Zellen in einem künstlichen Konzentrationsgradienten von c-AMP zur höheren Konzentration hin bewegen. Erklären Sie die Zusammenhänge.

## Volvox – an der Grenze zwischen Einzeller und Vielzeller

Bei Einzellern bewältigt eine Zelle alle Lebensvorgänge vom Stoffwechsel bis zur Fortpflanzung. Bei manchen Arten findet man einzeln lebebensfähige Zellen zu Zellkolonien zusammengeschlossen. Bei klassischen Vielzellern finden wir Organe, die wiederum aus Geweben spezialisierter Zellen aufgebaut sind. Es liegt Aufgabenteilung vor.

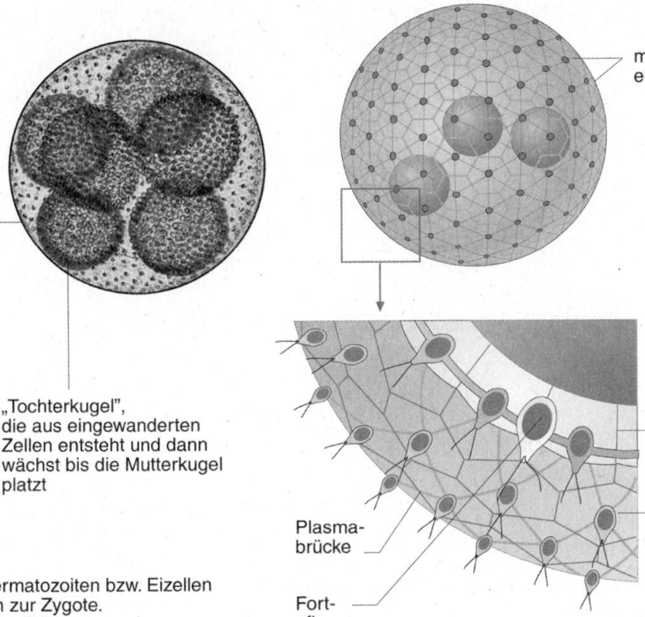


Haploide Spermatozoiten bzw. Eizellen verschmelzen zur Zygote.
Durch die erste Teilung entstehen wieder haploide Körperzellen.

Volvox

**Aufgaben:**

① Nennen Sie Unterschiede zwischen Einzellern und Vielzellern und ordnen Sie die im Wasser lebende Alge Volvox begründet zu.

② Wenn in einem Tümpel die Wassertemperatur steigt, geht Volvox vermehrt von der ungeschlechtlichen zur sexuellen Fortpflanzung über. Die Zygoten bilden Dauerstadien, die auch längere Dürrezeiten überstehen. Gelangen sie in Wasser, so entstehen durch Zellteilung neue Volvox-Organismen. Erklären Sie die Zusammenhänge.

## Trennungsverfahren

In Zellen bzw. den Organellen befindet sich eine Vielzahl von Stoffen. Um deren Zusammenspiel zu verstehen, ist es häufig vorteilhaft, Stoffe voneinander zu trennen. Dazu gibt es neben chemischen Analysemethoden eine Reihe von physikalisch-chemischen Verfahren. Zwei häufig angewendete sind die *Chromatographie* und die *Elektrophorese*.

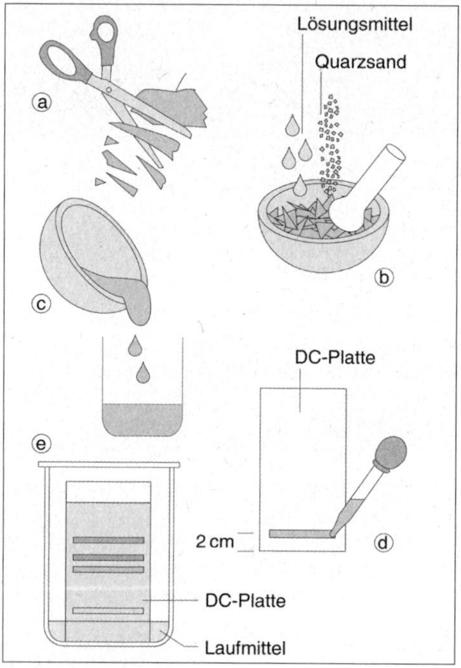


**1** Chromatographie

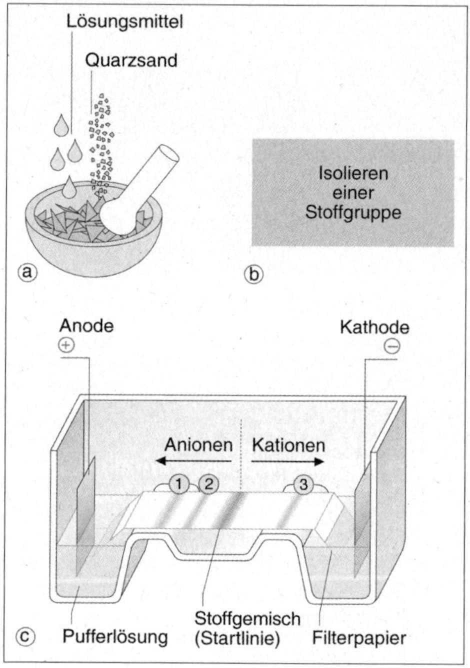


**2** Elektrophorese

**Aufgaben:**

① Erklären Sie anhand der Abbildungen Prinzip und Verfahren der beiden Trennungsmethoden.

② Wie lassen sich mit den beiden Methoden quantitative Aussagen über die Mengen der gefundenen Stoffe gewinnen?

③ Bei beiden Verfahren muss der Versuch an einer sinnvollen Stelle gestoppt werden, da sonst das Ergebnis verloren geht. Erklären Sie.

# Die Lebensuhr der Zelle

Die Grundlagen des Wachstums mehrzelliger Organismen finden auf der Ebene der Zelle statt, denn die Zelle ist der Grundbaustein aller Lebewesen. Die drei wesentlichen Schritte sind Zunahme der Zellanzahl *(Zellteilung)*, Zunahme der Zellgröße *(Zellwachstum)* und Ausbildung der speziellen Ausstattung für eine Aufgabe *(Differenzierung)*.

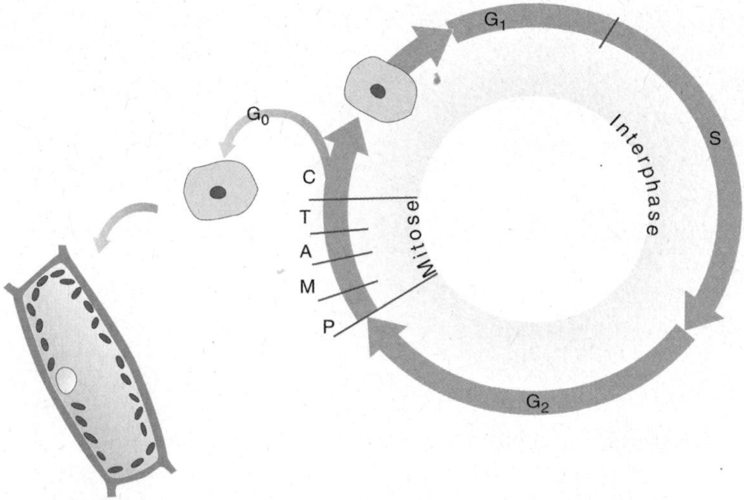


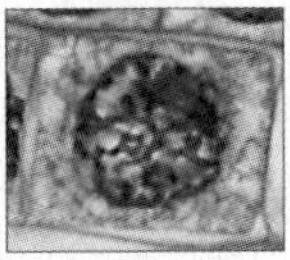

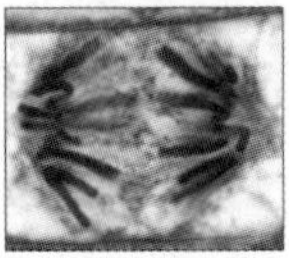

M – Mitose mit den Abschnitten Pro- (P), Meta-(M), Ana- (A), Telophase (T)
C – Cytokinese
S – Synthese neuer DNA (Replikation)
$G_0$ – Weg der Differenzierung zu einer Dauerzelle
$G_1$ – Zellwachstum mit intensivem Stoffwechsel und Organellenvermehrung
$G_2$ – weiteres Wachstum und Vorbereitung auf die Mitose

**Aufgaben:**

① Beschreiben Sie die in der Zelle ablaufenden Vorgänge in den unterschiedlichen Phasen ihrer Existenz.

② Die Teilungsrate von Zellen in einem Gewebe wird von verschiedenen Faktoren, wie Nährstoffversorgung, Zelldichte und Wachstumsfaktoren (Regulatorstoffen) mitbestimmt. Erläutern Sie deren Bedeutung für ein kontrolliertes Wachstum bzw. die Erhaltung des Organismus.

## Mitose

Das Wachsen mehrzelliger Organismen ist geprägt von Zellteilungen *(Mitose)* und Zellwachstum. Bei der Mitose ist die Verteilung der Erbsubstanz aus dem Zellkern von entscheidender Bedeutung.

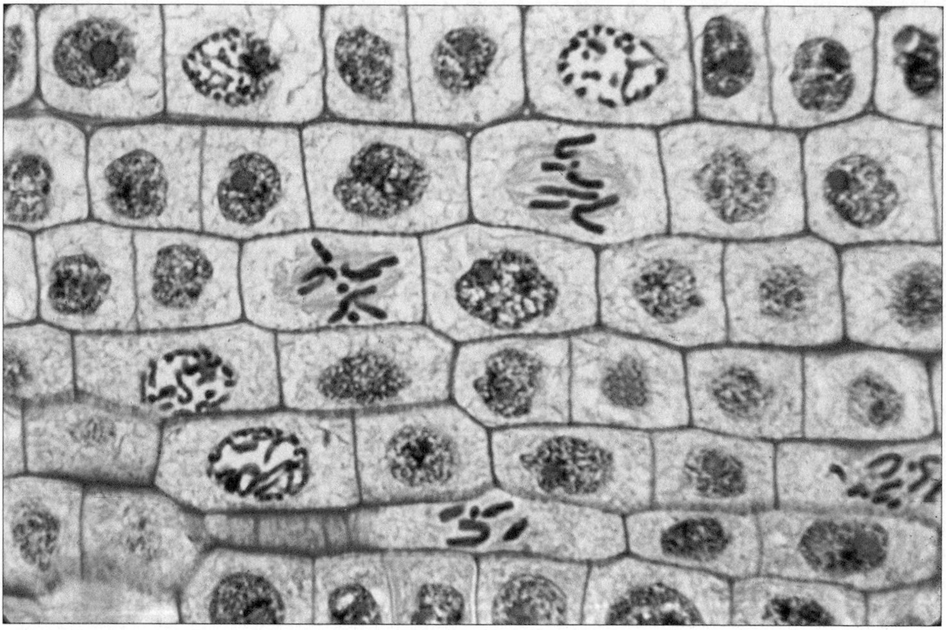

Mitosestadien in der Wurzel einer Küchenzwiebel (Chromosomen sind angefärbt)

**Aufgaben:**

① Stellen Sie den Ablauf der Mitose dar und kennzeichnen Sie entsprechende Stadien in der Abbildung, indem Sie einen Kreis um entsprechende Zellen zeichnen und diese nummerieren.

② Erläutern Sie, warum die Verteilung des Erbmaterials bei der Mitose von so großer Bedeutung ist?

③ Mitose allein bedeutet nicht Wachstum des Organismus. Erläutern Sie diese Aussage.

## Frischer Salat

In Kochbüchern findet man die Anweisung, das Dressing erst kurz vor dem Servieren über den Salat zu gießen. Der Grund lässt sich in einem Experiment erkennen. Dazu werden aus einer Kartoffel gleich große Stückchen in „Pommes frites"-Form geschnitten und dann 15 Minuten lang in Kochsalzlösungen unterschiedlicher Konzentration gelegt.

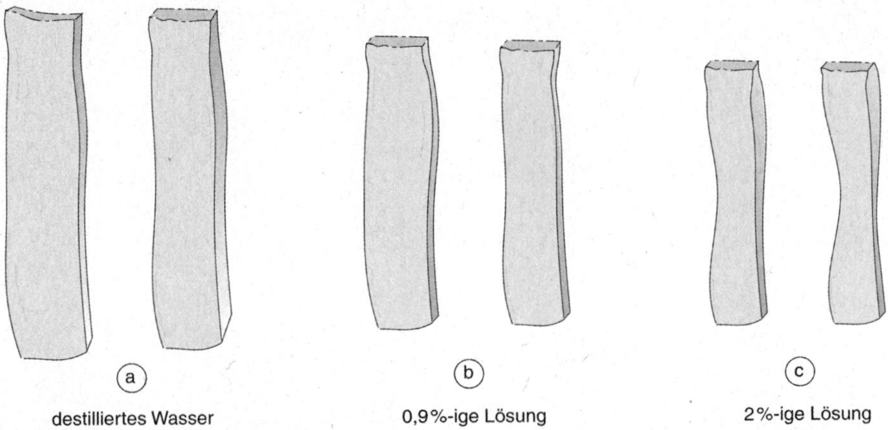


Kartoffelstückchen am Ende des Versuchs

| | vor Versuchsbeginn | in destilliertem Wasser | in 0,9%iger Kochsalzlösung | in 2%iger Kochsalzlösung |
|---|---|---|---|---|
| **Länge der Kartoffelstücke** | 8,7 cm | 9,2 cm | 8,7 cm | 8,2 cm |
| **weitere Beobachtungen** | | knackig, bricht beim Biegeversuch | unverändert | weich, biegsam |

**Aufgaben:**

① Erklären Sie die Beobachtungen unter Verwendung der Fachsprache und benennen Sie das zugrunde liegende Phänomen.

② Was wird geschehen, wenn man das Kartoffelstück aus dem destillierten Wasser in die 2%ige Kochsalzlösung legt? Stellen Sie eine begründete Hypothese auf.

③ Erklären Sie die Anweisung in den Kochbüchern.

# Leben in Süß- und Salzwasser

Der überwiegende Teil der Erde ist von Wasser bedeckt. Aquatische Lebensräume unterscheiden sich nicht nur durch Temperatur und Lichtverhältnisse, sondern auch durch den Salzgehalt (Gehalt an gelösten Substanzen).

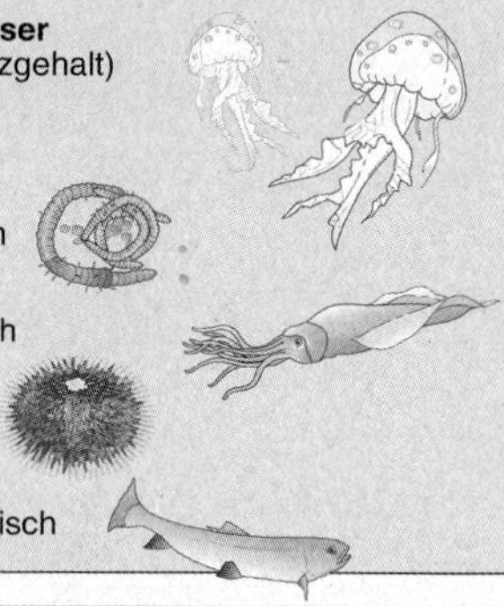

| Angaben in mmol/l | $Na^+$ | $K^+$ | $Ca^{2+}$ | $Mg^{2+}$ | $Cl^-$ |
|---|---|---|---|---|---|
| **Meerwasser** (35% Salzgehalt) | 470 | 10,0 | 10,2 | 53,6 | 548 |
| Qualle | 454 | 10,2 | 9,7 | 51,0 | 554 |
| Wattwurm | 459 | 10,1 | 10,0 | 52,4 | 537 |
| Tintenfisch | 465 | 21,9 | 11,6 | 57,7 | 591 |
| Seeigel | 444 | 9,6 | 9,9 | 50,2 | 522 |
| Knochenfisch | 242 | 6,6 | 2,6 | 4,6 | 182 |

| mmol/l | $Na^+$ | $K^+$ | $Ca^{2+}$ | $Mg^{2+}$ | $Cl^-$ |
|---|---|---|---|---|---|
| **Süßwasser** (0,3% Salzgehalt) | 1,0 | 0,1 | 3,0 | 0,3 | 5 |
| Teichmuschel | 15,6 | 0,5 | 6,0 | 0,2 | 12 |
| Flusskrebs | 146,0 | 3,9 | 8,1 | 4,3 | 139 |
| Libellenlarve | 145,0 | 9,0 | 3,8 | 3,6 | 110 |
| Knochenfisch | 161,0 | 5,3 | 6,3 | 0,9 | 119 |
| Frosch | 104 | 2,5 | 2,0 | 1,2 | 74 |

**Aufgaben:**

① Vergleichen Sie die Werte für die wichtigsten Ionenarten in den Körperflüssigkeiten der Tiere und im umgebenden Wasser. Inwieweit beeinflussen Körperbau, Art der Atmung und Lebensweise die auftretende Problematik?

② Erklären Sie die Begriffe „homoiosmotisch“ und „poikilosmotisch“.

## Stoffaufnahme durch Zellen

Zellen tauschen mit ihrer Umgebung auf unterschiedliche Weise Stoffe aus. Kleine Moleküle gelangen durch die Zellmembran durch Diffusion, Poren oder aktiven Transport. Makromoleküle und größere Partikel, wie z. B. Nahrungsteilchen bei Einzellern, gelangen auf anderem Wege in die Zelle.

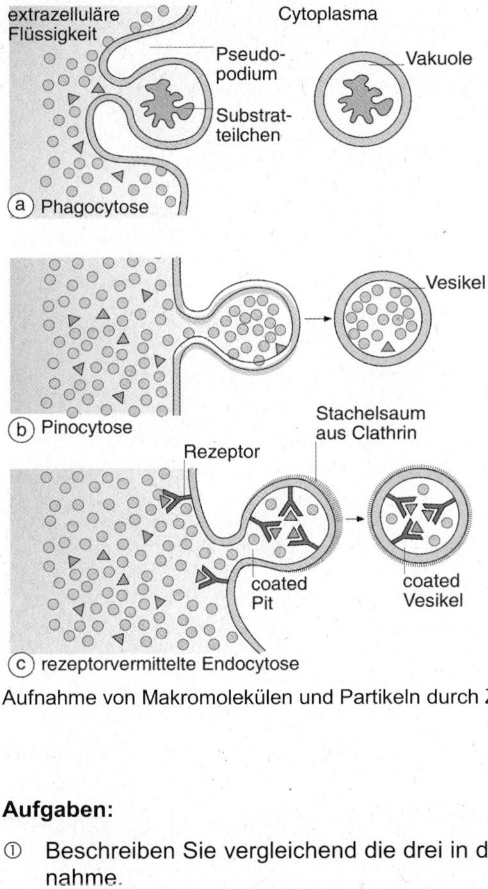


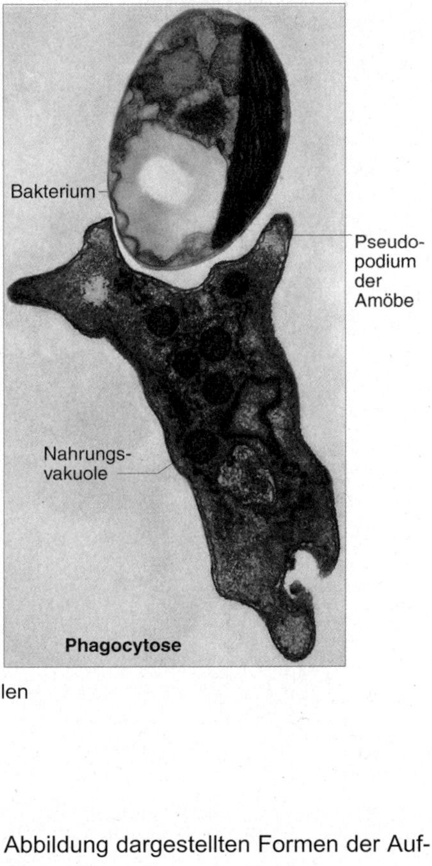


Aufnahme von Makromolekülen und Partikeln durch Zellen

**Aufgaben:**

① Beschreiben Sie vergleichend die drei in der Abbildung dargestellten Formen der Aufnahme.

② Die Rezeptoren für die rezeptorvermittelte Endocytose liegen häufig in großer Anzahl in kleinen Vertiefungen in Membrangruben *(coated Pits)*. Ein Protein *(Clathrin)* unterstützt die Vesikelbildung. Es entsteht ein so genannter Stachelsaum. Damit dieser Vorgang immer wieder stattfinden kann, muss Clathrin ständig in die Zellmembran gelangen. Stellen Sie eine Hypothese auf, wie dies geschieht.

## Lysosomen

Lysosomen sind im Cytoplasma vorkommende, membranumhüllte Organellen. Sie enthalten eine Reihe unterschiedlicher Enzyme, die verschiedenste Stoffe hydrolytisch (unter Wasseranlagerung) spalten können, sie also intrazellulär abbauen. Dazu gehören Glycosidasen, Lipasen, Phospholipasen, Proteasen, Nucleasen und Phosphatasen.

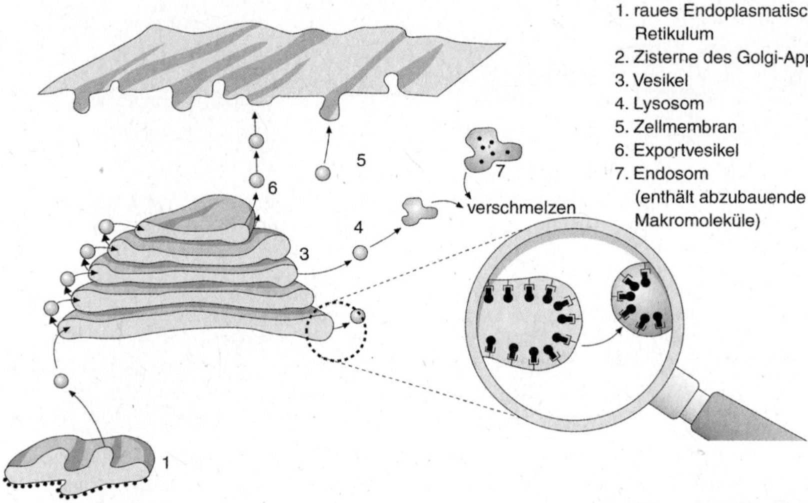


1. raues Endoplasmatisches Retikulum
2. Zisterne des Golgi-Apparates
3. Vesikel
4. Lysosom
5. Zellmembran
6. Exportvesikel
7. Endosom (enthält abzubauende Makromoleküle)

⑃ = Mannose-6-Phosphatrezeptor
● = Mannose-6-Phosphatrest an bestimmten Stoffe spaltenden Enzymen

Lysosomenbildung und deren Bedeutung für den Zellstoffwechsel

**Aufgaben:**

① Enzyme erhalten ihre Namen nach der Wirkung auf die passenden Substratmoleküle. Welche Funktionen haben die im Text genannten Enzyme?

② Erklären Sie anhand der Abbildung, wie Lysosomen entstehen und wie sie ihre Aufgabe erfüllen.

③ Lysosomale Enzyme sind durch Mannose-6-phosphat-Reste markiert. Die Membranen der Golgi-Vesikel enthalten dazu passende Manose-6-phosphat-Rezeptoren. Erläutern Sie mithilfe der Abbildung, welche Bedeutung diese Rezeptoren haben.

## Bakterien – Helfer bei der Metallgewinnung

In manchen Erzen, aber auch in Abfällen der chemischen Industrie, kommen Schwermetalle bzw. deren schwerlösliche Verbindungen in geringer Konzentration vor. Ein Abbau bzw. eine Rückgewinnung mit chemischen Verfahren ist nicht rentabel bzw. teuerer als die Entsorgung als Sondermüll. Unter der Vielzahl von Bakterien gibt es jedoch „Spezialisten", die z. B. bei der Gewinnung von Kupfer einen entscheidenden Fortschritt darstellen.

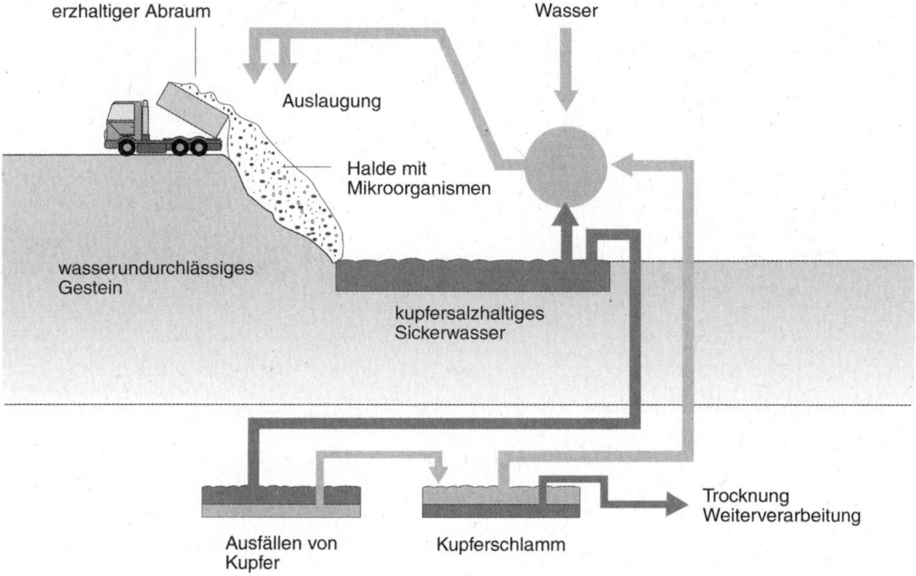


Kupfergewinnung durch Leaching

**Aufgaben:**

① Im Erz vorkommendes Kupfersulfid (CuS) ist schwer löslich. Bestimmte Bakterien, die zusammen mit Wasser auf die Erzhalden gesprüht werden, nehmen diesen Stoff auf und oxidieren ihn zum leichter löslichen Kupfersulfat ($CuSO_4$). Welche Besonderheit müssen die Enzyme dieser Bakterien aufweisen?

② Bei dem Oxidationsprozess wird Energie frei. Diese dient den Bakterien zur Aufrechterhaltung ihrer Lebensvorgänge. Sind sie auto- oder heterotroph? Begründen Sie Ihre Aussage.

## Enzyme in Reinigern

Bei hartnäckigen Verschmutzungen in Kleidung, Teppichen, Polstern oder z. B. Großküchen können Verfahren eingesetzt werden, bei denen Enzyme die Reinigung erleichtern.

| Einsatzgebiet | enthaltene Enzyme | Bemerkungen |
|---|---|---|
| **Fleckentfernung** | Protease | wird als Paste aufgetragen, Einwirkzeit beachten |
| **Teppichreinigung mit enzymhaltigem feuchten Pulver** | Protease, Lipase, Amylase, ggf. Zellulase | Pulver wird später mit Staubsauger entfernt, eignet sich nicht zum Einsatz als Lösung des Pulvers |
| **Großküchenreinigung** | Protease, Lipase | Pulver wird in Wasser gelöst aufgetragen, später konventionelle Reinigung mit klassischem Reiniger |
| **Geruchsneutralisation** | Protease, Lipase | Abwaschen von Oberflächen mit frisch angesetzter Lösung, Lösung nicht haltbar |

**1** Einsatzgebiete enzymhaltiger Reinigungsprodukte

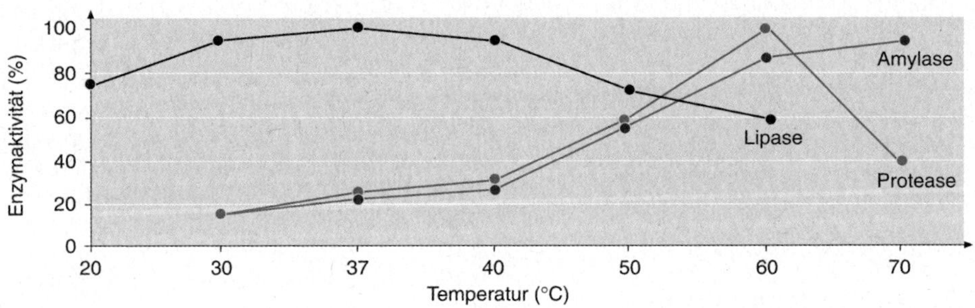


**2** Temperaturabhängige Wirksamkeit von Enzymen, die in Reinigern genutzt werden (bei pH 9)

**Aufgaben:**

① Beschreiben Sie die Wirkung der in der Tabelle genannten enzymhaltigen Reinigungsmittel bzw. -verfahren.

② Hersteller weisen darauf hin, dass Enzymreiniger mit Proteasen und Lipasen in gelöster Form nicht haltbar sind, weil sie nach einiger Zeit einen Teil ihrer Wirksamkeit verlieren. Erklären Sie.

③ Interpretieren Sie Abbildung 2.

# Enzymreaktionen

Harnstoff wird insbesondere von Säugetieren ausgeschieden. Manche Mikroorganismen können ihn mithilfe des Enzyms Urease hydrolytisch spalten. Der Ablauf dieser Reaktion lässt sich im Reagenzglas verfolgen, indem man die Leitfähigkeit der Lösung misst. Aus dem Harnstoff gebildeter Ammoniak reagiert mit Wasser zu $NH_4^+$- und $OH^-$-Ionen, die die Leitfähigkeit erhöhen.

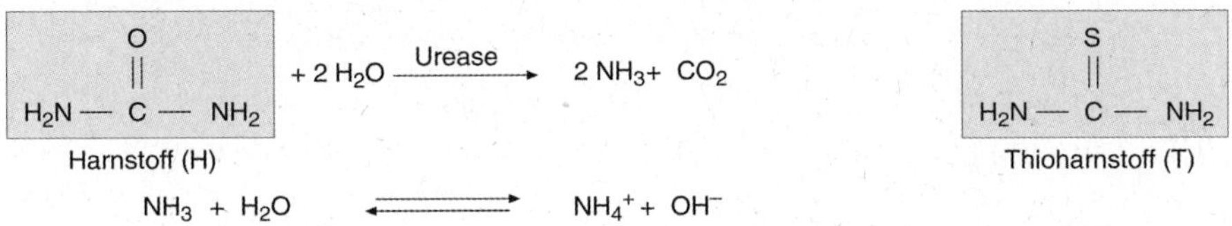


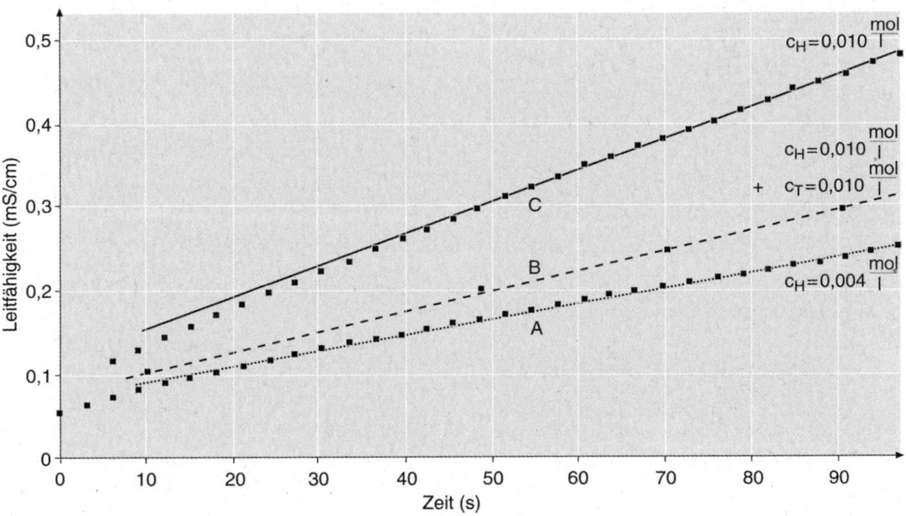


**Aufgaben:**

① Vergleichen Sie den Verlauf der Kurven A und C in der Abbildung und erklären Sie die Unterschiede.

② In einem weiteren Versuch wurde zusätzlich zu Enzym und Substrat die Substanz Thioharnstoff hinzugegeben. Vergleichen Sie das Ergebnis (in Kurve B) mit dem in Kurve A dargestellten und erklären Sie die Unterschiede.

## Vögel und Säugetiere im Vergleich

Vögel und Säugetiere sind die beiden Wirbeltierklassen, deren Vertreter ihre Körpertemperatur weitgehend konstant halten *(homoiotherme Tiere)*. Fliegen ist diejenige Fortbewegungsart, die außer beim Segel- bzw. Gleitflug den höchsten Energieaufwand erfordert. Da auch die Schwerkraft überwunden werden muss, bedeutet für Vögel Gewichtsersparnis gleichzeitig Energieersparnis.

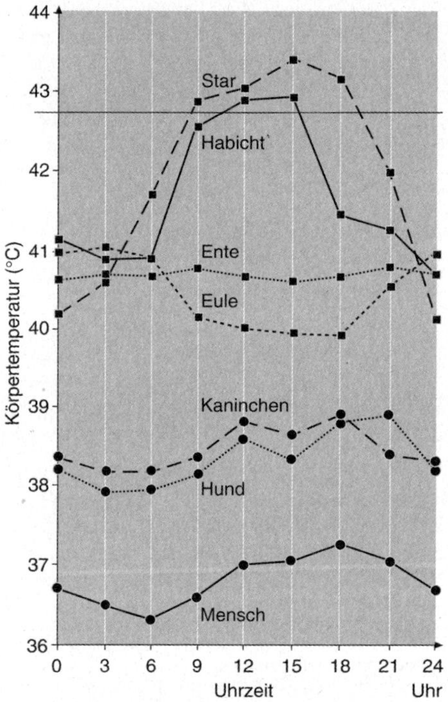


**1** Tagesrhythmus der Körpertemperatur

| Art | Körpermasse (kg) | $O_2$-Verbrauch $\left(\frac{l}{\text{kg Körpermasse} \cdot 24\,h}\right)$ |
|---|---|---|
| Kanarienvogel | 0,018 | 60–74 |
| Sperling | 0,022 | 46–51 |
| Dohle | 0,242 | 67 |
| Taube | 0,300 | 56 |
| Mäusebussard | 0,5 | 22 |
| Maus | 0,022 | 45 |
| Ratte | 0,2 | 30 |
| Igel | 0,246 | 29,6 |
| Seehund | 29 | 13,0 |
| Schaf | 59 | 7,8 |

| Art | mg Zucker/100 g Blut |
|---|---|
| Ente | 148 |
| Hausrotschwanz | 347 |
| Huhn | 130–260 |
| Hund | 60–90 |
| Kanarienvogel | 236 |
| Mensch | 60–100 |
| Pferd | 55–95 |
| Ratte | 92–106 |
| Rind | 40–70 |
| Schaf | 30–50 |
| Sperling | 288 |
| Strauß | 164 |
| Taube | 190 |
| Ziege | 45–60 |

**2** Sauerstoffverbrauch und Blutzuckergehalt

**Aufgaben:**

① Vergleichen Sie die Werte der einzelnen Arten in Abbildung 1 und interpretieren Sie die Daten.

② Erklären Sie den Zusammenhang zwischen den Messgrößen in Abbildung 2 und interpretieren Sie die Daten. Nehmen Sie dabei auch Bezug auf den oben stehenden Text.

# Der Wärmerhaushalt

Menschen sind meist einer Umgebungstemperatur ausgesetzt, die deutlich unter der Körpertemperatur liegt. Andererseits produziert der Körper ständig Wärme, selbst wenn sich die meisten Muskeln in Ruhe befinden. Selten tritt ein Zustand ein, bei dem auch ohne Regulation Wärmeabgabe und -produktion gleich sind.

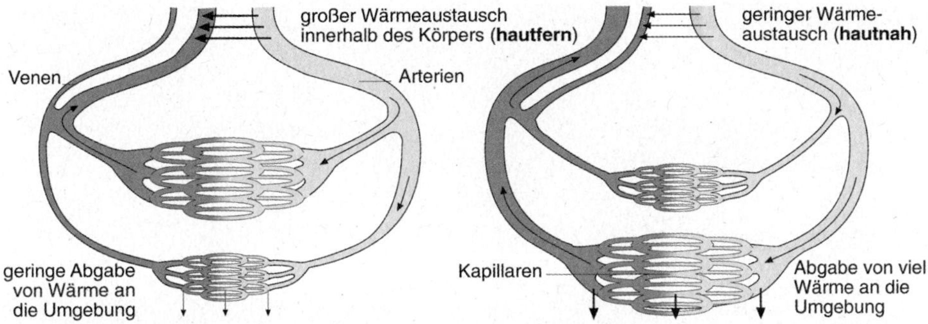


Temperaturregulation durch Arterien, Venen und Kapillaren in der Haut

| Art der Wärmeabgabe | Wärmeabgabe (kJ/Tag) | Anteil in % |
|---|---|---|
| **Erwärmung der Atemluft** | 535 | 4 |
| **Wasserverdunstung** | 2 335 | 21 |
| **Leitung und Konvektion** | 3 486 | 31 |
| **Strahlung** | 4 944 | 44 |
| **gesamt** | 11 300 | 100 |

**Aufgaben:**

① Beschreiben Sie den in der Abbildung dargestellten Mechanismus zur Regulierung der Körpertemperatur und erklären Sie die Wirkungsweise.

② Welche Wirkung hat Kleidung auf den Wärmehaushalt? Erklären Sie deren Wirkung auf die in der Tabelle genannten Faktoren.

③ Kaiserpinguine können die Körpertemperatur von ca. 40 °C trotz tagelanger Schneestürme mit Temperaturen von –50 °C aufrecht erhalten. Neben isolierenden Federn und einer Fettschicht unter der Haut weisen sie in der Nasenhöhle ein wenig durchblutetes Labyrinth auf, durch das die Atemluft strömt. In der Nähe der Nasenlöcher beträgt die Oberflächentemperatur fast 0 °C, in der Nähe der Luftröhre fast 40 °C. Erklären Sie die Zusammenhänge unter Bezugnahme auf die Tabelle.

## Seehunde – Leben an der Luft und im Wasser

Seehunde leben überwiegend im Wasser. Manchmal ruhen sie sich an Land auf Sandbänken aus und sonnen sich. Die Tiere haben ein kurzes Fell. Unter der Haut befindet sich eine wärmeisolierende faserige Fettschicht, der „Blubber“.

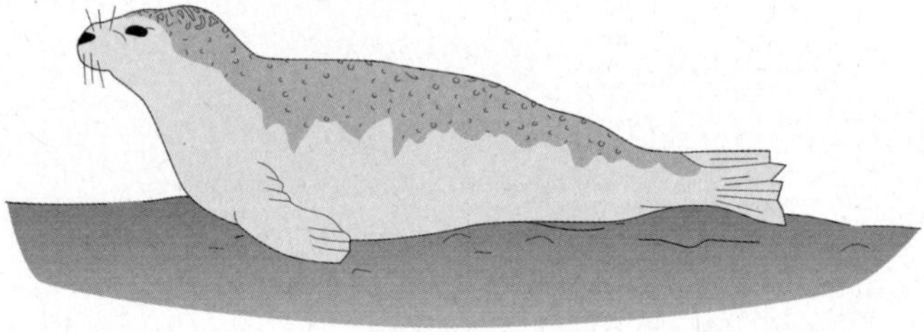

**1** Seehund

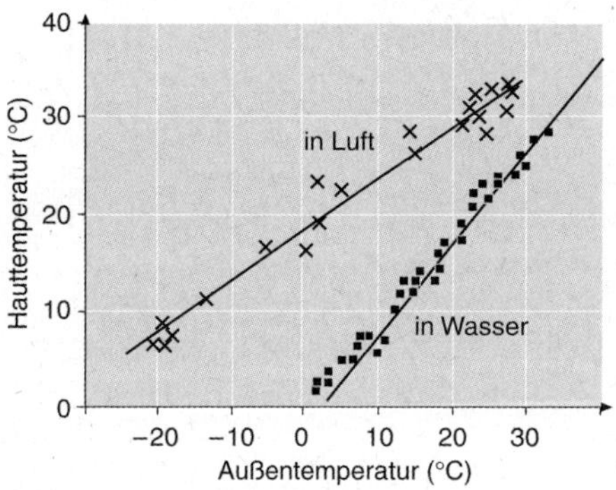


**2** Hauttemperatur der Seehunde

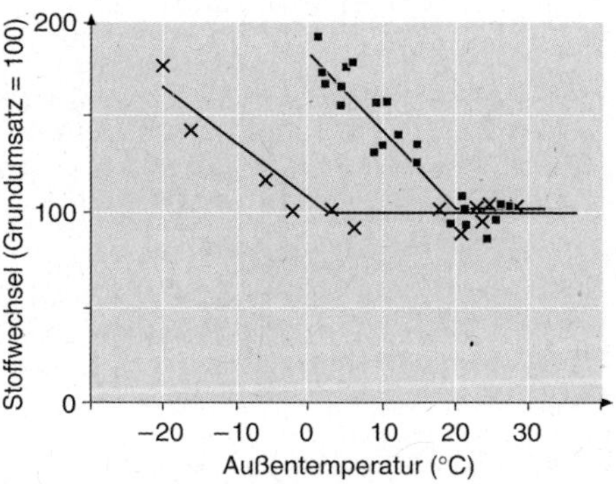


**3** Stoffwechselrate der Seehunde

**Aufgaben:**

① Interpretieren Sie die Abbildungen 2 und 3 und stellen Sie einen Bezug zur Lebensweise der Tiere her. Beachten Sie, dass Wasser eine mehr als 20-mal höhere Wärmeleitfähigkeit besitzt als Luft.

② Nach der RGT-Regel sinkt die Stoffwechselgeschwindigkeit bei sinkender Temperatur. Erklären Sie den scheinbaren Widerspruch zu Abbildung 3.

③ Seehunde säugen ihre Jungen auf den Sandbänken mit Milch, die wesentlich fetthaltiger ist als die der meisten landlebenden Säugetiere. Welche Vorteile bringt dies für das Überleben der Jungen.

## Das Fett der Seehunde

Seehunde sind gleichwarm *(homoiotherm)* wie alle Säugetiere. Die Seehunde an der deutschen Nordseeküste verbringen den größten Teil ihres Lebens im Wasser. Die übrige Zeit kann man sie auf Sandbänken beobachten.

Sie ernähren sich hauptsächlich von Plattfischen, wie Scholle und Seezunge. Einen Teil der Nahrung verwenden sie zum Aufbau einer faserigen Fettschicht, die *Blubber* genannt wird. Sie liegt zwischen Haut und Muskelgewebe. Im Herbst wird die Schicht dicker, im Frühjahr werden die Fettreserven teilweise verbraucht.

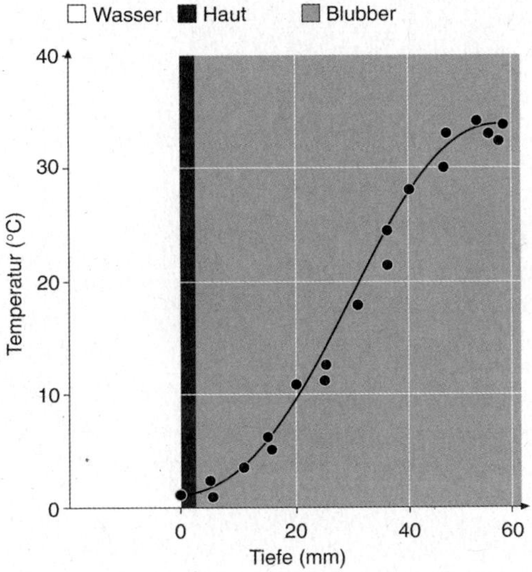


**1** Temperaturprofil durch die äußere Körperschichten

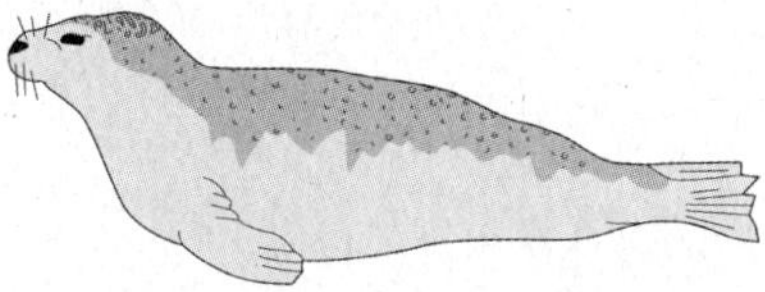

| Material | Wärmeleitfähigkeit $\left(\frac{kJ}{m \cdot K \cdot h}\right)$ |
|---|---|
| Silber | 429 |
| Holz | 0,132 |
| Luft | 0,026 |
| Wasser | 0,609 |
| Eis | 0,592 |
| Neuschnee | 0,110 |
| Federn | 0,025 |
| Kaninchenfell | 0,026 |
| Fettgewebe | 0,176 |
| Fleisch | 0,484 |

**2** Wärmeleitfähigkeit verschiedener Stoffe

**Aufgaben:**

① Erklären Sie die Funktion der Blubberschicht unter Bezugnahme auf die verschiedenen Materialien.

② Im Juni gebären Seehunde ihre Jungen auf Sandbänken und säugen sie dort. Erklären Sie den Bezug zur abnehmenden Dicke der Blubberschicht.

## Die Temperaturorgel

Bei *poikilothermen* (wechselwarmen) Tieren richtet sich die Körpertemperatur überwiegend nach der Außentemperatur. Dennoch sind sie in der Lage, Einfluss auf ihre Körpertemperatur zu nehmen.

Mehlwürmer (Larven des Mehlkäfers) wurden auf eine Metallschiene gelegt, von der ein Ende in Eiswasser, das andere in kochendes Wasser tauchte (siehe Abb.). Im Abstand von einer Minute wurden ihre Aufenthaltsorte protokolliert.

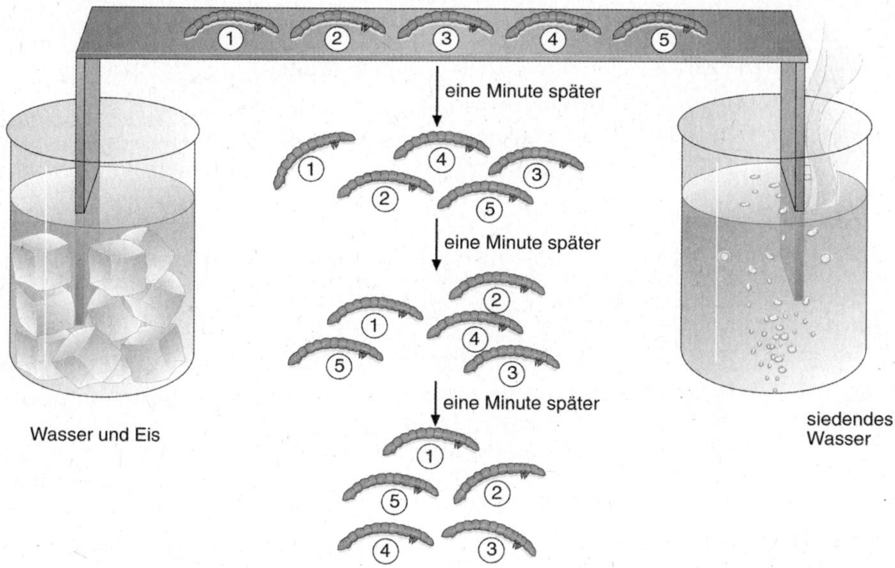


Position der Mehlwürmer auf der Metallschiene

**Aufgaben:**

① Deuten Sie die Versuchsergebnisse (siehe Abb.). Erklären Sie dabei auch das Verhalten des Mehlwurms Nr. 5.

② Die Begriffe „Temperaturoptimum" und „Temperaturpräferenz" haben ähnlichen Inhalt, sind aber nicht bedeutungsgleich. Erklären Sie.

③ Käfer sind ebenfalls poikilotherm. An einem frühen Frühlingsmorgen kann man beobachten, dass z. B. Maikäfer einige Zeit vor dem Abflug mit den Flügeln schlagen. Welche Bedeutung hat dieses Verhalten?

## Das Vogelei

Vögel legen hartschalige Eier, deren Gewicht pro Gelege über 100 % des Körpergewichts des Weibchens betragen kann. Das Ei ist weitgehend abgeschlossen, nur Gase und Wärmeenergie können mit der Umgebung ausgetauscht werden.

Die Entwicklung des Embryos vollzieht sich im Ei in ca. 10 bis 25 Tagen. Die Dicke der Eierschale nimmt in dieser Zeit deutlich ab. Zum Zeitpunkt des Schlüpfens nimmt das Küken nahezu den ganzen Raum im Ei ein. Eiklar und Eidotter sind nahezu vollständig aufgebraucht.

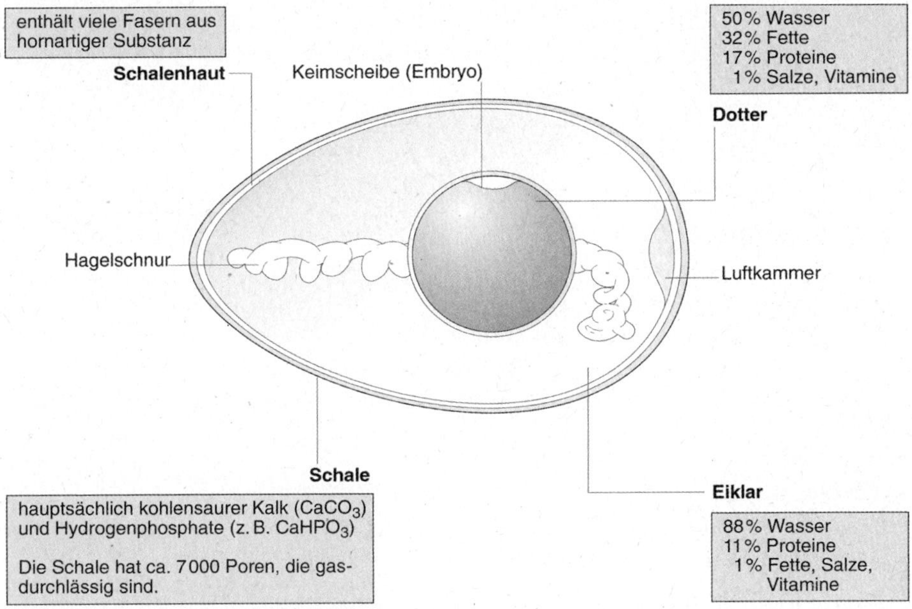


Aufbau und Zusammensetzung des Hühnereis

**Aufgaben:**

① Erklären Sie, wodurch das Ei die Entwicklung des Kükens in seinem Inneren ermöglicht.

② Durch Brüten erhalten die Elterntiere eine nahezu konstante Temperatur in den Eiern, die außer in sehr heißen Regionen die Umgebungstemperatur übersteigt. Welchen Einfluss hat das auf die Entwicklung des Embryos? Erklären Sie.

## Keimung

Wird eine Saubohne eine Woche lang in einer Petrischale auf feuchtem Filterpaper gehalten, so beginnt sie zu keimen. Schneidet man sie dann in der Nähe des Embryos durch und gibt einen Tropfen Iodkaliumiodid-Lösung auf die Schnittfläche, so erhält man folgendes Ergebnis:

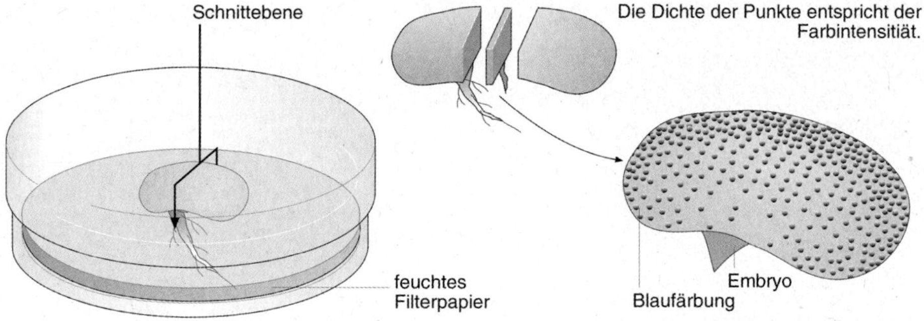


Ergebnis des Keimungsversuchs

Gibt man Iodkaliumiodid-Lösung zu verschiedenen Stoffproben, erhält man die folgenden Ergebnisse:

| Stoff | Färbung der Lösung nach Zugabe |
|---|---|
| **Wasser** | braun |
| **Proteinlösung** | braun |
| **Fetttropfen** | braun |
| **Stärkeaufschwemmung** | blau |
| **Glucoselösung** | braun |

**Aufgaben:**

① Erklären Sie unter Zuhilfenahme der Tabelle die Beobachtungen aus dem Keimungsversuch.

② Geben Sie einen Überblick über die in dem Bohnensamen während der Keimung ablaufenden biochemischen Reaktionen.

③ Während der Keimung lässt sich auch eine Zunahme der Proteinkonzentration im Embryo nachweisen. Der Anteil der Polysomen am Ribosomengehalt steigt, während die Monosomen weniger werden. Erklären Sie.

## Erwachen aus dem Winterschlaf

Der einheimische Gartenschläfer gehört wie der Siebenschläfer zur Familie der Bilche, die zur Ordnung der Nagetiere gehören. Unter natürlichen Bedingungen macht er seinen Winterschlaf in einem ausgepolsterten Nest. Bei einer Tagtemperatur von ca. 6 °C erwacht er.

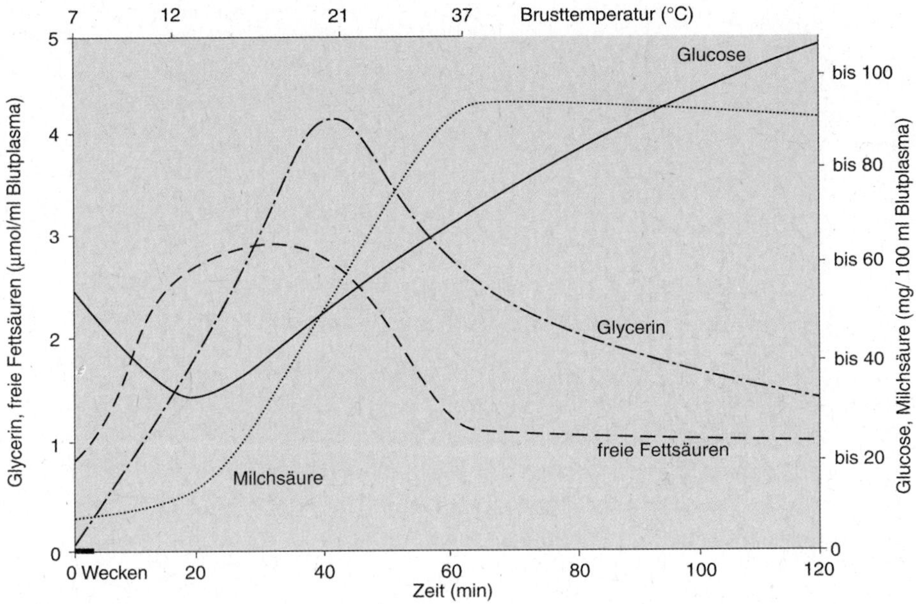


Physiologische Veränderungen während des Aufwachvorgangs beim Gartenschläfer

**Aufgaben:**

① Stellen Sie dar, in welchem Zusammenhang die in der Abbildung berücksichtigten Stoffe im Körper vorkommen.

② Erklären Sie die aus der Abbildung ersichtlichen Konzentrationsänderungen während der Aufwachphase.

③ Welche biologische Bedeutung hat der Winterschlaf für die Gartenschläfer wie auch für alle anderen Winterschlaf haltenden Tiere?

## Der „Asparaginsäurezyklus“

In manchen Büchern werden die in der Abbildung dargestellten Stoffwechselschritte unter dem Namen „Asparaginsäurezyklus“ dargestellt. Der hell unterlegte Bereich stellt einen Ausschnitt aus dem Harnstoffzyklus dar. Dabei wird aus Aminogruppen und Kohlenstoffdioxid der für den Körper unschädliche Harnstoff hergestellt, der mit dem Urin ausgeschieden wird.

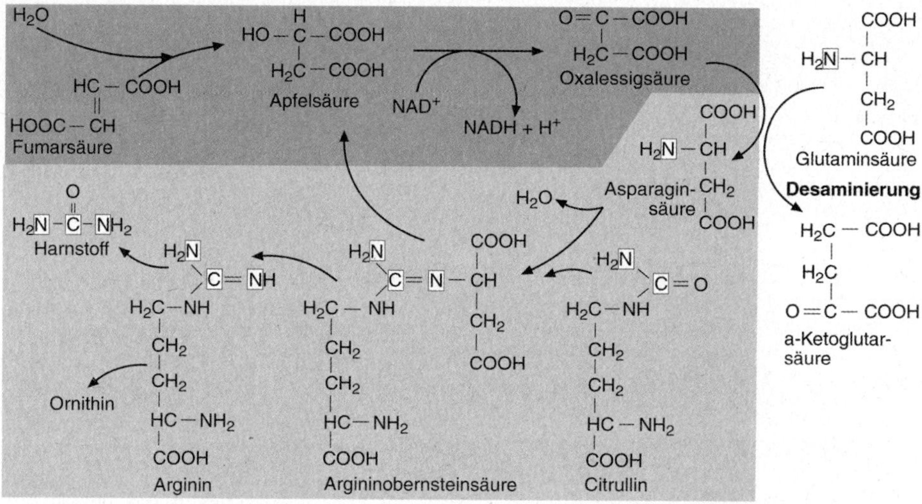


Der „Asparaginsäurezyklus“

**Aufgaben:**

① Zu welchem zentralen Stoffwechselprozess gehören die dunkel unterlegten Reaktionen. Geben Sie einen Überblick über diesen Stoffwechselprozess und nennen Sie seine Bedeutung für unseren Körper.

② Glutaminsäure gehört zu den 20 in den Proteinen unseres Körpers regelmäßig vorkommenden Aminosäuren. Erläutern Sie den „Desaminierung“ genannten Stoffwechselschritt und geben Sie an, welchen weiteren Weg die Produkte nehmen.

③ Kühe können wie alle Säugetiere die in ihrem Futter reichlich vorhandene Zellulose nicht verdauen. In einem Teil ihres Magens befinden sich jedoch Milliarden von Mikroorganismen, die aus diesem Kohlenhydrat körpereigene Substanzen aufbauen können. Diese verzehrt dann die Kuh. Kühe geben einen Teil des von ihnen hergestellten Harnstoffs nicht über die Niere ab, sondern transportieren ihn in den Magenteil mit den Mikroorganismen. Erklären Sie.

# Energiestoffwechsel im Überblick

Die Energiefreisetzung aus dem oxidativen Abbau von Nährstoffen mündet für alle Nährstoffgruppen in gemeinsame zentrale Stoffwechselprozesse. Die Mitochondrien bilden das Kernstück dieser Vorgänge.

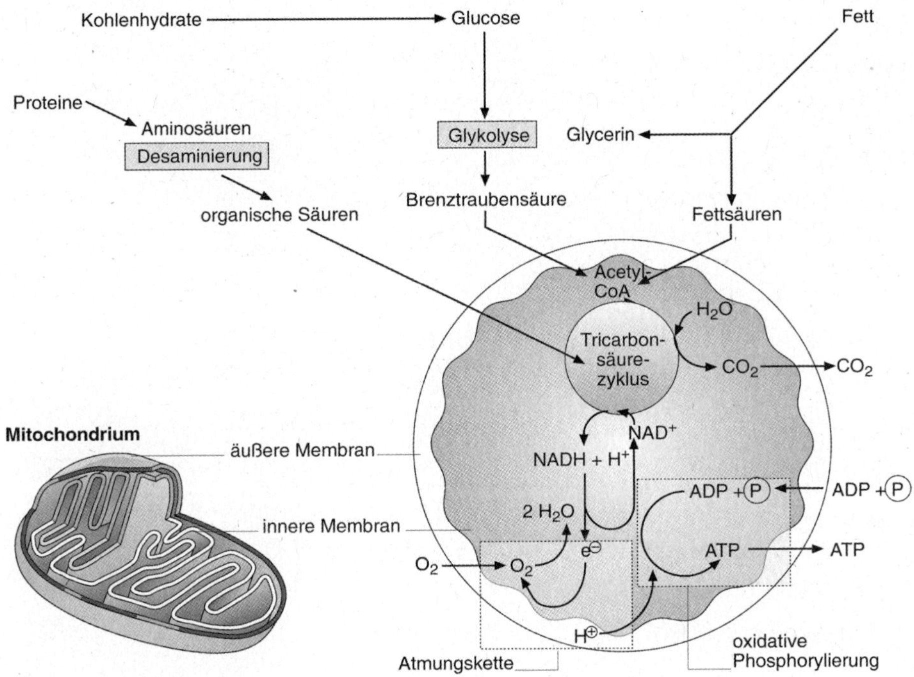


Nährstoffabbau und Energiebereitstellung im Überblick

**Aufgaben:**

① Nennen Sie die entscheidenden Vorgänge in den drei Reaktionskomplexen Glycolyse, Tricarbonsäurezyklus und Atmungskette.

② Wir atmen Sauerstoff ein und Kohlenstoffdioxid aus, der eingeatmete Sauerstoff befindet sich aber nicht im ausgeatmeten $CO_2$. Erklären Sie dies anhand des Schemas.

③ Atmen wir keinen Sauerstoff ein, kommt die Energiefreisetzung im Körper zum Erliegen. Stellen Sie dar, welche Reaktionen in welcher Reihenfolge unterbleiben.

# Alkohol macht dick

Tagsüber eine Schlankheitskur und abends zwei Cocktails – ein Widerspruch? Gibt es den „Bierbauch" wirklich? Zur Beantwortung dieser Fragen muss man den Abbau des Alkohols (Ethanol) betrachten.

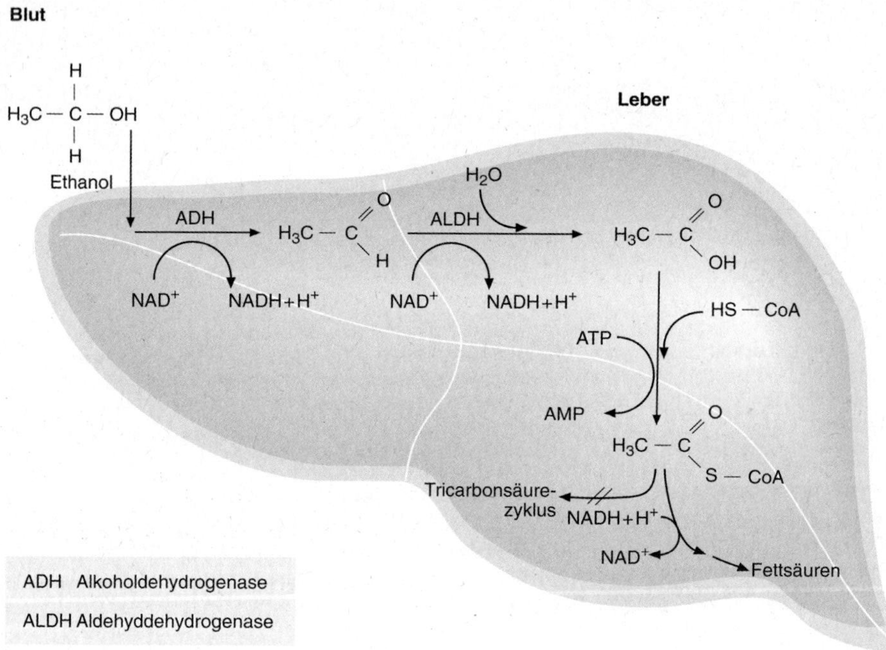


Abbau von Ethanol im Körper

**Aufgaben:**

① In welchen Stoffwechselprozessen können die Produkte des Ethanolabbaus weiter verwendet werden und was kann letztlich aus ihnen werden?

② Beim Stoffwechselweg zum Tricarbonsäurezyklus wird beim Ethanolabbau viel $NAD^+$ verbraucht. Dies fehlt beim Ablauf des Tricarbonsäurezyklus. Der Körper hat einen Ausweg: Durch die Bildung von Fettsäuen wird $NAD^+$ zurückgewonnen. Nehmen Sie mithilfe dieser Aussagen und dem Ergebnis von Aufgabe 1 Stellung zu den oben genannten Fragen.

## Sauerkrautherstellung

Zur Herstellung von Sauerkraut wird Weißkohl in feine Streifen geschnitten, gewaschen und dann in ein weithalsiges Gefäß gefüllt. Danach wird so viel Wasser dazugegeben, dass der Kohl gerade bedeckt ist. Abschließend legt man einen Teller auf den Kohl und beschwert ihn mit einem Gewicht. Gelangen bei diesem Verfahren nicht genug Milchsäurebakterien in den Ansatz, kann man auch etwas Wasser hinzufügen, in dem man vorher etwas Sauerkraut geschwenkt hat.

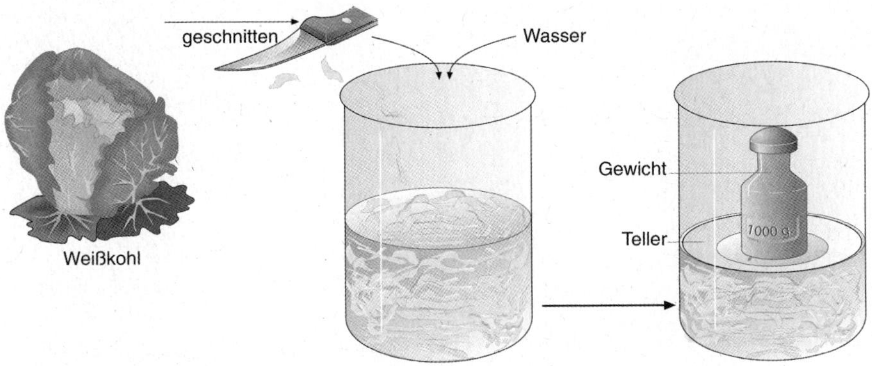


In einigen Monaten entsteht in dem Gefäß aus Weißkohl Sauerkraut.

| Stoff | Vorkommen in Weißkohl | Vorkommen in Sauerkraut |
|---|---|---|
| **Proteine** | 1,4 % | 1,5 % |
| **Kohlenhydrate** | 4,2 % | 4,0 % |
| **Fette** | 0,2 % | 0,3 % |
| **PH-Wert** | 6,8 | 3,7 |

**Aufgaben:**

① Geben Sie einen Überblick über die bei der Sauerkrautherstellung ablaufenden Prozesse. Stellen Sie einen Bezug zu den Bedingungen im Gefäß und zu den Werten in der Tabelle her.

② Vergleichen Sie die Energieausbeute der Milchsäurebakterien mit der des oxidativen Abbaus von Stärke.

③ Bei der Sauerkrautherstellung handelt es sich ursprünglich um ein Konservierungsverfahren. Geben Sie eine Begründung.

## Raubtiere unter Wasser

Seehunde werden bis zu 100 kg schwer. Bei Flut tauchen sie nach ihrer Beute, vorzugsweise Plattfische auf dem Meeresgrund. Sie können bis zu 40 Minuten unter Wasser bleiben, jagen aber in der Regel nur 10 Minuten und erreichen dabei Geschwindigkeiten von bis zu 40 km/h. Sie fressen ca. 6 bis 10 kg Fisch am Tag. Vor dem Tauchen atmen sie aus. Das erleichtert das Tauchen und verhindert die „Taucherkrankheit" beim raschen Auftauchen.

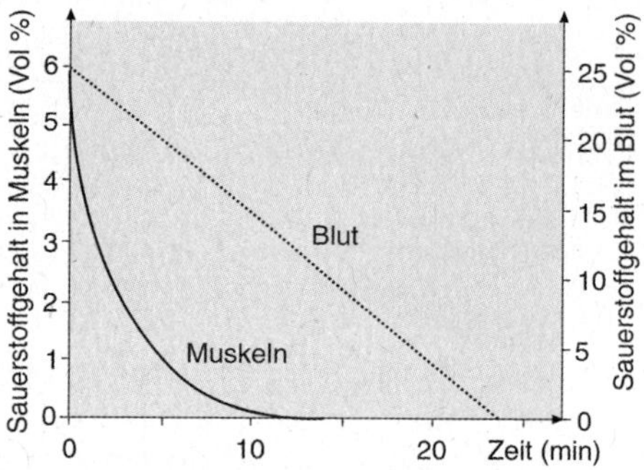


Sauerstoffgehalt im Blut und in den Muskeln

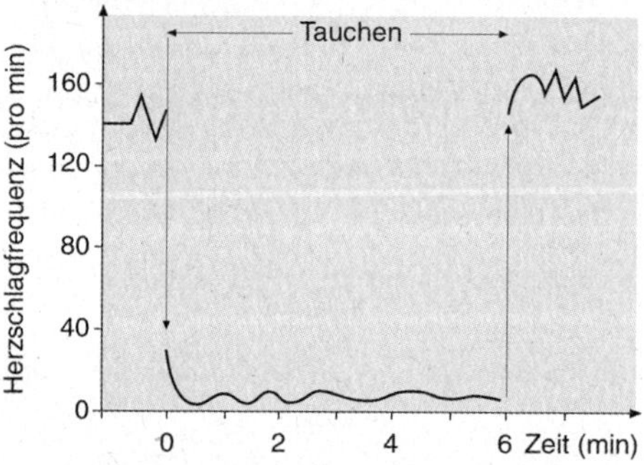


Herzschlag eines tauchenden Seehundes

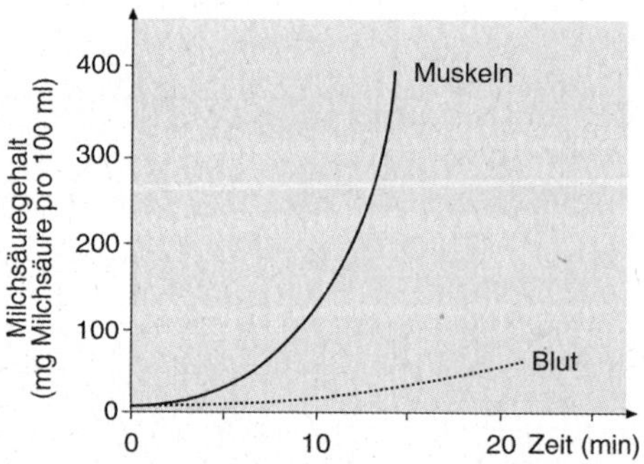


Milchsäuregehalt im Blut und in den Muskeln

**Aufgaben:**

① Vergleichen Sie die dargestellten Messergebnisse und stellen Sie Zusammenhänge her.

② Vergleichen Sie den Stoffwechsel eines tauchenden Seehunds mit dem eines Menschen beim 100-m-Lauf.

## Äußere Einflüsse auf die Fotosyntheserate

Neben Baumerkmalen des Blattes, wie z. B. Dicke der Assimilationsgewebe, Chloroplastendichte und Chlorophyllgehalt, haben auch äußere Bedingungen Einfluss auf die Fotosyntheserate. Diese kann u. a. durch die Menge abgegebenen Sauerstoffs pro Zeiteinheit gemessen werden.

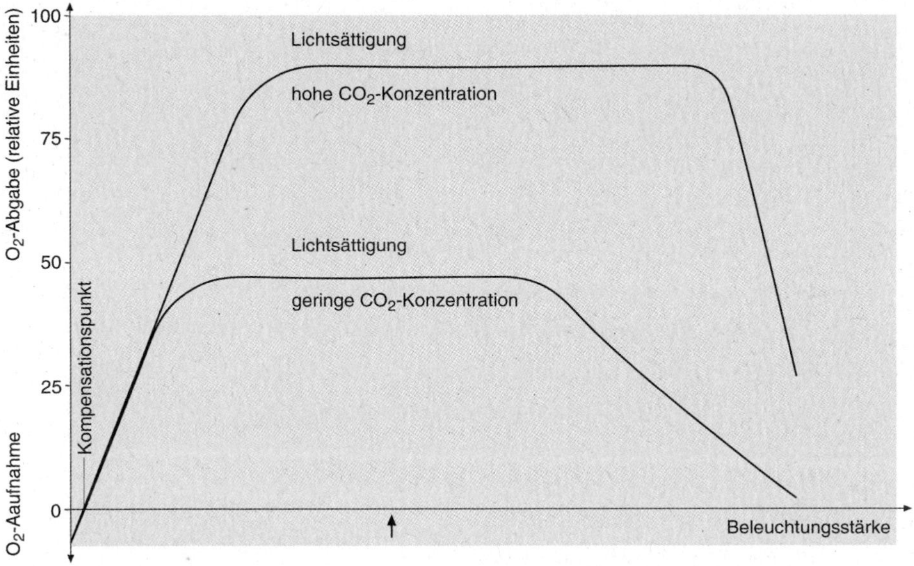


Fotosyntheserate bei unterschiedlicher Beleuchtungsstärke und unterschiedlichem $CO_2$-Angebot

**Aufgaben:**

① Beschreiben Sie in Grundzügen den Ablauf der Fotosynthese und erklären Sie die Werte bei der mit einem Pfeil gekennzeichneten Beleuchtungsstärke.

② Der Abschnitt, der beiden Kurven gemeinsam ist, weist auch negative Werte auf. Welches Phänomen verbirgt sich dahinter und unter welchen Bedingungen kommen negative Werte zustande?

③ Bei sehr hohen Belichtungsstärken sinkt die Fotosyntheserate drastisch (siehe Abb.). Auch wenn danach im optimalen Bereich beleuchtet wird, steigt die Rate nur langsam im Verlauf der folgenden Tage. Die Farbintensität der Blätter sinkt in der Phase der starken Beleuchtung. Nennen Sie eine begründete Hypothese zur Erklärung dieser Befunde.

# Licht- und Dunkelreaktion

Die beiden Reaktionskomplexe der Fotosynthese werden häufig als *Licht-* und *Dunkelreaktion* bezeichnet. Dadurch kann der falsche Eindruck entstehen, die Lichtreaktion liefe tagsüber ab und die Dunkelreaktion nachts.

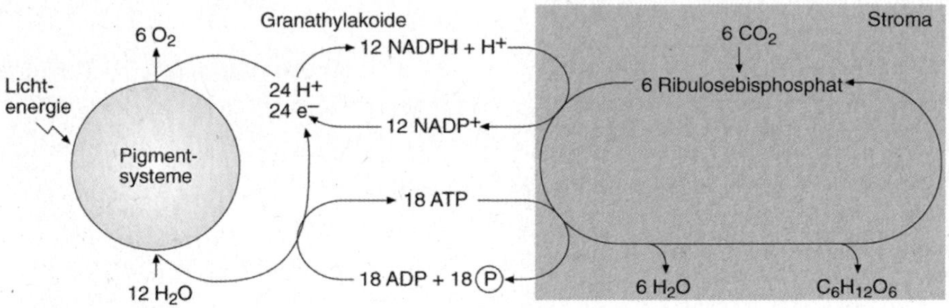


**1** Lichtabhängige und lichtunabhängige Phase der Fotosynthese

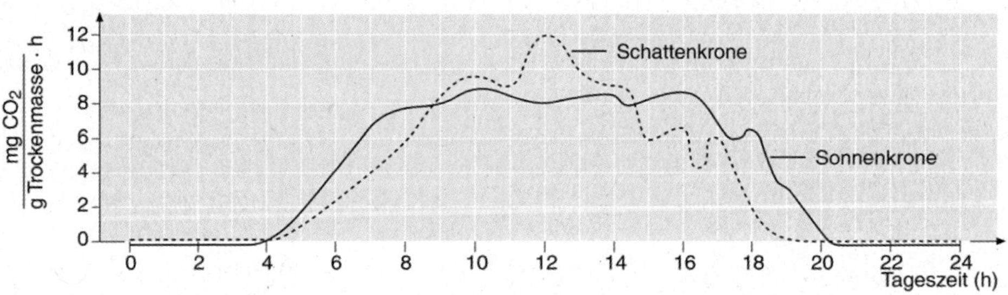


**2** Typischer Verlauf der $CO_2$-Aufnahme bzw. -abgabe einer Pflanze an einem Sommertag

**Aufgaben:**

① Erläutern Sie mithilfe von Abbildung 1 die Zusammenhänge zwischen den beiden Teilkomplexen der Fotosynthese.

② Interpretieren Sie Abbildung 2 und zeigen Sie auf, inwiefern die Messwerte belegen, dass die oben genannte Aussage nicht zutrifft.

③ Eine Ausnahme stellen die CAM-Pflanzen dar. Wie gelingt ihnen die zeitliche Entkopplung von Licht- und Dunkelreaktion?

# $C_4$- und CAM-Pflanzen

Die meisten Pflanzen binden aus der Luft aufgenommenes $CO_2$ direkt an Ribulose-1,5-bisphosphat und erzeugen daraus in dem lichtunabhängigen Teil der Fotosynthese mithilfe der Produkte der lichtabhängigen Reaktion Glucose. In Regionen mit großem Lichtangebot findet man jedoch zwei Typen von Pflanzen, die über andere primäre $CO_2$-Akzeptoren verfügen.

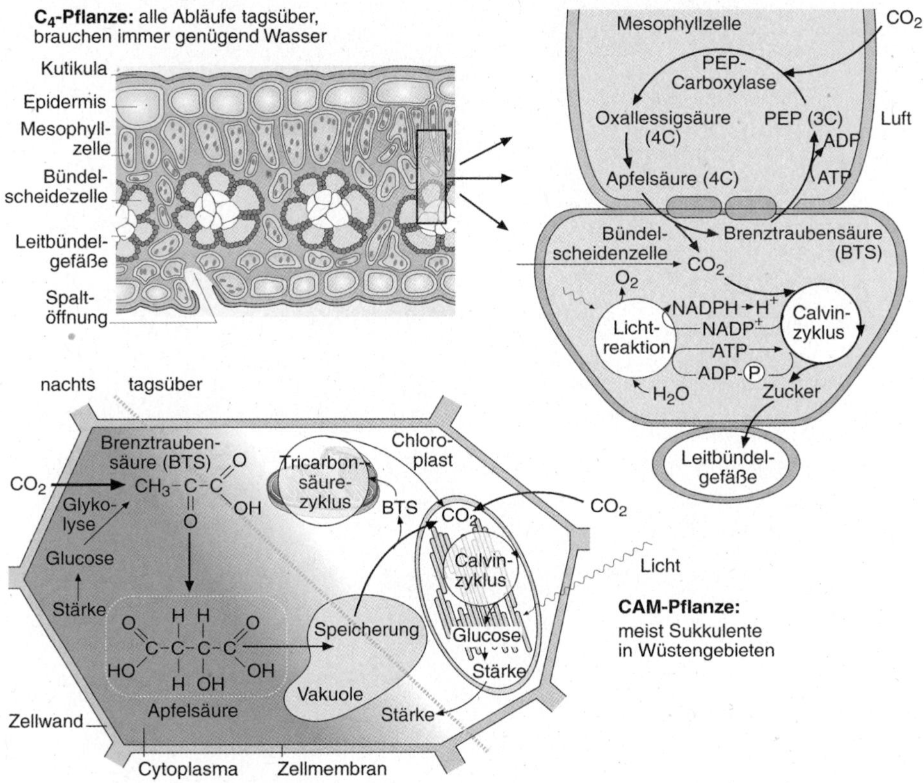


**Aufgaben:**

① Vergleichen Sie die zwei in der Abbildung dargestellten Wege der $CO_2$-Fixierung.

② Welche Vorteile haben die beiden Pflanzentypen durch die Besonderheiten der $CO_2$-Fixierung.

# Pflanzen in der Wüste

Auch in der trocken-heißen Negevwüste gibt es pflanzliches Leben. Die Organismen sind auf unterschiedliche Weise an die unwirtlichen Umweltbedingungen angepasst.

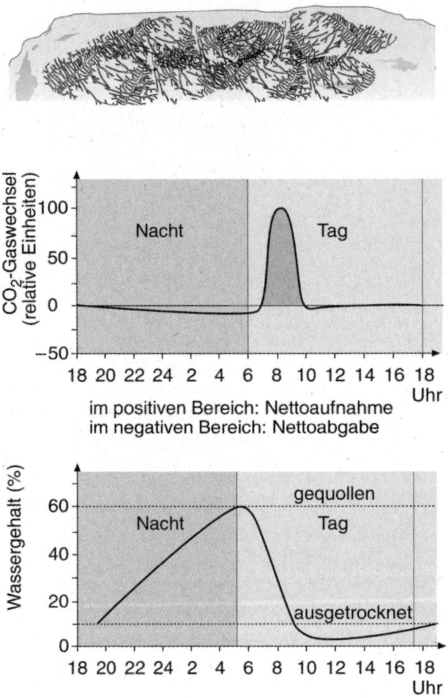


**1** Die Flechte Ramalina maciformis

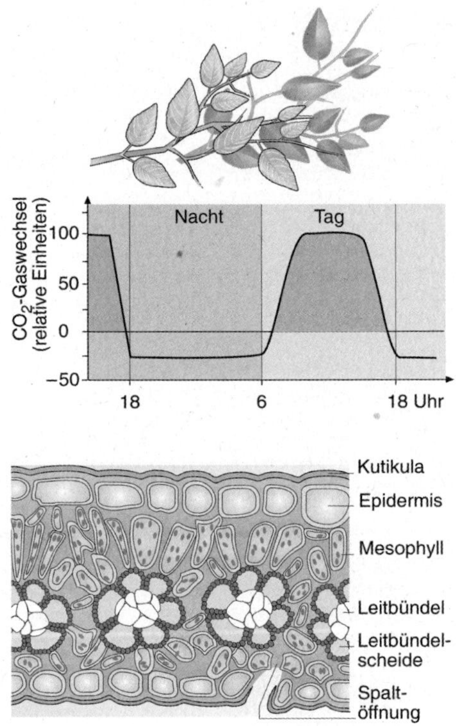


**2** Die Wüstenpflanze Hammada scoparia

**Aufgaben:**

① Die Flechte *Ramalina maciformis* wächst auf Steinen. Der jährliche Zuwachs ist sehr gering. Erklären Sie ihre Überlebensstrategie mithilfe von Abbildung 1.

② Die Wüstenpflanze *Hammada scoparia* gehört zu den Blütenpflanzen. Auch sie wächst langsamer als verwandte Arten in gemäßigten Regionen, erzeugt aber pro Jahr mehr Biomasse als die Flechte. Nennen Sie anhand von Abbildung 2 Angepasstheiten an die Lebensbedingungen in der Wüste und erklären Sie sie.

# Eukaryoten-DNA

Die DNA liegt bei Eukaryoten nicht als freier Faden *(DNA-Doppelhelix)*, sondern verbunden mit Eiweißen vor, die *Histone* genannt werden. Histonkomplexe, um die die DNA geschlungen ist, heißen *Nucleosomen*.

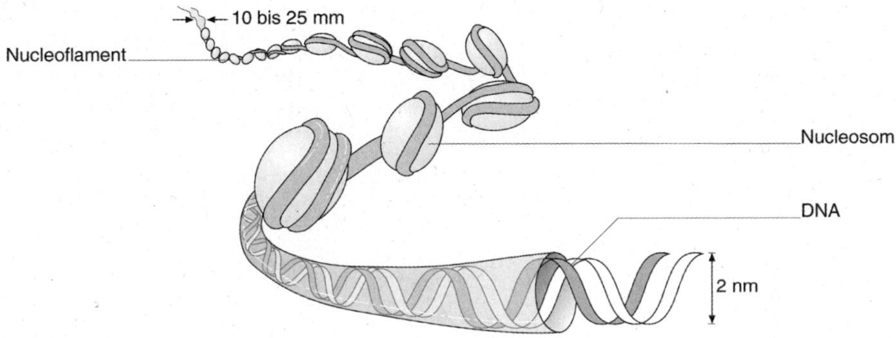


DNA im Interphase-Stadium

| Art | Nucleotidpaare | Länge (mm) |
|---|---|---|
| **Hefe** | 13,5 Millionen | 4,6 |
| **Drosophila** | 160 Millionen | 56 |
| **Seeigel** | 800 Millionen | 170 |
| **Kröte** | 3 Milliarden | 1000 |
| **Mensch** | 3 Milliarden | 1000 |

DNA in Eukaryotenzellen (haploides Genom)

**Aufgaben:**

① In Eukaryotenzellen sind durchschnittlich 0,5 bis 0,6 % der DNA nicht an Nucleosomen gebunden. Nur diese Abschnitte sind aktiv an der Proteinbiosynthese beteiligt. Begründen Sie.

② Die Nucleosomen tragen dazu bei, dass DNA mit einer Gesamtlänge von 10 cm in einen winzigen Zellkern passt, ohne dabei wie ein langer Wollfaden zu verknäulen. Die Abschnitte nucleosomfreier DNA wechseln häufig in einer Zelle, während andererseits einige Abschnitte ständig aufgerollt bleiben. Erklären Sie.

③ Vergleichen Sie die in der Tabelle angegebenen Werte. Stellen Sie eine begründete Hypothese zur Erklärung auf.

## Die Proteinbiosynthese

Jedes Proteinmolekül wird in einer Reihe von Teilschritten nach dem im Zellkern vorliegenden Bauplan gebildet. Bezogen auf die Gesamtheit aller Proteine einer Zelle liegen alle vorkommenden Stadien der Proteinbiosynthese vor.

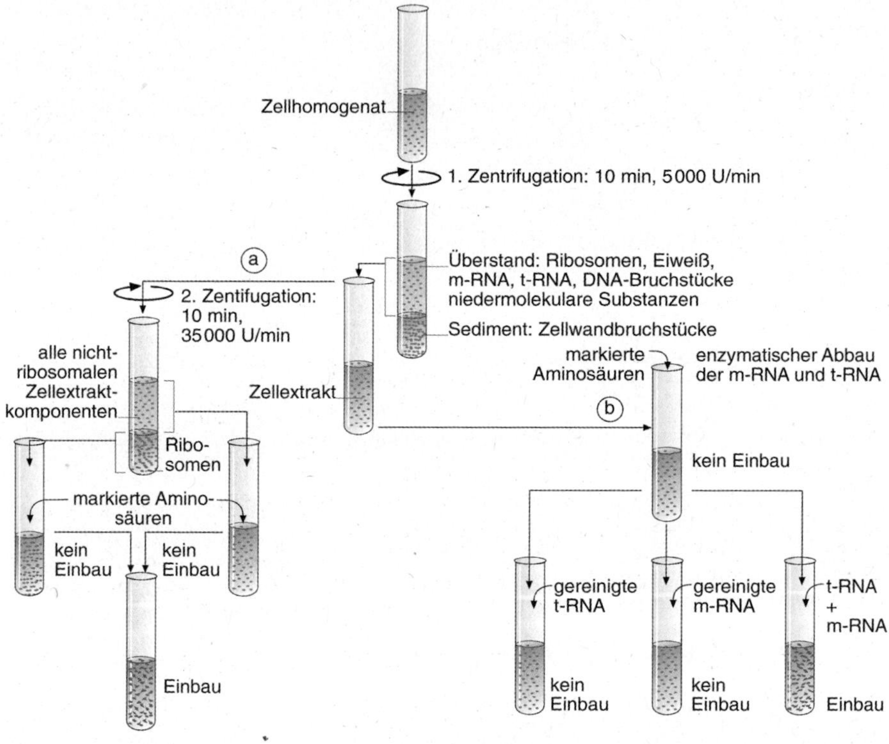


**Aufgaben:**

① Werden Zellen zerstört, so liegen alle für die Proteinbiosynthese notwenigen Stoffe in einer Suspension vor. Nach unterschiedlichen Teilschritten des Versuches (siehe Abbildung) werden radioaktiv markierte Aminosäuren zugegeben. Erklären Sie, warum diese in den einzelnen Stadien des Versuches eingebaut bzw. nicht eingebaut werden.

② Beschreiben Sie ein geeignetes Verfahren zur Trennung der beiden verschiedenen RNA-Typen.

# Genaktivität bei Riesenchromosomen

In den Speicheldrüsen von Fliegen findet man Riesenchromosomen, die aus einer Vielzahl von Chromatiden bestehen. Aktive Gene erkennt man an entspiralisierten Bereichen der DNA, die zu lichtmikroskopisch sichtbaren Verdickungen (engl. *puffs)* führen. In den Speicheldrüsen von Drosophila wird im 3. Larvenstadium das Hormon *Ecdyson* produziert. Es induziert die Härtung der Puppenhaut.

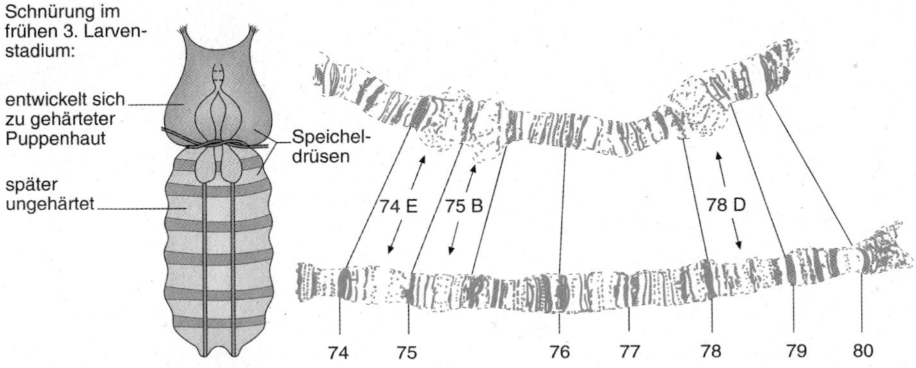


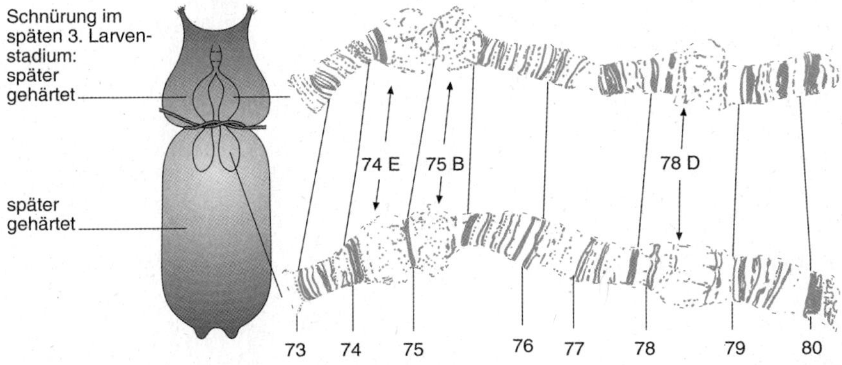


**Aufgaben:**

① Beschreiben Sie die in den Puffs der Riesenchromosomen ablaufenden Vorgänge.

② Beschreiben und erklären Sie die in der Abbildung erkennbaren Zusammenhänge zwischen Versuchsbedingungen und auftretenden Puff-Mustern.

## Insulinsynthese

Insulin ist ein Peptidhormon, das eine entscheidende Rolle bei der Regulation des Blutzuckerspiegels spielt. Die beiden Teilstücke bestehen aus 21 bzw. 30 Aminosäuren. Sie werden in mehreren Teilschritten hergestellt.

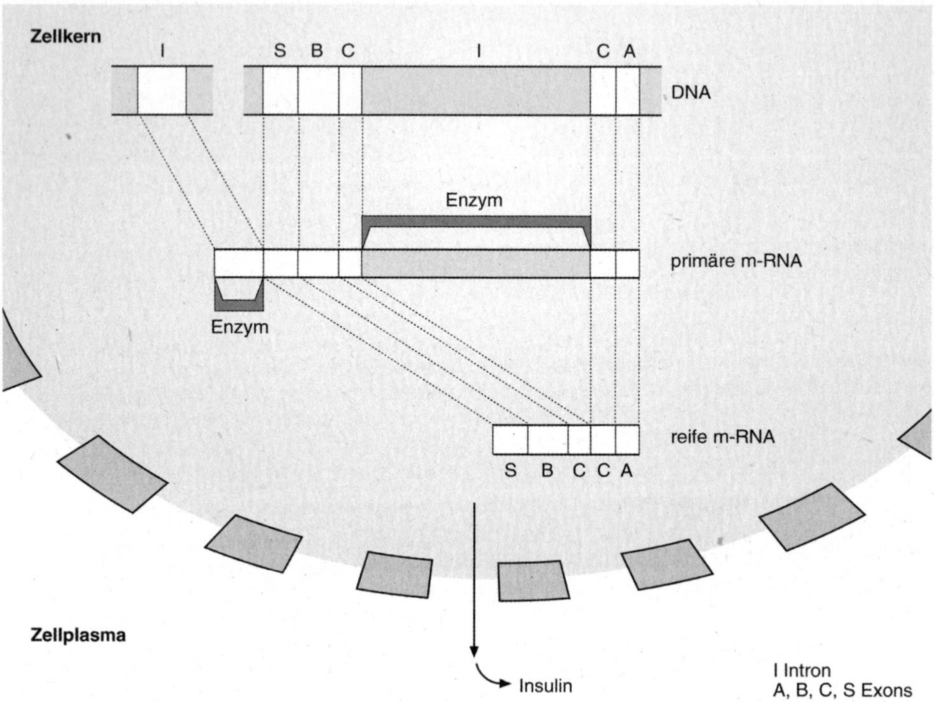


Transkription des Insulingens

**Aufgaben:**

① Beschreiben Sie die Teilschritte der Insulinsynthese bis zur Entstehung der reifen m-RNA.

② Das an den Ribosomen gebildete Peptid enthält eine Markierungssequenz, die für die Aufnahme in das Endoplasmatische Retikulum der Zelle verantwortlich ist und dabei abgespalten wird. Im ER entsteht das eigentliche Insulinmolekül. In Prokaryoten gibt es weder ER noch Introns. Dennoch ist es gelungen, Bakterien zur Insulin-Synthese zu veranlassen. Welche Probleme waren zu lösen?

## Genregulation

Am Bakterium *Escherichia coli* wurden ausführlich die Mechanismen der Genregulation untersucht. In einem Experiment kultivierte man die Bakterien in einem glucosehaltigen Medium und setzte sie dann in eine lactosehaltige Lösung um. E. coli kann Lactose mithilfe von Enzymen abbauen.

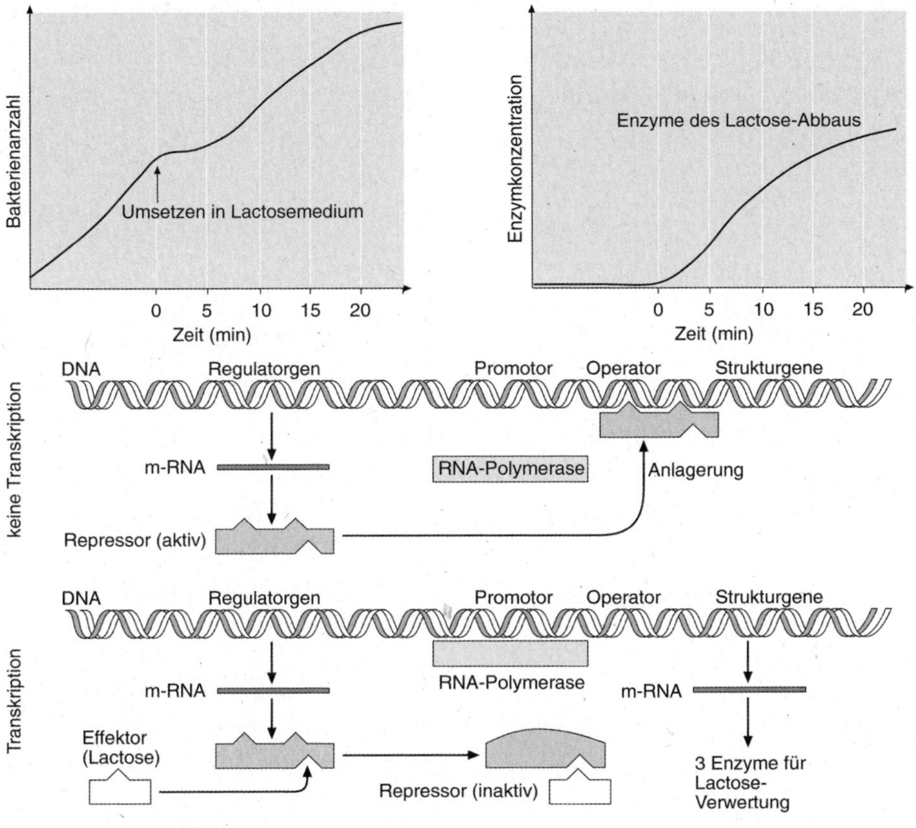


**Aufgaben:**

① Beschreiben und interpretieren Sie die im oberen Teil der Abbildung dargestellten Messergebnisse.

② Erklären Sie die zugrunde liegenden Mechanismen mithilfe des Operonmodells.

## Spontane Punktmutationen

In jeder Zelle befinden sich ständig die unterschiedlichsten Verbindungen aus den verschiedensten Stoffgruppen. Auch Nucleinsäuren werden permanent auf- und abgebaut.

Es ist bekannt, dass äußere Einflüsse, wie aufgenommene Chemikalien, radioaktive Strahlung oder UV-Strahlen Mutationen hervorrufen können. Aber auch ohne äußere Einflüsse (spontan) sind chemische Reaktionen in den Zellen möglich, die durch die Veränderung von Nucleotiden und deren Integration in DNA zu Mutationen führen.

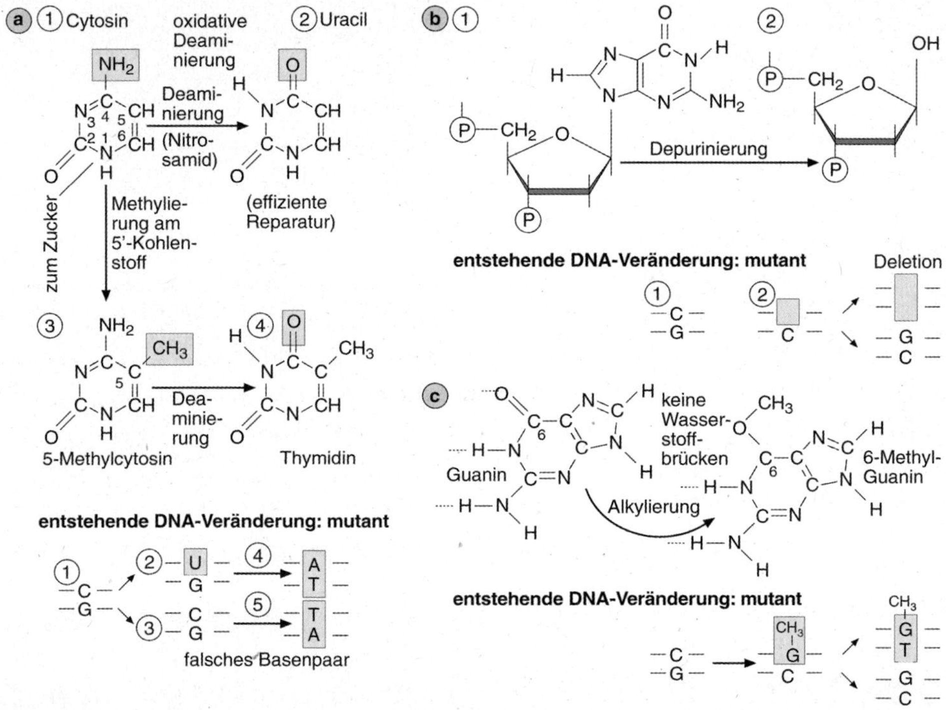


**Aufgaben:**

① Beschreiben Sie jeweils die das Nucleotid verändernde Reaktion und die Folgen beim Einbau eines derart veränderten Nucleotids.

② Depurinierungen kommen in jeder Körperzelle pro Tag ca. 5000-mal vor. Daraus müsste eine enorme Mutationsrate folgen. Nennen und erklären Sie Gründe, warum die Mutationsrate wesentlich geringer ist.

## Polymorphismus – nachgewiesen an Genprodukten

Bei allen Arten von Lebewesen kommen Mutationen vor, die phänotypisch nicht auffallen. Am häufigsten sind dies veränderte Strukturproteine oder Enzyme. Handelt es sich um einen dominant-rezessiven Erbgang, so sind heterozygote Lebewesen oft auf den ersten Blick von homozyot dominanten nicht zu unterscheiden.

Eine der am häufigsten angewandten Methoden zum Nachweis derartiger Unterschiede ist die *Gelelektrophorese*.

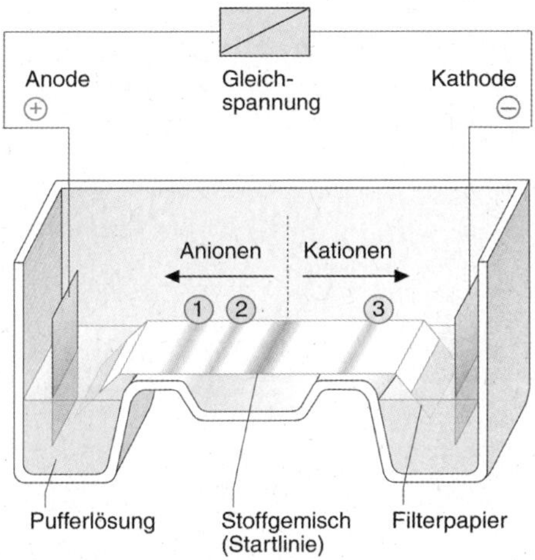


**1** Gelelektrophorese

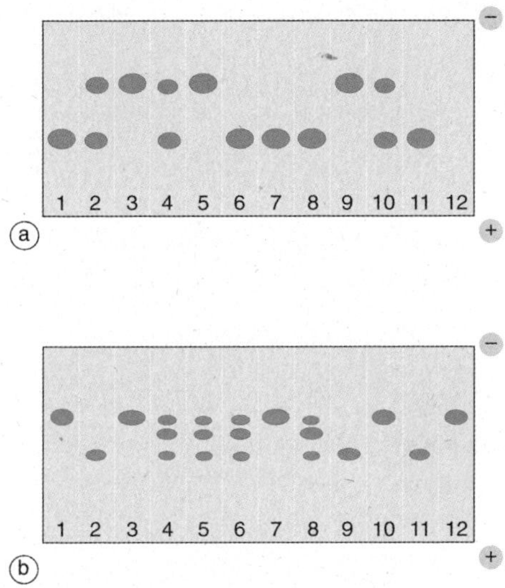


**2** Ergebnisse bei Drosophila

**Aufgaben:**

① Erläutern Sie unter Zuhilfenahme von Abbildung 1 das Prinzip der gelelektrophoretischen Trennung von Proteinen.

② Aus Taufliegen wurde ein Enzym isoliert und dann einer Gelelektrophorese unterzogen (Abb. 2a). Deuten Sie die Ergebnisse des Versuchs, in dem Proteinmaterial aus 12 Tieren aufgetrennt wurde.

③ In einem weiteren Experiment wurde das Enzym Bernsteinsäuredehydrogenase auf die gleiche Weise untersucht. Begründen Sie anhand des Ergebnisses (Abb. 2b), dass der Enzymkomplex aus zwei Proteinmolekülen besteht.

# Geschlechtsbestimmung bei Reptilien und Menschen

Bei Reptilien findet man unterschiedliche Varianten der Geschlechtsbestimmung innerhalb der einzelnen Ordnungen. Prinzipiell kann man *genotypische* und *phänotypische Geschlechtsbestimmung* unterscheiden. Es gibt jedoch auch Übergänge zwischen diesen beiden Möglichkeiten.

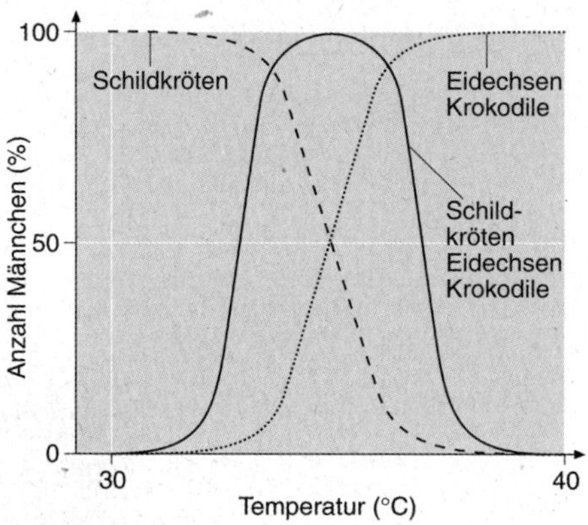


**andere mögliche Faktoren:**
- Licht
- Feuchtigkeit
- Wahrnehmung von Artgenossen

**1** Phänotypische Geschlechtsbestimmung

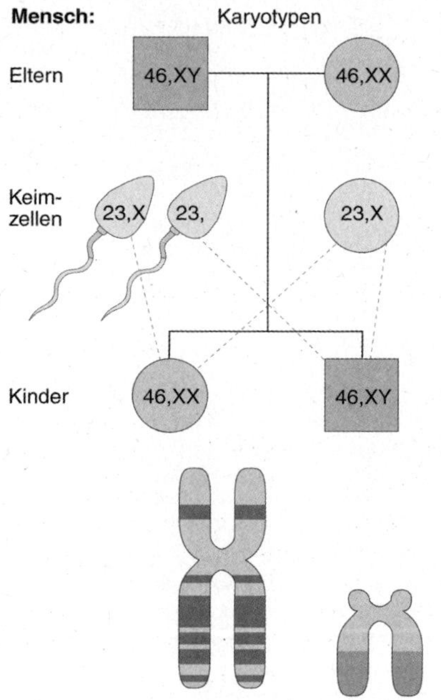


**2** Genotypische Geschlechtsbestimmung

## Aufgaben:

① Vergleichen Sie die Vor- und Nachteile der beiden Formen der Geschlechtsbestimmung.

② Bei Reptilien, deren Genom keine Geschlechtschromosomen aufweist, erfolgt die Geschlechtsbestimmung phänotypisch. Die entstehenden Männchen und Weibchen weisen dennoch jeweils typische Geschlechtsorgane- und -merkmale auf. Aus anderen Zusammenhängen ist bekannt, dass genregulatorische Prozesse temperaturabhängig sein können. Entwickeln Sie aus den Informationen eine Hypothese zur Erklärung der Geschlechtsbestimmung durch die Temperatur.

## Das Barr-Körperchen

Das so genannte *Barr-Körperchen* findet man nur bei Frauen im Zellkern. Da es durch Anfärbung leicht sichtbar gemacht werden kann, verwendet man es z. B. bei Sportveranstaltungen zur Bestätigung des genetischen Geschlechts. Es entsteht durch die Inaktivierung eines der beiden X-Chromosomen. Die Inaktivierung geschieht in der frühen Embryonalphase, also recht kurz nach der Zygotenbildung.

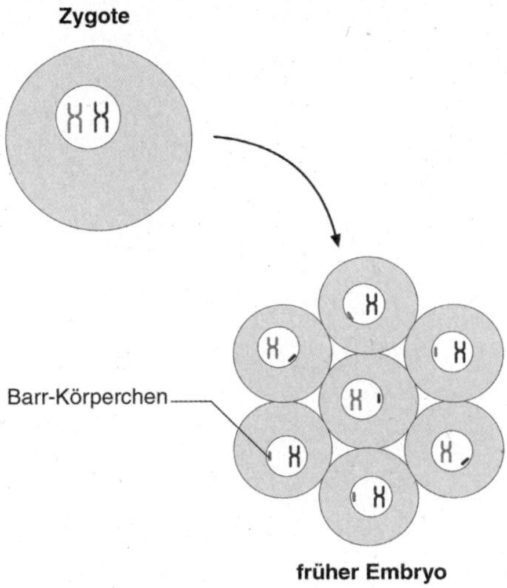


**1** Barr-Körperchen

**2** Calico-Katze

**Aufgaben:**

① Personen, die das Klinefelter-Syndrom aufweisen, sind äußerlich männlich, allerdings findet man bei ihnen meist eine recht hohe Stimmlage, geringe Körperbehaarung und teilweise funktionsunfähige Geschlechtsorgane. Sie weisen bezüglich der Geschlechtschromosomen den Genoty XXY auf. Erklären Sie die Zusammenhänge. Warum ist das Klinefelter-Syndrom mit dem Barr-Körperchentest nachweisbar?

② Bei Katzen, deren Geschlechtsbestimmung wie beim Menschen funktioniert, hat man eine Variante der Fellfärbung gefunden, die nicht den mendelschen Regeln folgt. Bei den so genannten „Calico-Katzen" gibt es braune und schwarze Individuen. Bei den Weibchen treten manchmal gescheckte Formen auf. Kreuzt man einfarbig braune mit einfarbig schwarzen Tieren, so sind alle weiblichen Nachkommen mehr oder weniger gescheckt. Erklären Sie dies.

## Fortpflanzung bei Braunalgen

Große Meeresalgen, insbesondere Braunalgen, werden auch als *Tange* bezeichnet. Häufig findet man durch die Strömung abgerissene Stücke am Strand. Bei Braunalgen treten unterschiedliche Formen der Fortpflanzung auf.

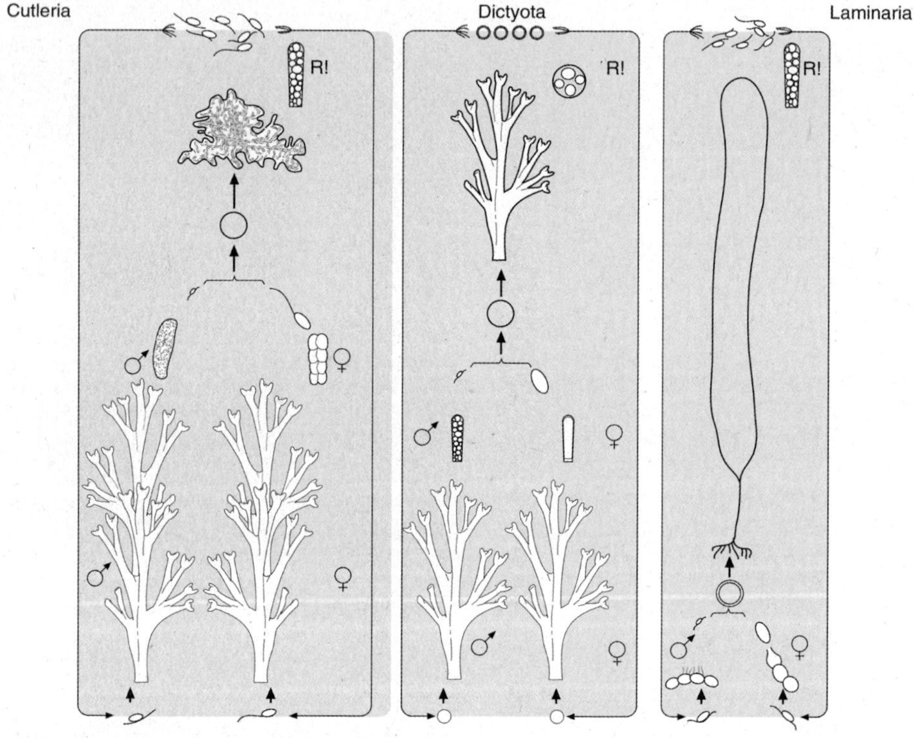


Fortpflanzung dreier Braunalgengattungen

**Aufgaben:**

① Beschreiben Sie die Fortpflanzung der drei dargestellten Braunalgengattungen unter Verwendung der Fachsprache.

② Bei den Samenpflanzen stellt der Sporophyt die eigentliche Pflanze dar, während die Gametophyten stark reduziert sind. Welche der Braunalgengattungen hat die den Samenpflanzen ähnlichste Entwicklung? Handelt es sich dabei um eine homologe oder analoge Entwicklung? Begründen Sie.

## Genetisch bedingte Variabilität

Wenn sich die Individuen einer Population in einem Merkmal unterscheiden, so kann dies genetisch bedingt sein *(Mutanten)* oder umweltbedingt *(Modifikationen)*. Um dies für das Längenwachstum bei Tabakpflanzen zu klären, wurde das unten dargestellte Experiment durchgeführt. Die Haltungsbedingungen für die Pflanzen waren weitgehend gleich.

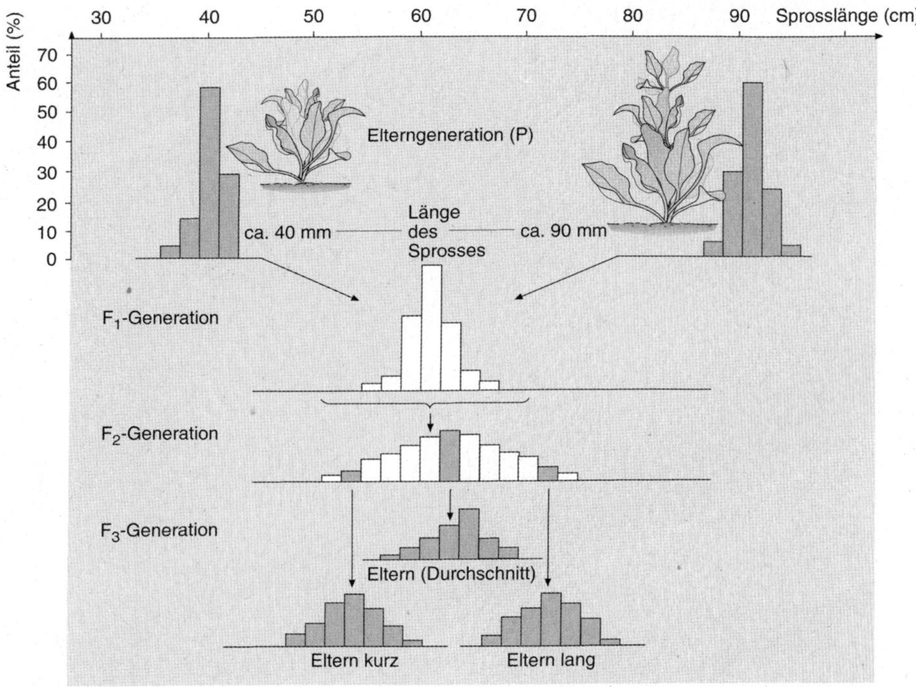


Länge der Sprossachse bei Nicotiana longiflora nach der Kreuzung unterschiedlicher Elternpflanzen

Kreuzungsexperiment mit Tabakpflanzen

**Aufgaben:**

① Interpretieren Sie die in der Abbildung dargestellten Versuchsergebnisse. Schließen Sie dabei auch monohybride Erbgänge begründet aus.

② Nennen und erläutern Sie drei zumindest teilweise unterschiedliche Methoden der Pflanzenzucht (keine gentechnischen Verfahren).

## Genetische Marker und genetisch bedingte Krankheiten

Lässt sich ein Allel, das für eine genetisch bedingte Krankheit codiert, nicht direkt nachweisen, besteht manchmal die Möglichkeit des indirekten Nachweises. Dazu wird die DNA von Erkrankten und Gesunden mit Restriktionsenzymen zerlegt und die Fragmente mittels Elektrophorese getrennt. Tritt bei den Erkrankten eine Bande auf, die man bei Gesunden nicht findet, hat man einen genetischen Marker gefunden. In Verbindung mit Stammbäumen kann man auch bei einem rezessiv vererbten Leiden zwischen Trägern des Allels für die Krankheit und Nichtträgern unterscheiden.

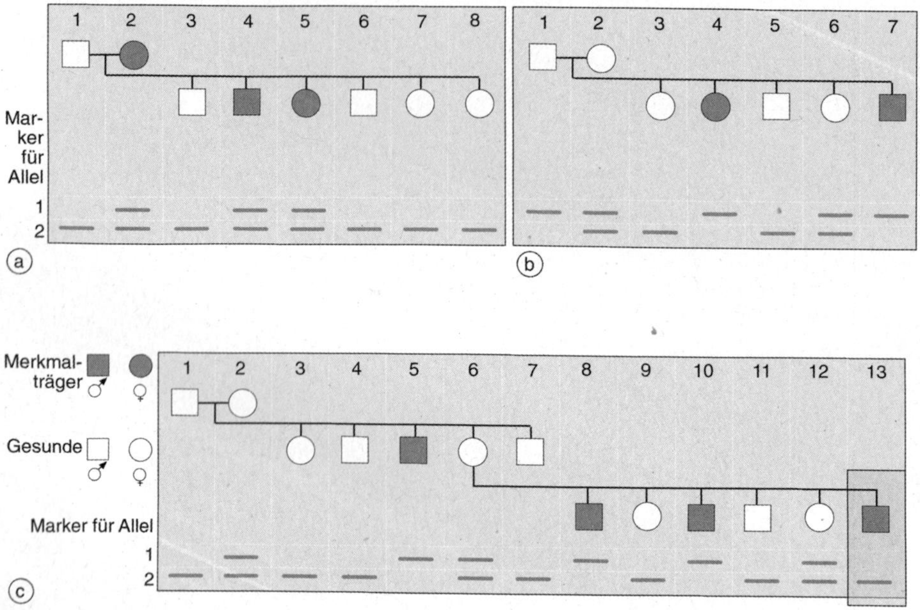

Stammbäume und Elektrophorese-Ergebnisse der Markeranalyse

**Aufgaben:**

① Erklären Sie die Vererbung der drei Krankheiten mithilfe der dargestellten Stammbäume und den Bandenmustern der DNA-Elektrophorese. Vernachlässigen Sie dabei den gekennzeichneten Sonderfall in Stammbaum c.

② In Stammbaum c tritt ein Sonderfall auf, bei dem das Elektrophoresemuster nicht zum Phänotyp passt. Dies tritt dann häufiger auf, wenn Marker und Allel für das Erbleiden auf dem Chromosom nicht nahe genug beieinander liegen. Erklären Sie.

## Galactosämie

Galactose ist ein Baustein des Disaccharids *Lactose* (Milchzucker). Mit der Nahrung aufgenommene Galactose wird über mehrere Zwischenschritte in Glucose umgewandelt, die dann z. B. in Glycolyse und Tricarbonsäurezyklus abgebaut wird. Bei Personen, die an Galactosämie leiden, wird ein zuckerähnlicher Stoff in überhöhter Konzentration gefunden. Erhalten entsprechende Säuglinge Milchzucker mit der Nahrung, treten u. a. Hirnschäden auf.

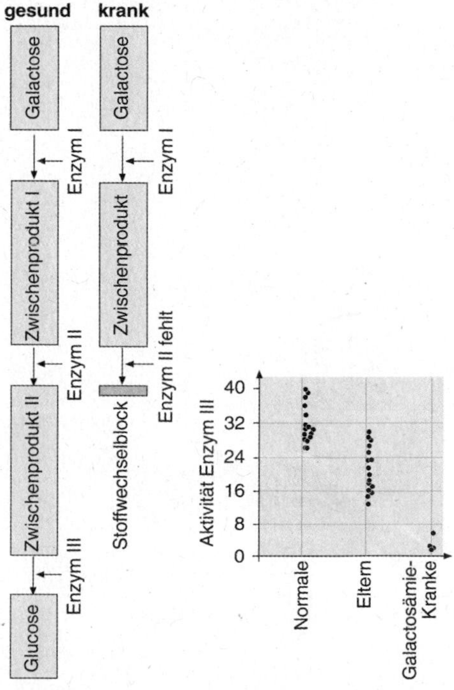


**1** Befunde zur Galactosämie

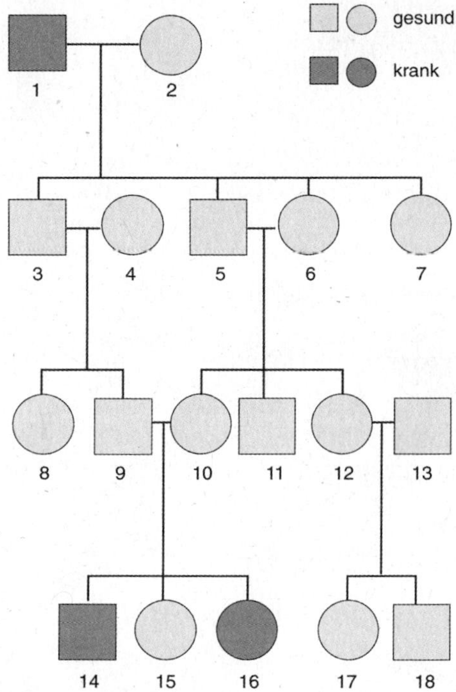


**2** Stammbaum

**Aufgaben:**

① Interpretieren Sie Abbildung 1. Welcher Verlauf der Erkrankung ist bei galactosefreier Diät zu erwarten.

② Wie wird Galactosämie vererbt? Analysieren Sie den Stammbaum in Abbildung 2, auch unter Verwendung von Abbildung 1. Geben Sie die möglichen Genotypen der Personen an.

## Zwillingsforschung

Bei etwa 12 von 1 000 Geburten weltweit werden beim Menschen Zwillinge geboren. Während die Häufigkeit *monozygoter* (eineiiger) Zwillinge überall bei etwa 4 pro 1 000 Geburten liegt, schwankt der Wert für *dizygote* (zweieiige) Zwillinge zwischen 40 pro 1 000 in Nigeria und 6 pro 1 000 in Europa. Bei diesen Werten sind durch medizinische Eingriffe verursachte Mehrlingsschwangerschaften nicht berücksichtigt.

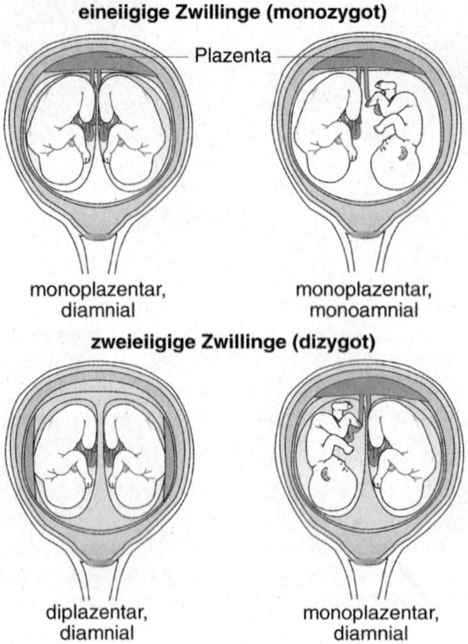


**1** Zwillingsschwangerschaften

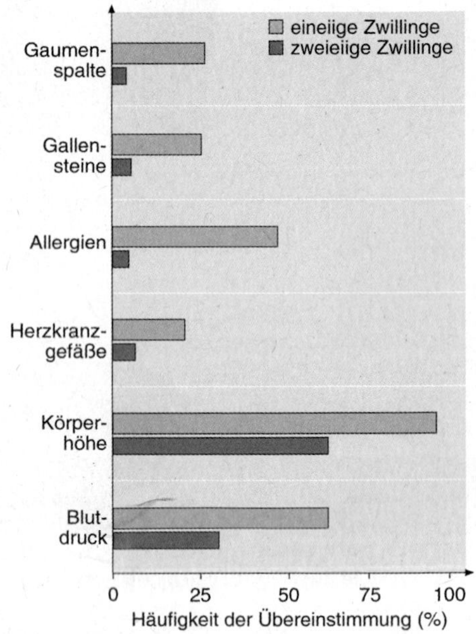


**2** Übereinstimmung bei Zwillingen

**Aufgaben:**

① Erklären Sie die Entstehung der beiden Formen von Zwillingen unter Einbeziehung von Abbildung 1.

② Stellen Sie eine Hypothese zur Erklärung der Tatsache auf, dass die Häufigkeit eineiiger Zwillinge weniger schwankt als die bei zweieiigen Zwillingen. Begründen Sie Ihre Annahme.

③ Interpretieren Sie die in Abbildung 2 dargestellten Übereinstimmungsraten für das Auftreten von Merkmalen bei Zwillingen.

# Mitochondriale Erkrankungen

Mitochondrien sind Organellen mit eigener DNA. Auch bei dieser DNA kommen – genau wie bei der Kern-DNA – Mutationen vor, die zu Erbleiden führen können. Dabei treten jedoch einige Besonderheiten auf.

Beim Menschen beobachtet man in derartigen Fällen eine große Variationsbreite der Krankheitsbilder. Allgemein gilt, dass Organe mit großem Energiebedarf, wie z. B. Gehirn, Skelettmuskeln und Nieren besonders stark betroffen sind.

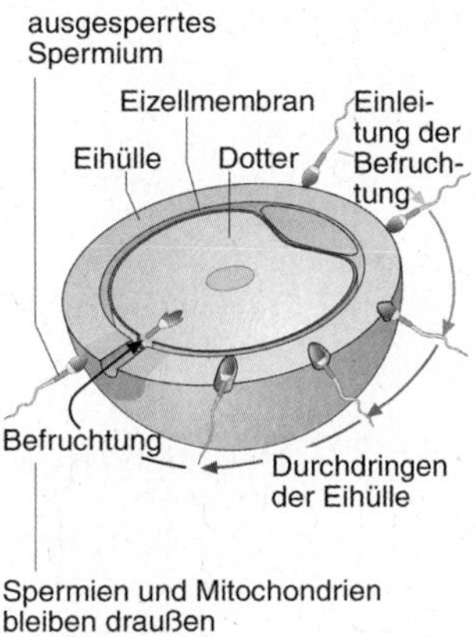


**1** Befruchtung einer Eizelle

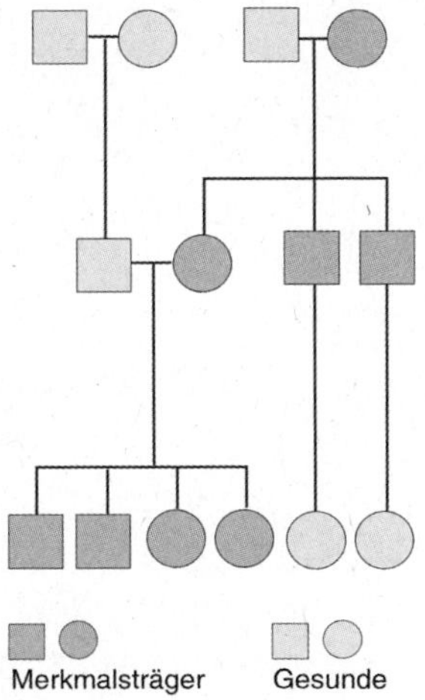


**2** Stammbaum einer mitochondrialen Erkrankung

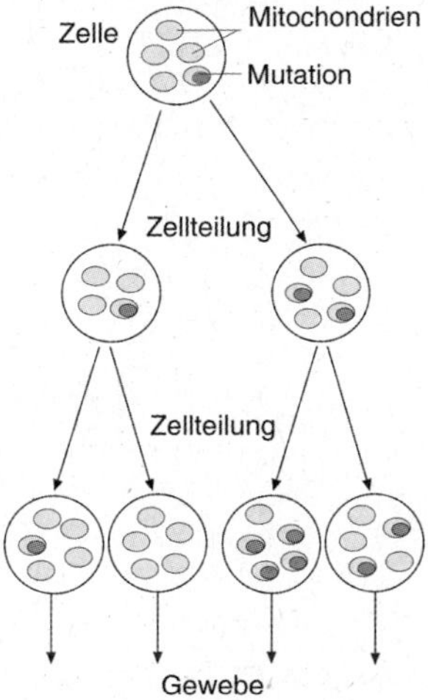


**3** Schema zur Weitergabe der defekten Gene

**Aufgaben:**

① Erklären Sie den Erbgang der mitochondrialen Erkrankung (Abb. 2) unter Verwendung der Informationen aus Abbildung 1.

② Die Variationsbreite der Krankheitsbilder bei genetisch bedingten Erkrankungen unter dem Einfluss der mitochondrialen DNA äußert sich z. B. darin, dass verschiedene Gewebebereiche sehr unterschiedlich stark betroffen sein können. Erklären Sie dies unter Verwendung von Abbildung 3.

③ Geben Sie eine Erklärung für die Tatsache, dass die Folgen mitochondrialer Gendefekte besonders in Organen mit großem Energiebedarf zu beobachten sind.

## Bakterien in der Gentechnik

Sollen Gene eines Lebewesens für andere Lebewesen nutzbar gemacht werden, so spielen dabei in der Regel Bakterien eine zentrale Rolle.

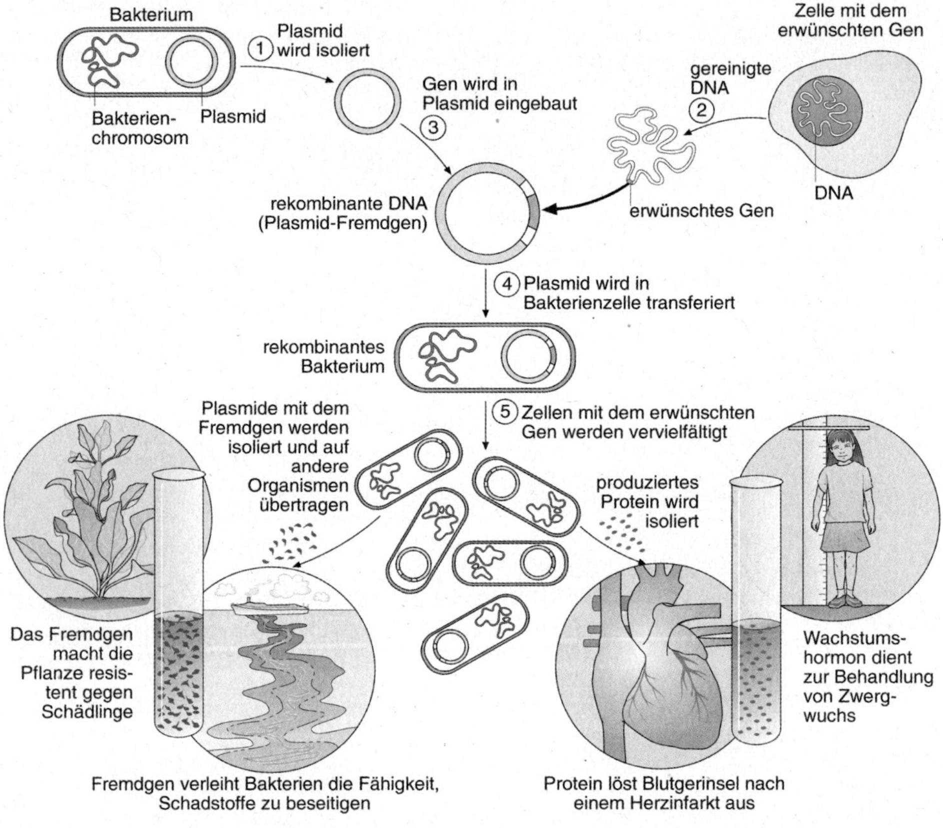


**Aufgaben:**

① Nennen Sie aus Ihrem Wissen und den Informationen der Abbildung Gesichtspunkte, die gerade Bakterien als besonders geeignet für die Gentechnik erscheinen lassen.

② Vergleichen Sie die in der Abbildung dargestellten Nutzungswege transgener Bakterien und beschreiben Sie kurz die Verfahren.

# Erfolgskontrolle bei der Genübertragung

Die Übertragung von Fremdgenen in Bakterien mithilfe von Plasmiden gelingt nur selten. Daher schließt sich an das Genübertragungsexperiment *(Transformation)* eine Erfolgskontrolle an.

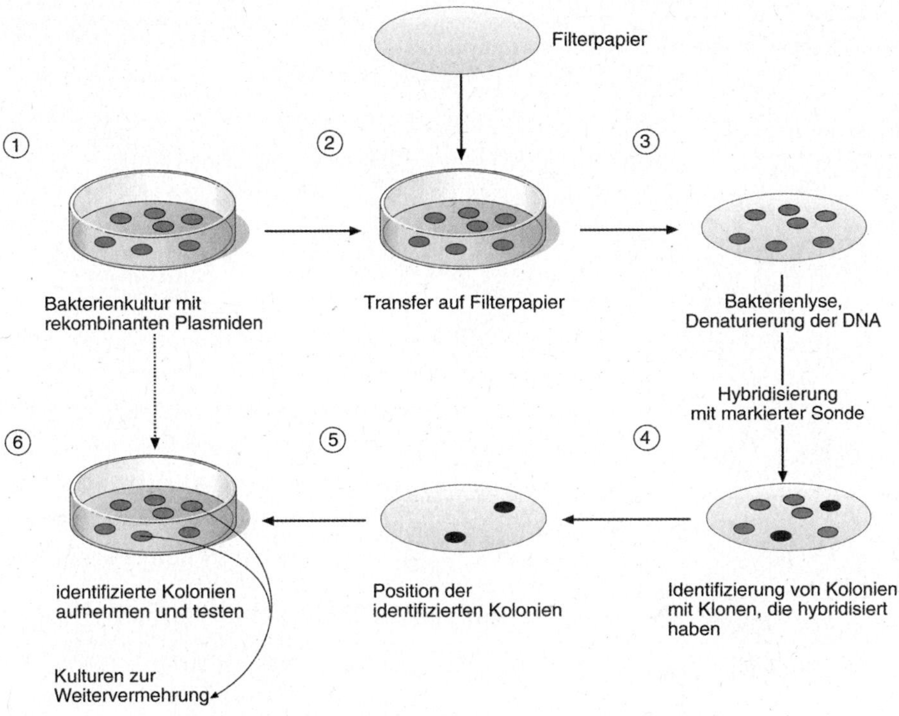


**Aufgaben:**

① Beschreiben Sie das in der Abbildung dargestellte Verfahren. Erklären Sie, wie die Bakterien, die den Vektor aufgenommen haben, erkannt werden können. Nennen Sie die entscheidenden Eigenschaften der Sonde.

② Der Nachweis des Vorhandenseins des Fremdgens in Bakterienzellen auf dem dargestellten Weg bedeutet nicht zwangsläufig, dass das Bakteriengenom um ein funktionstüchtiges Gen erweitert wurde. Erklären Sie.

## Schwangerschaftstest

Eine Form des Schwangerschaftstest beruht auf dem Nachweis des Hormons *Choriogonadotropin* (HCG) im Urin der Schwangeren mithilfe von Antikörpern. Um an die spezifischen Antikörper zu gelangen, verschmilzt man B-Lymphocyten aus der Milz HCG-immunisierter Mäuse mit Myelomzellen (Krebszellen), die unbegrenzt teilungsfähig sind. Das Produkt sind Hybridome mit Eigenschaften beider Ausgangszellen. Man wählt solche Myelomzellen, die eine bestimmte Substanz im Nährmedium zum Überleben brauchen *(Mangelmutante)*. Da B-Zellen diesen Stoff nicht benötigen, überleben in Mangelmedium nur Myelomzellen, die mit B-Zellen verschmolzen sind.

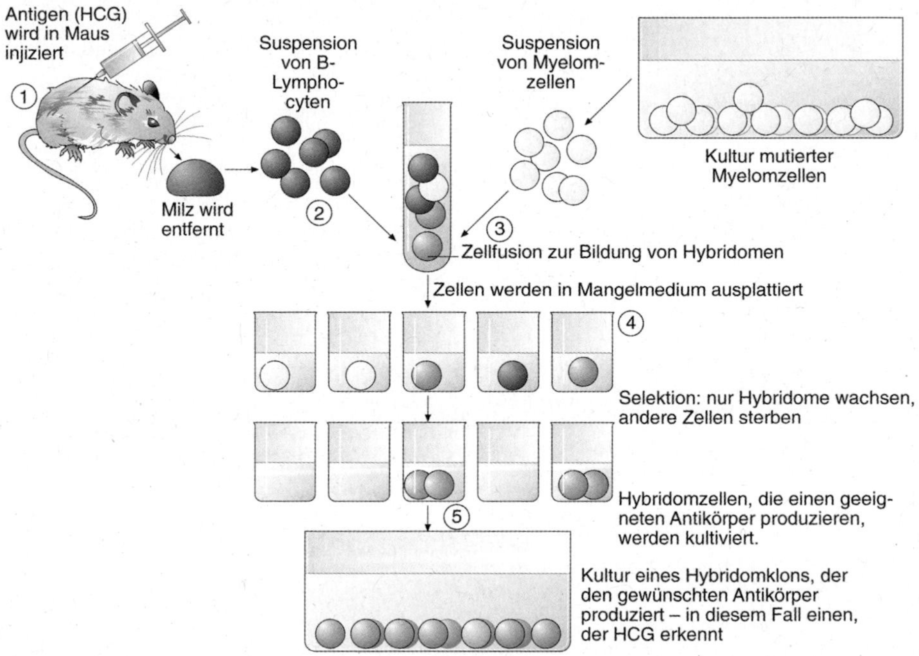


Herstellung eines Hybridomklons zur Antikörperproduktion

**Aufgaben:**

① Beschreiben Sie die Rolle der B-Lymphocyten im Immunsystem von Wirbeltieren.

② Erklären Sie die in der Abbildung nummerierten Teilschritte bei der Herstellung von Hybridomzellen und deren Bedeutung für das gewünschte Ergebnis.

## Die Rolle der Antikörper im Immunsystem

Man unterscheidet die *zellvermittelte* und die *humorale Immunantwort*. Die vorrangige Aufgabe des zellvermittelten Immunsystems, zu dem auch die T-Killerzellen gehören, ist die Bekämpfung von Erregern, die in körpereigene Zellen eingedrungen sind. Das Ziel der humoralen Immunantwort ist die Eliminierung von Erregern und körperfremden Molekülen, die sich außerhalb von Zellen im Körper befinden.

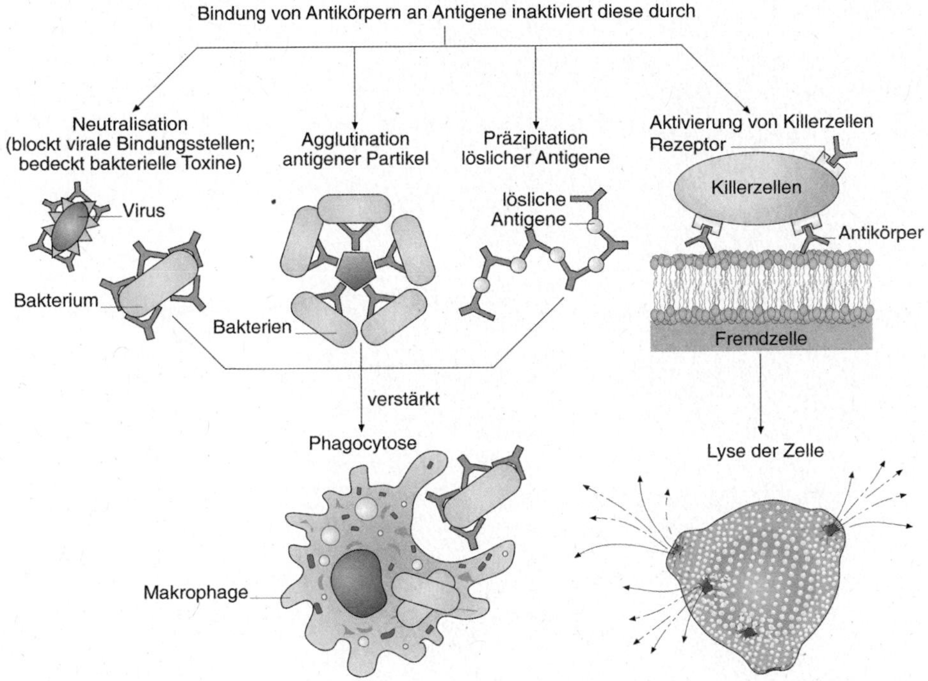


Wirkungen von Antikörpern

**Aufgaben:**

① Erläutern Sie anhand der Abbildung, auf welche Weise Antikörper bei der Eliminierung von Erregern bzw. Fremdstoffen im Körper eingesetzt werden.

② Bei einer Zweitinfektion stehen Antikörper viel schneller und in größerer Menge zur Verfügung als bei der Erstinfektion. Erklären Sie.

## Regeneration

Seit langem ist bekannt, dass die recht einfach gebauten Planarien eine enorme Regenerationsfähigkeit besitzen. Aus einer Planarie ließen sich durch Zerteilen bis zu 280 Individuen erzeugen. Auf der Suche nach den Ursachen für diese Fähigkeit fand man bei Planarien eine besonders große Häufigkeit omnipotenter Stammzellen.

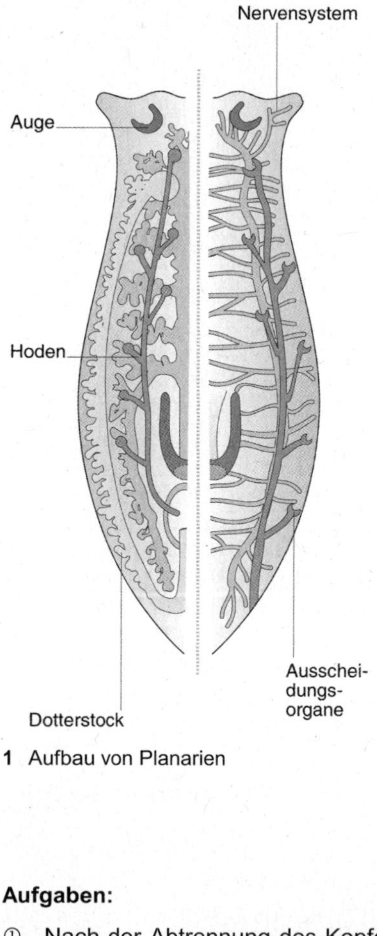


**1** Aufbau von Planarien

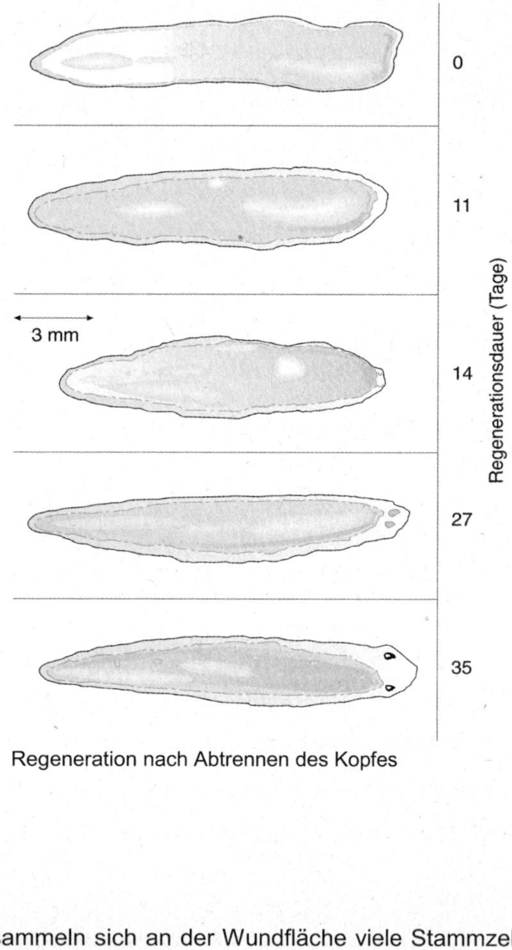


**2** Regeneration nach Abtrennen des Kopfes

**Aufgaben:**

① Nach der Abtrennung des Kopfes sammeln sich an der Wundfläche viele Stammzellen. Beschreiben Sie, welche genregulatorischen Vorgänge ablaufen müssen.

② Erzeugt man durch die Zertrennung einer Planarie und anschließender Regeneration Nachkommen, so entstehen Klone. Erklären Sie dies.

## Klonexperimente mit Fröschen

*Klonen* ist das Erzeugen erbgleicher Nachkommen oder Zellen. Da sich Froscheier außerhalb des mütterlichen Körpers entwickeln, kann man recht einfach versuchen, Nachkommen durch Klonen zu erzeugen. Dazu entkernt man Froscheizellen und implantiert dann den Kern einer Körperzelle.

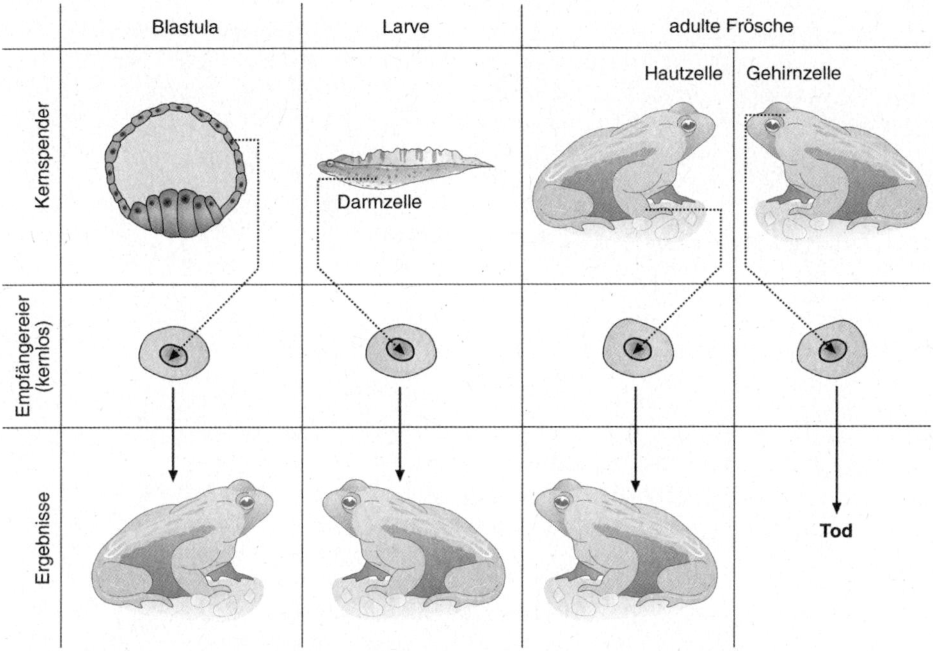


Kerntransplantationen in entkernte Froscheier und deren Entwicklungsergebnisse

**Aufgaben:**

① Nennen Sie die Informationen aus der Abbildung und erklären Sie sie unter Verwendung der Fachsprache.

② Bei den Fröschen wie auch bei Säugetieren (Klonschaf Dolly) gelingt es nur in einem Bruchteil der Experimente, tatsächlich lebende Nachkommen zu erzeugen. Nennen Sie zwei begründete Hypothesen zur Erklärung.

③ Durch Klonen entstandene Nachkommen haben durchschnittlich eine kürzere Lebenserwartung als natürlich entstandene. Nennen Sie eine mögliche Ursache.

## Transplantationsexperimente an Amphibienkeimen

Frösche und Molche gehören zu den Amphibien. Die Larven der Tiere unterscheiden sich in einigen äußerlich gut erkennbaren Merkmalen. Mit Transplantationsexperimenten an frühen Keimstadien (*Gastrula)* hat man versucht, Einzelheiten über die Regulierung von Entwicklungsvorgängen herauszubekommen.

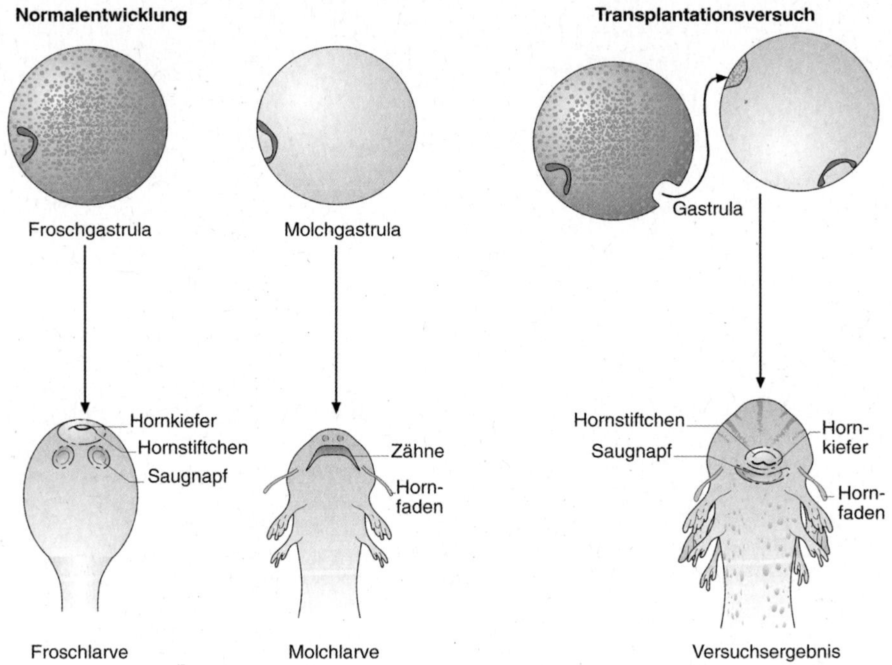


**Aufgaben:**

① Durch Aktivierung entsprechender Gene entwickeln sich bestimmte Gastrulabereiche zu bestimmten Körperteilen oder Organsystemen (ortsgemäße Entwicklung). Entnehmen Sie Belege dafür aus der Abbildung.

② Welches Ergebnis erbrachte das Transplantationsexperiment? Deuten Sie die Abbildung.

③ Transplantationsexperimente mit Keimen noch entfernter verwandter Arten gelingen meist nicht. Erklären Sie dies.

## Entwicklung der Schirmalge Acetabularia

Die bis zu 5 cm große Schirmalge *Acetabularia mediteranea* besteht aus nur einer einzigen Zelle. Entfernt man Stiel und Schirm, so regeneriert das den Zellkern enthaltende Rhizoid erst den Stiel und dann den Schirm. Kernlose Stücke können bis zu einem halben Jahr überleben und sogar Zellulose und Proteine herstellen.

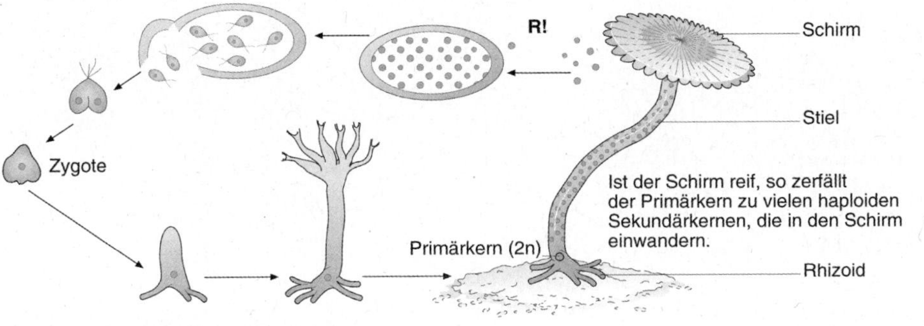


**1** Entwicklung von Acetabularia mediteranea

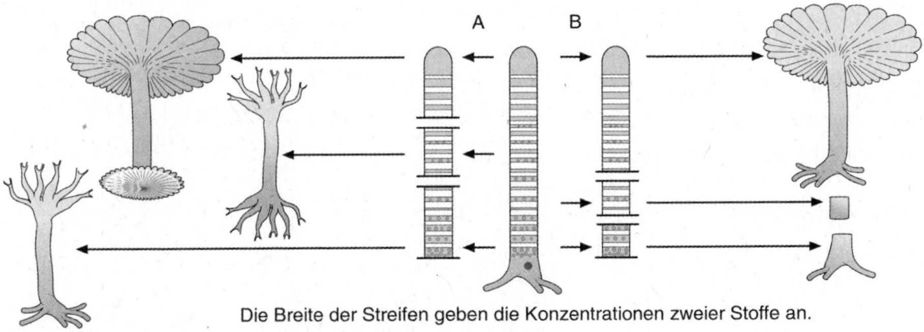


**2** Regenerationsexperimente mit Acetabularia mediteranea

**Aufgaben:**

① Beschreiben Sie die normale Entwicklung der Schirmalge unter Verwendung der Fachbegriffe.

② Deuten Sie die Experimente zur Regeneration der Schirmalge aus Teilstücken. Schließen Sie begründet aus, dass der Abstand zum Kern das entscheidende Kriterium für „unten" und „oben" bei der Regeneration ist.

# Die Bildung des Amphibienauges

Die Entwicklung des Amphibienauges beginnt im Neurulastadium. Wenn sich Augenblase und Epidermis berühren, beginnt dort die Bildung der Linse. Zur Untersuchung der Entwicklung der Augen hat man ein Transplantationsexperiment durchgeführt. Im Neurulastadium wurde Gewebe aus der Augenregion vom kleinäugigen Teichmolch auf den großäugigen Kammmolch übertragen und umgekehrt.

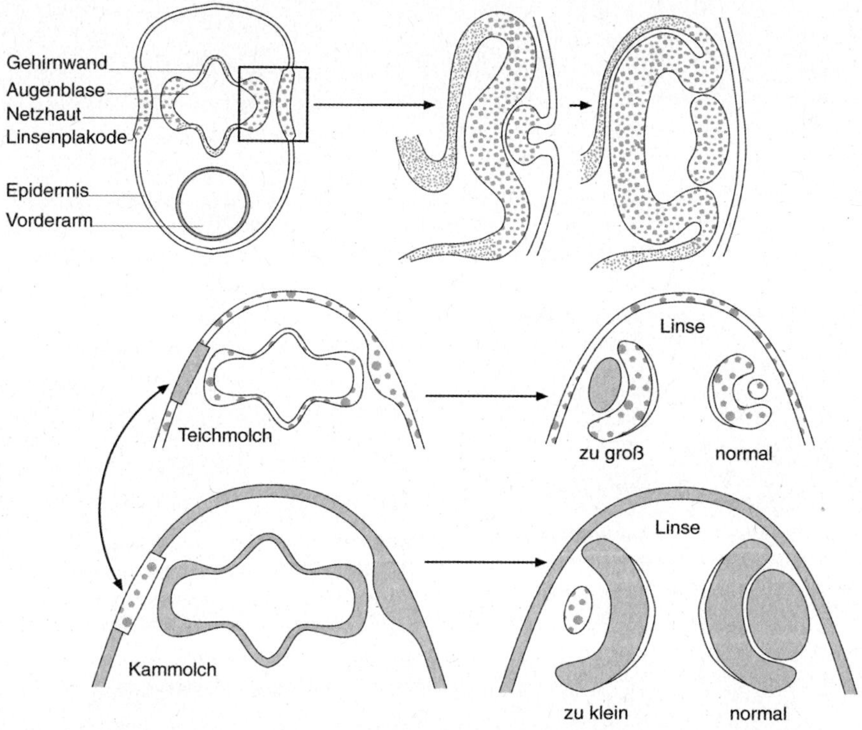


Entwicklung des Amphibienauges und Transplantationsexperiment

**Aufgaben:**

① Beschreiben Sie die in der Abbildung oben dargestellte normale Augenentwicklung unter Verwendung der Fachsprache.

② Deuten Sie das in der Abbildung unten wiedergegebene Ergebnis des Transplantationsexperiments.

## Entwicklung und Verbreitung von Fröschen

Frösche sind auf allen Kontinenten verbreitet. Die Weibchen legen Eier, aus denen sich nach äußerer Befruchtung durch Spermien der Männchen Kaulquappen entwickeln. Aus ihnen werden in einer Metamorphose Frösche. Auf der Nordhalbkugel leben zahlreiche Froscharten der Gattung Rana.

| **Merkmal** | **Waldfrosch** Rana sylvatica | **Leopard-frosch** Rana pipiens | **Nordamikan. Sumpffrosch** Rana palustris | **Schrei-frosch** Rana clamitans | **Ochsen-frosch** Rana catesbeiana |
|---|---|---|---|---|---|
| **begrenzende Breite:** | | | | | |
| **nördlich** | 67° | 60° | 53° | 50° | 47° |
| **südlich** | 34° | 09° | 32° | 28° | 23° |
| **Beginn der Brutzeit** | Mitte März | Anfang April | Mitte April | Mai | Juni |
| **begrenzende Temperatur für die Eientwicklung (°C):** | | | | | |
| **untere** | 2,5 | 5,0 | 7,0 | 12 | 15 |
| **obere** | 24 | 28 | 30 | 32 | 32 |
| **Entwicklungszeit bei 20 °C (h)** | 72 | 96 | 105 | 114 | 134 |
| **Eidurchmesser** | 1,9 | 1,7 | 1,8 | 1,4 | 1,3 |
| **Typus des Laichs** | rundlich, untergetaucht | rundlich, untergetaucht | rundlich, untergetaucht | Film an der Oberfläche | Film an der Oberfläche |

**Aufgaben:**

① Vergleichen Sie die verschiedenen Werte in der Tabelle und setzen Sie sie in Beziehung zueinander.

② Kaulquappen atmen mit Kiemen, adulte Frösche hingegen mit der Lunge und in nicht vernachlässigbarem Umfang mit der Haut. Vergleichen Sie Bau und Funktionsweise der drei Atmungsorgane Kiemen, Haut und Lunge und die jeweils notwendigen Bedingungen.

## Chimären

Manchmal gelingt es, Embryonen miteinander zu verschmelzen und eine normale Entwicklung des entstehenden Keimes zu erreichen. Die entstehenden Lebewesen nennt man *Chimären*. So hat man Mäuseembryonen von weiß- und schwarzhaarigen Tieren im 8-Zellstadium nach Entfernen der Hülle *(Zona pellucida)* zu einem 16-Zellstadium zusammengefügt. Gelingt die Anhaftung der Zellen aneinander, so entwickelt sich daraus eine Morula, die in den Uterus einer Maus überführt wird und sich dort normal entwickelt.

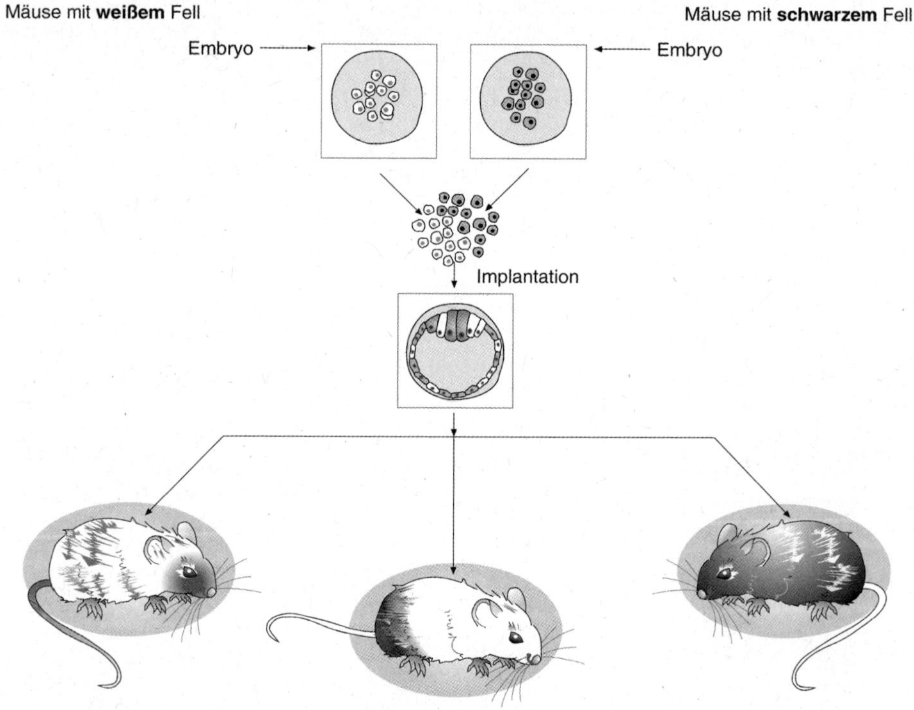


Chimären aus weiß- und schwarzhaarigen Mäusen

**Aufgaben:**

① Welche regulatorischen Vorgänge müssen im Verschmelzungsprodukt aus den beiden Keimen ablaufen, damit ein lebensfähiger Organismus entstehen kann?

② Nennen Sie begründete Hypothesen zu den in der Abbildung dargestellten Beispielen für die Fellfärbung der Chimären.

# Das Ruhepotential

Das Ruhepotential einer Nervenzelle im Axon wird durch die Ungleichverteilung von Ionen verursacht. Im Inneren herrscht ein Überschuss an Kaliumionen und organischen Anionen und außerhalb ein Überschuss an Natrium- und Chloridionen. In einem Experiment wurde das Axoninnere angereichert mit radioaktiven Natriumionen und dann deren Ausstrom gemessen.

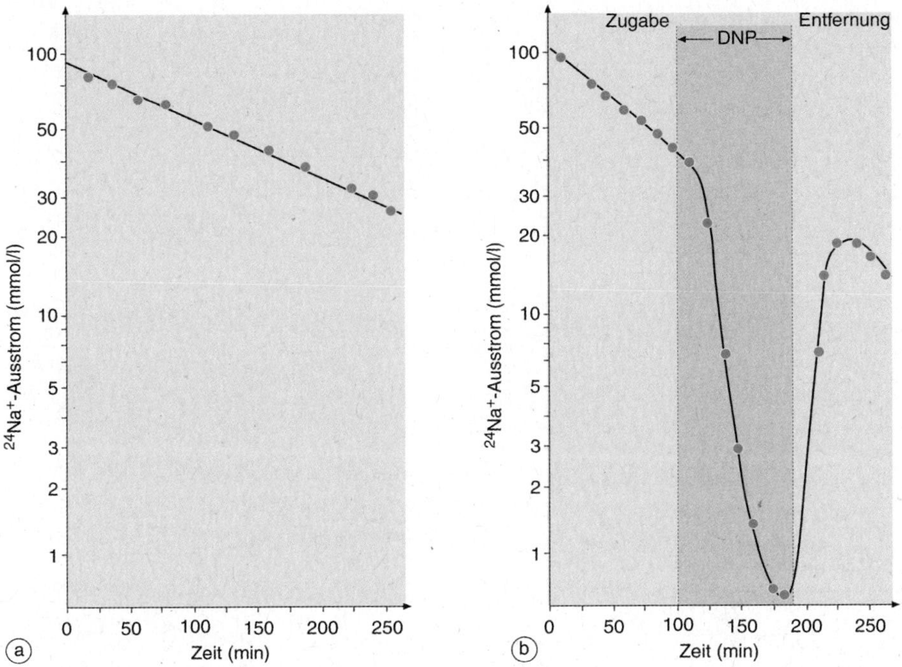


Natriumionenströme am Axon einer nicht gereizten Nervenzelle

**Aufgaben:**

① Beschreiben Sie, wie dieses Ruhepotential zustande kommt bzw. aufrechterhalten wird und erklären Sie Teil a der Abbildung.

② Bei einer Wiederholung des Experimentes wurde Dinitrophenol (DNP) in das Außenmedium gegeben. Diese Substanz verhindert die ATP-Bildung. Vergleichen Sie die in Teil b der Abbildung dargestellten Ergebnisse mit denen in Teil a und erklären Sie die Unterschiede.

# Das Aktionspotential

Grundeinheit der neuronalen Informationsweiterleitung und -verarbeitung ist das Aktionspotential. Durch die Wiederherstellung des Ruhepotentials wird das Axon für das nächste Signal bereit.

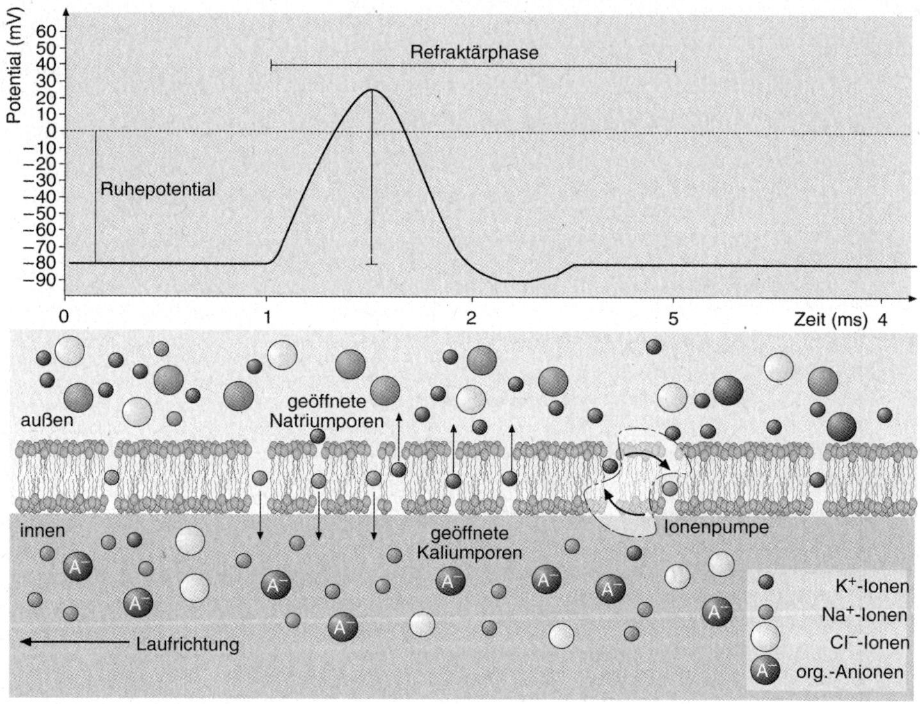


**Aufgaben:**

① Erklären anhand der Abbildung, wie ein Aktionspotential entsteht und wie das Axon in den Ausgangszustand zurückkehrt.

② Südamerikanische Pfeilgiftfrösche produzieren Gifte, die Indianer verwendeten, um mit damit bestrichenen Pfeilen Tiere zu jagen. Durch das Gift konnten selbst leicht verletzte Tiere nicht entkommen. Die Gifte der Frösche wirken unterschiedlich: *Balrachotoxin* verhindert das Schließen der Natriumporen, *Histrionicotoxin* verhindert das Öffnen der Kaliumporen. Nennen Sie jeweils die Auswirkungen für das Beutetier und begründen Sie Ihre Aussage.

## Vergiftung durch ungiftige Fische

Der Entdecker JAMES COOK notierte 1774 nach seiner Ankunft in Neukaledonien, einer Inselgruppe nordöstlich von Australien, Symptome einer Krankheit, die nach dem Verzehr eines eigentlich ungiftigen Fisches auftrat: zuerst Kribbeln im Mund, Muskel- und Kopfschmerzen, Schüttelfrost, Erbrechen, später Taubheitsgefühl im Gesicht sowie an Händen und Füßen, Absinken des Blutdrucks und Steigerung bzw. Sinken der Herzschlagfrequenz. 200 Jahre später fand man heraus, dass die Symptome von einem Algengift *(Ciguatoxin)*, das sich in der Nahrungskette anreichern kann, hervorgerufen wurden.

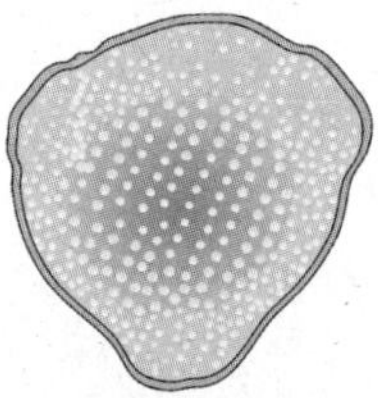

Die Alge Gambiersdiscus toxicus enthält den für Fische ungiftigen Stoff Ciguatoxin.

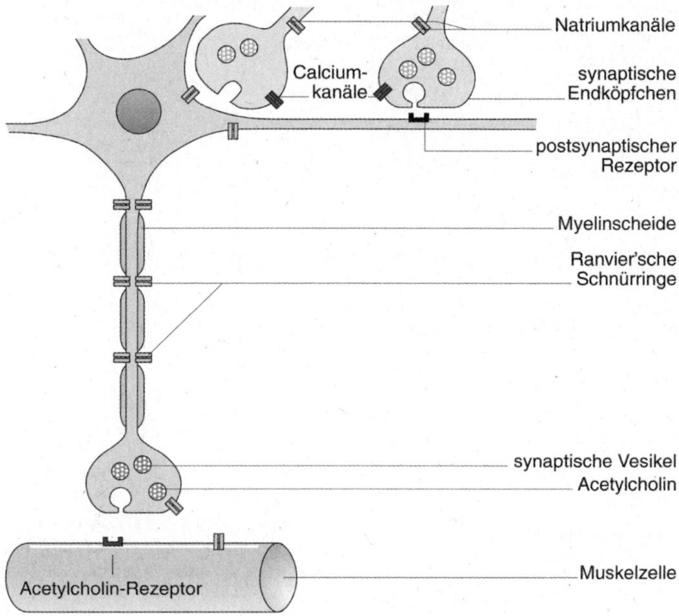


**Aufgaben:**

① Cituatoxin bindet an Proteine von Natriumkanälen in der Nervenzellmembran. Deren Raumstruktur wird dadurch so verändert, dass ein Potential, welches nur wenig größer ist als das Ruhepotential, zur Öffnung der Poren führt. Beschreiben Sie die Folgen für die Erregungsleitung.

② Acetylcholin ist ein Transmitter, der in Synapsen von Sympathicus und Parasympathicus vorkommt. Erklären Sie soweit möglich die Krankheitssymptome.

## Machen Koffein und Nikotin wirklich fit?

Kaffee und Nikotin stehen in dem Ruf, die Leistungsfähigkeit zu erhöhen. Beides sind Nervengifte. Der Nikotingehalt im Tabak einer Zigarette kann ein Kleinkind lebensgefährlich vergiften, wenn es die Zigarette isst. Nach dem Genuss mehrerer Tassen Kaffee zur Überwindung natürlicher Müdigkeit tritt nach Abbau des Koffeins unterschwellige Müdigkeit auf. Beispielsweise bei einer längeren Autofahrt kann es dann zu plötzlichem Auftreten kurzer Schlafphasen kommen.

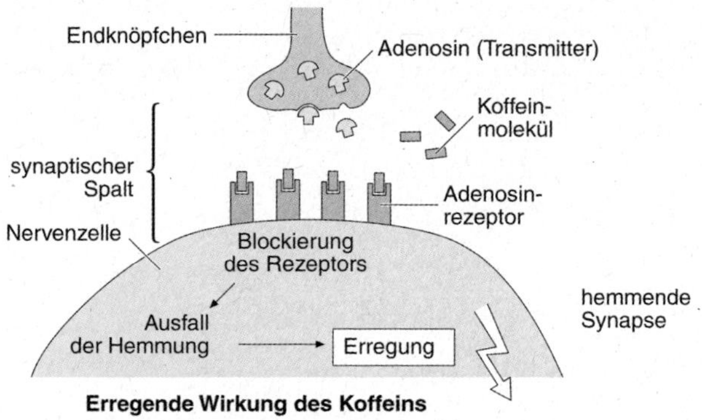


**Erregende Wirkung des Koffeins**

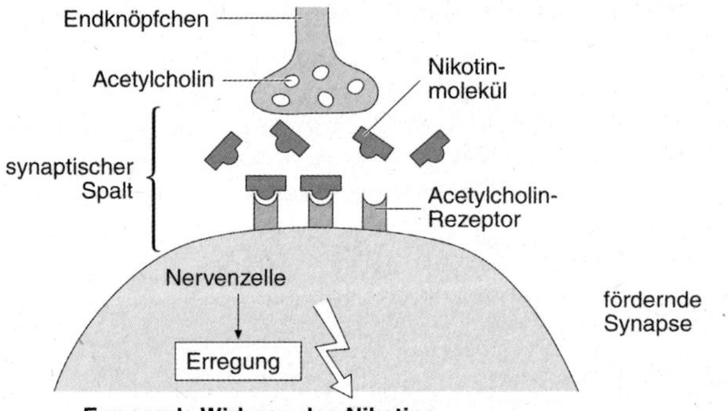


**Erregende Wirkung des Nikotins**

**Aufgaben:**

① Erklären Sie mithilfe der Informationen aus der Abbildung die Wirkungsweise von Koffein und Nikotin.

② Beschreiben Sie das Wechselspiel von Sympathicus und Parasympathicus bei der Steuerung von Körperfunktionen.

## Ein Muskel wird erregt

Die Verbindung zwischen zwei Nervenzellen heißt *Synapse*, die zwischen einer Nervenzelle und Muskelzellen heißt *Motorische Endplatte*. Gelangt durch ein Axon ein Aktionspotential zu einer Motorischen Endplatte, so entsteht an der postsynaptischen Membran der Muskelzelle ein Muskelzellpotential. Dies bewirkt, dass die Membran des Endoplasmatischen Reticulums (ER) durchlässig für Calciumionen wird, die in seinem Inneren gespeichert sind. Calciumionen ermöglichen den Kontakt von Aktin- und Myosinfilamenten und damit die Muskelkontraktion.

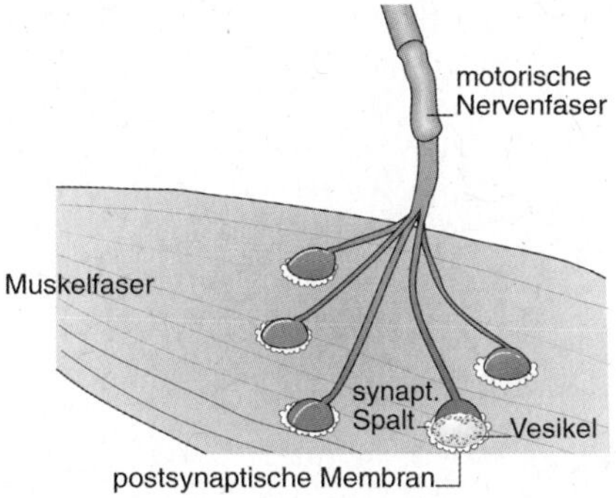


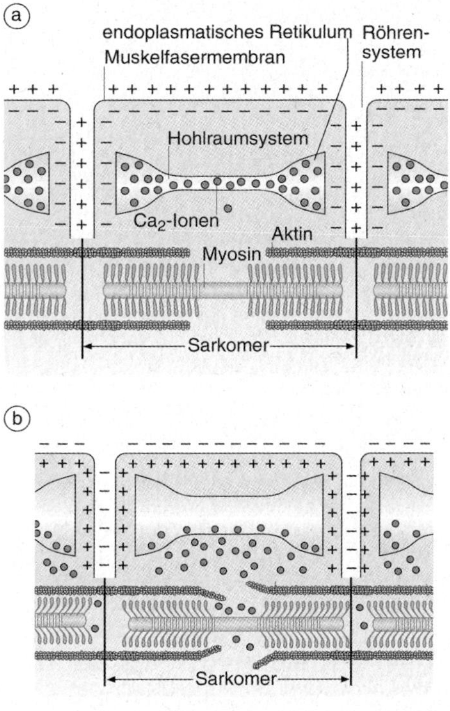


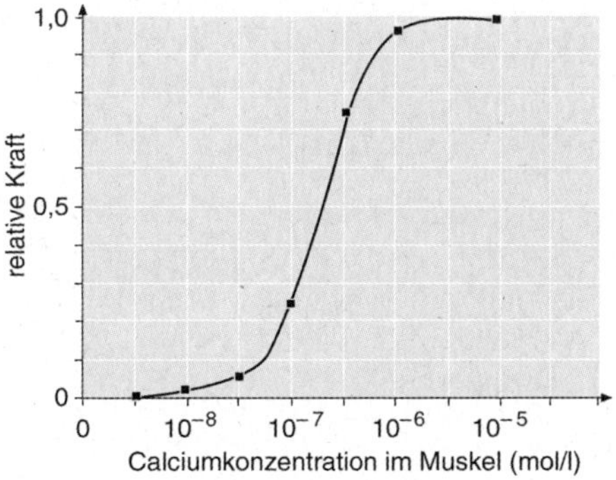


**Aufgaben:**

① Vergleichen Sie die Erregungsübertragung an Synapse und Motorischer Endplatte.

② Erklären Sie die Zusammenhänge zwischen den in der Abbildung dargestellten Strukturen und Messwerten.

## Muskulaturtypen

Unsere *Skelettmuskulatur* dient der Kontrolle der Haltung und der Bewegung. Die Muskelfasern entstehen durch Verschmelzung von Muskelzellen. Die Motorische Endplatte stellt die Verbindung zum Nervensystem dar. Die *glatte Muskulatur* an unseren inneren Organen besteht aus einkernigen Zellen. Sie werden von zwei Nervenfasern *(sympathisch* und *parasympathisch)* versorgt, von denen eine fördernd und eine hemmend wirkt. Es gibt hier keine Motorische Endplatte. Die ganze Zelloberfläche besitzt Rezeptormoleküle für die Transmitter. Man unterscheidet glatte Muskulatur, die erregbar ist, solche, die durch Dehnung erregt wird (z. B. Darm) und solche, die rhythmisch eigene Erregungen produziert (z. B. Magen, Darm). Neuronale Erregungen dienen in den beiden letzten Fällen der Modulation.

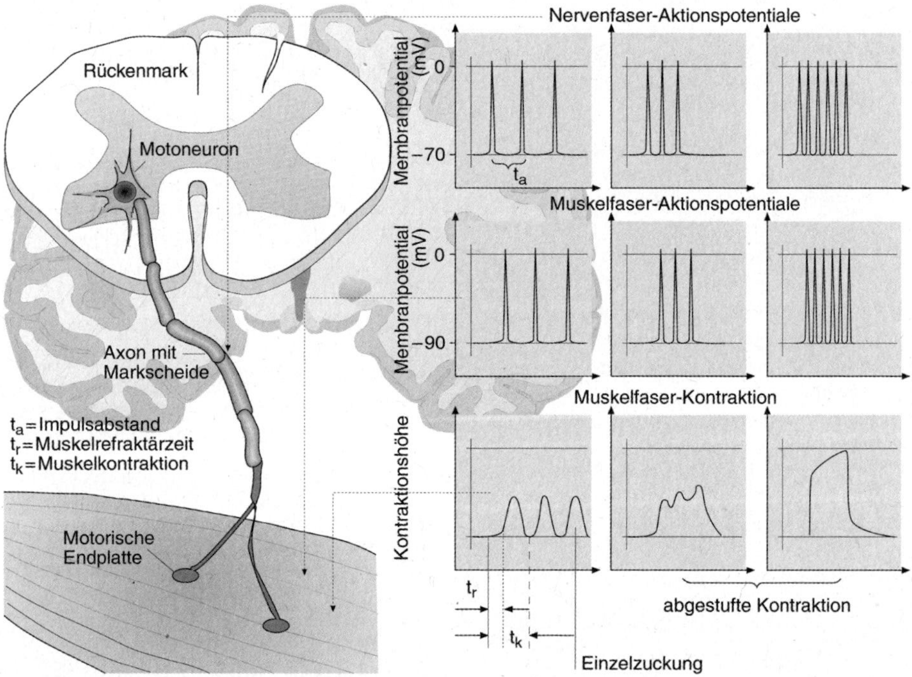


**Aufgaben:**

① Erläutern Sie anhand der Abbildung die nervöse Steuerung der Skelettmuskulatur.

② Vergleichen Sie Bau und Funktion der beiden Muskulaturtypen und stellen Sie Angepasstheiten an die Funktion dar.

## Geschwindigkeit der Erregungsleitung

Die Grundfunktion einer Nervenzelle besteht darin, Erregungen zu erhalten und weiterzugeben. Die Leitungsgeschwindigkeit ist ein wesentliches Kriterium für die Verarbeitungsgeschwindigkeit von Signalen und die minimale Reaktionszeit auf einen Reiz.

| Tierart, Nervenfasertyp | Durchmesser (µm) | Geschwindigkeit (m/s) |
|---|---|---|
| **Qualle** | 9 | 0,5 |
| **Küchenschabe, Bauchmark** | 50 | 7 |
| **Tintenfisch Loligo, Riesenfaser** | 650 | 25 |
| **Frosch, myelinisierte Faser** | 15 | 30 |
| **Katze, myelinisierte Faser** | 15 | 85 |
| **Katze, nicht myelinisierte Faser** | 0,8 | 1,2 |

Geschwindigkeit der Erregungsleitung bei unterschiedlichen Neuronen

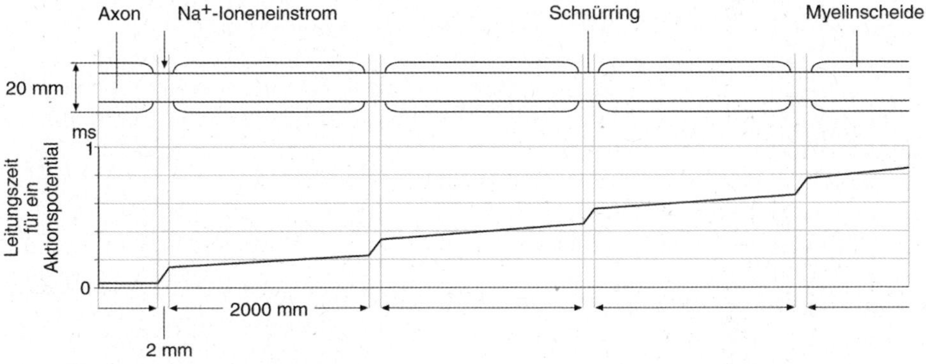


Prinzip der saltatorischen Erregungsleitung

**Aufgaben:**

① Erläutern Sie die Zusammenhänge für die in der Tabelle dargestellten Angaben und Messwerte unter Verwendung der Abbildung.

② Zur lokalen Betäubung werden so genannte „Lokalanästhetika" in die Nähe von Nervenbahnen in das zu betäubenden Gewebe injiziert. Diese Stoffe können sich an die Natriumionenkanäle der Axone anlagern und sie so für Potentialänderungen unempfindlich machen. Erklären Sie die betäubende Wirkung.

## Neuronale Verschaltungen

Neuronen mit erregenden und hemmenden Synapsen sind die Grundelemente unseres Nervensystems. Mit komplexen Verschaltungen dieser Elemente werden über Sinne aufgenommene Erregungen verarbeitet zu Wahrnehmungen, Bewertungen und Handlungen.

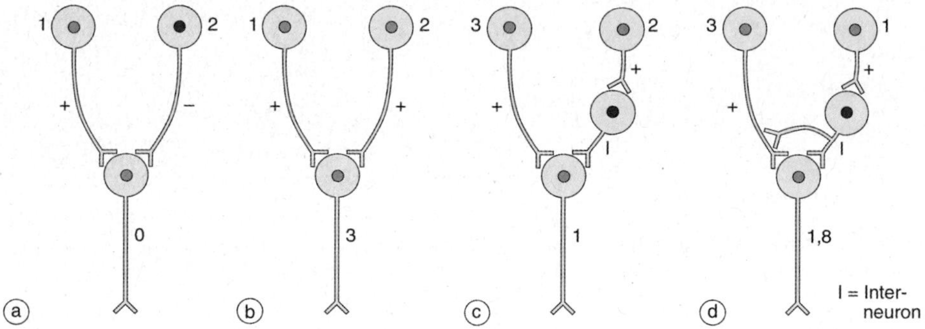


**1** Schema der Verschaltung von Neuronen

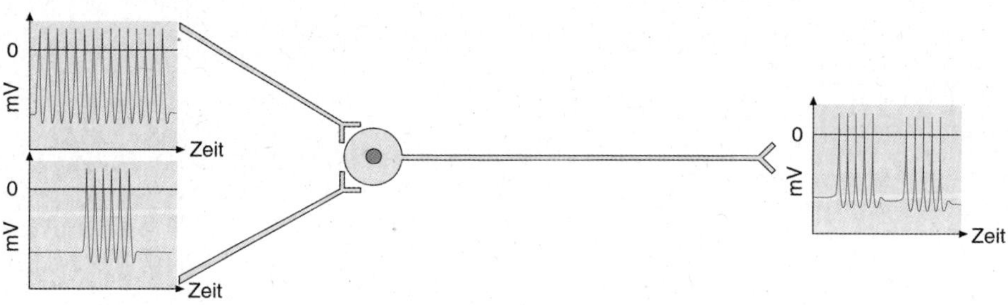


**2** Abgeleitete Aktionspotentiale bei einer neuronalen Verschaltung

**Aufgaben:**

① Stellen Sie dar, welche „Verrechnungsleistungen" die in Abbildung 1 dargestellten Verschaltungen von Neuronen erbringen können.

② Ordnen Sie die in Abbildung 2 dargestellten Messergebnisse begründet einer der Verschaltungen zu.

③ Vergleichen Sie die Wirkung von prä- und postsynaptischer Hemmung (dargestellt in Teil d bzw. a von Abb. 1).

## Die Sprache der Neuronen

Alle Sinnes- und Nervenzellen eines Organismus sind direkt oder indirekt miteinander verbunden. Dadurch ist der Körper über innere und äußere Zustände informiert und kann Reaktionen erzeugen.

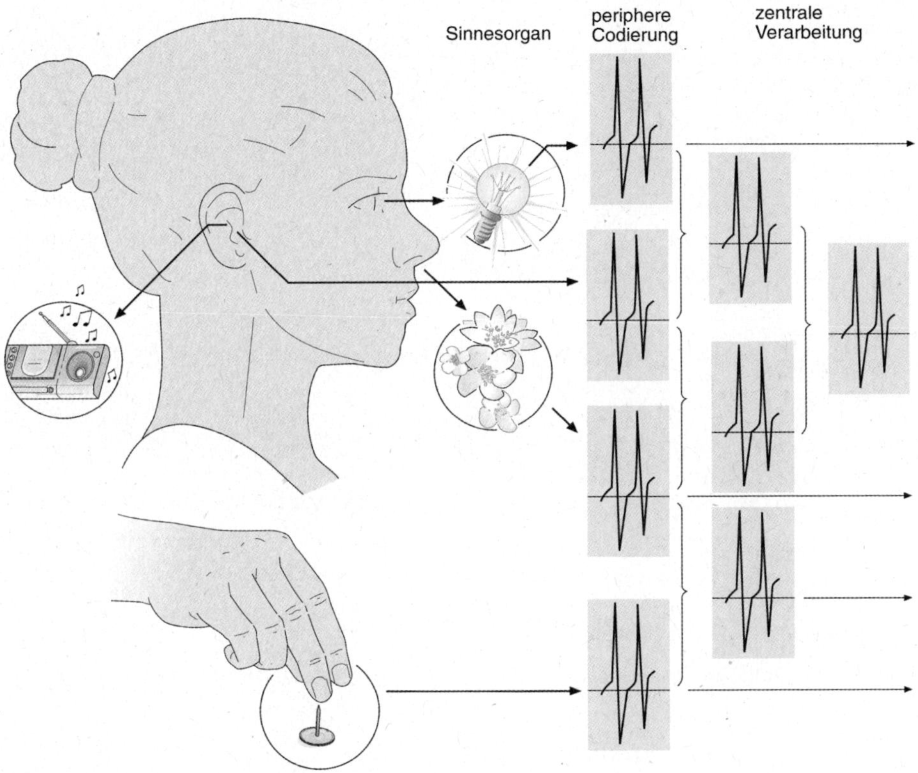


Wahrnehmung

**Aufgaben:**

① „Das Gehirn kann an einem Aktionspotential nicht erkennen, was es repräsentiert". Nehmen Sie unter Bezug zur Abbildung Stellung zu diesem Satz.

② Die Neutralität des neuronalen Codes ist kein Mangel, sondern die Grundlage für die Funktion des Nervensystems. Erklären Sie.

# Ein einfaches Sinnesorgan

Bei vielen Wirbellosen findet man ein einfach gebautes Sinnesorgan, die *Statozyste* (Abbildung 1). In einem Experiment wurde bei einem Krebs das Sandkorn operativ aus der Statozyste entfernt und durch eine winzige Eisenkugel ersetzt. Auf dieses Tier ließ man einen Magneten wirken. Bei seitlicher Einwirkung des Magneten drehte sich das Tier ein Stück auf die Seite und versuchte, in Schräglage im Aquarium zu laufen. Nach Entfernen des Magneten nahm der Krebs wieder eine normale Lage ein.

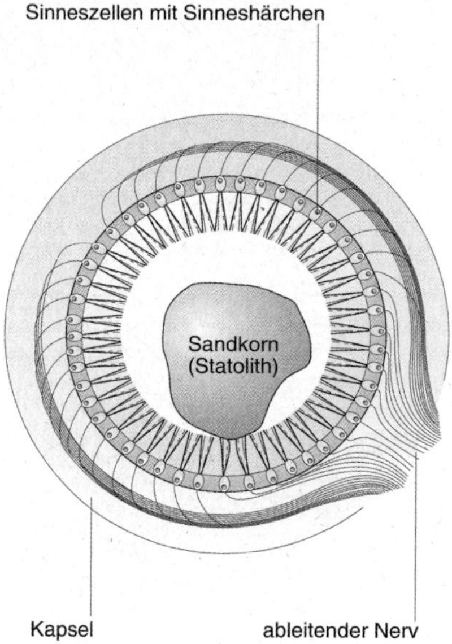


**1** Aufbau der Statozyste (schematisch)

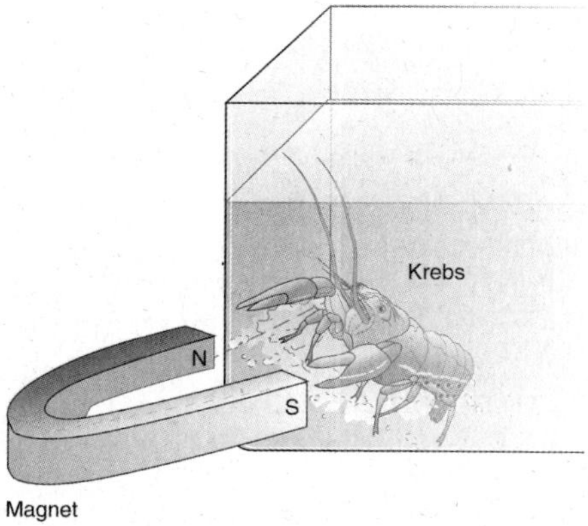


**2** Versuchsergebnis

**Aufgaben:**

① Erklären Sie die Funktionsweise des dargestellten Organs. Welche Informationen liefert es dem Tier? Berücksichtigen Sie das Versuchsergebnis.

② Vergleichen Sie das Organ mit Sinnesorganen des Menschen, die auf ähnliche Weise Reize in Erregungen umsetzen. Nennen Sie dabei Gemeinsamkeiten und Unterschiede.

## Stechmücken hören nur einen Ton

Stechmückenmännchen schwirren im Sommer in Schwärmen umher. Dabei schlagen ihre Flügel mit einer Frequenz von 300 Hertz (Schläge pro s). Fliegt ein Weibchen in der Nähe, so reagieren die Männchen sofort mit einem Begattungsanflug. Das Weibchen wird mit dem so genannten „Johnston'schen Organ" in den Fühlern wahrgenommen.

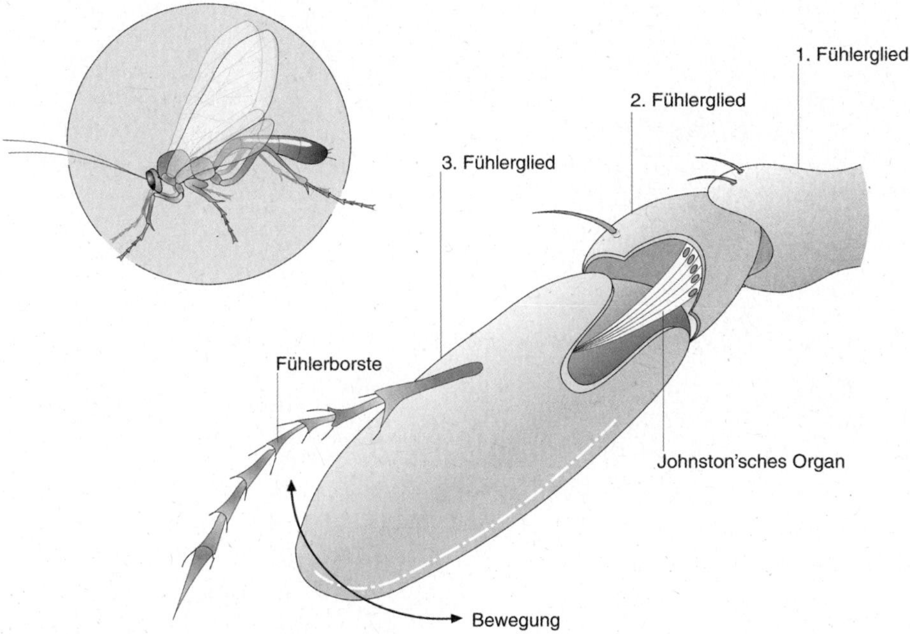


Feinbau der Fühler von Stechmückenmännchen

**Aufgaben:**

① Die Wahrnehmung erfolgt über die Schwingungen des 2. und 3. Fühlergliedes, deren Beugung durch Sinneszellen wahrgenommen wird. Diese Sinneszellen sind Dehnungsrezeptoren. Vergleichen Sie dies mit Dehnungsrezeptoren, die beim Menschen vorkommen.

② Weibchen schlagen die Flügel mit einer Frequenz von 500 Hertz. Dies ist die Eigenfrequenz des Fühlers, sodass Resonanz möglich ist. Dies ist vergleichbar mit einer Stimmgabel, die durch die Schwingungen einer identisch gebauten Stimmgabel angeregt wird. Welche biologische Bedeutung hat die unterschiedliche Flügelschlagfrequenz bei Weibchen und Männchen.

# Der Geschmackssinn der Fliegen

Fliegen haben im Mund- und Fußbereich so genannte „Geschmackshaare“. In diesen Haaren befinden sich Dendriten von Chemorezeptoren, die in einer kleinen Öffnung am Ende des Haares nach außen münden. Durch Ableitung der Sinneszellimpulse bei Reizung mit verschiedenen Geschmacksstoffen fand man heraus, dass die Fliegen über fünf verschiedene Typen von Chemorezeptoren in diesen Haaren verfügen, von denen mindesten eines in jedem Geschmackshaar vorkommt.

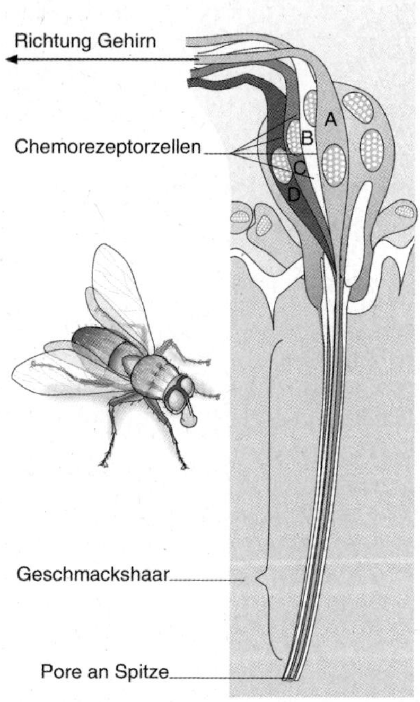


**1** Aufbau des Geschmackshaares

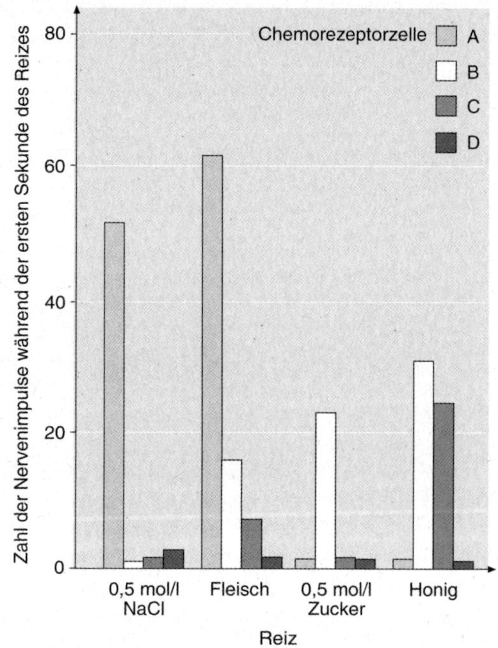


**2** Reaktionen der Chemorezeptorzellen auf verschiedene Stoffe

**Aufgaben:**

① Interpretieren Sie die in Abbildung 2 dargestellten Messwerte und erklären Sie, wie die Fliege z. B. unterschiedliche Nahrungsmittel unterscheiden kann.

② Menschen schmecken Nahrungsmittel durch eine Kombination von Reizen aus den Geschmackspapillen der Zunge und Duftrezeptoren in der Nasenschleimhaut. Sie haben aber ein anderes, nicht chemisches Sinnesorgan, das nach dem gleichen Prinzip arbeitet wie der Geruchssinn der Fliegen. Welches? Erklären Sie.

## Das Großhirn des Menschen

Die beiden Hälften des menschlichen Großhirns sind durch den so genannten „Balken“ miteinander verbunden. Über diese Struktur gelangen Erregungen von einer in die andere Hälfte. Bei manchen Patienten mit schwerer, unheilbarer Epilepsie hat man früher diesen Balken durchtrennt, um ein Überspringen der unkontrollierten Impulse von einer auf die andere Hirnhälfte zu verhindern. Die Methode wird „Split brain“ genannt.

In einem Experiment wurde einem Split-brain-Patienten das Wort Banane so gezeigt, dass es nur auf den rechten Netzhauthälften abgebildet wird. Dann wurde er aufgefordert, das genannte Objekt durch Tasten auszuwählen. Dies gelang nur mit der linken Hand. Benennen konnte er das Objekt erst, als er es hinter dem Schirm hervorholte und mit beiden Augen ansah.

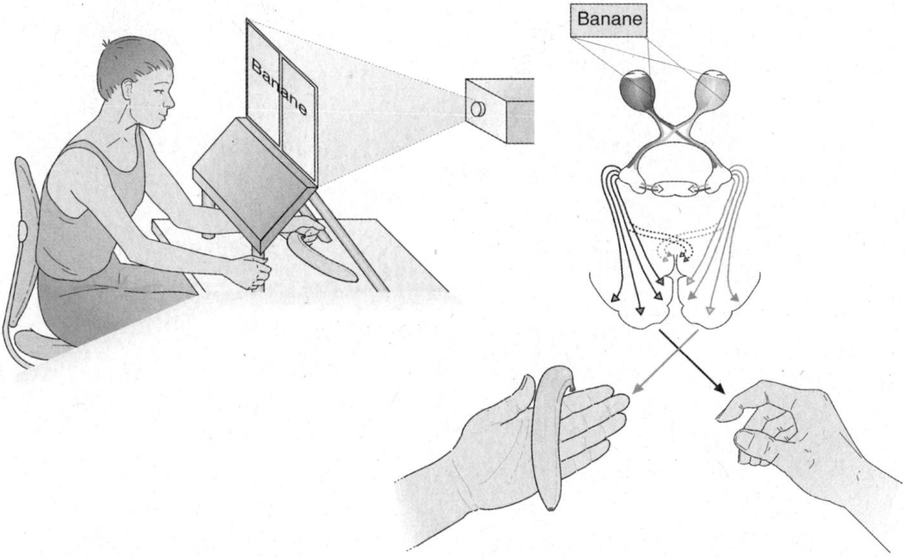


Erkennungsexperiment mit Split-brain-Patienten

**Aufgaben:**

① Erklären Sie die einzelnen Teile des Versuchsergebnisses unter Verwendung der Abbildung.

② Patienten, bei denen das Sprachzentrum durch einen Tumor stark geschädigt wurde, konnten nach Zerstörung der Region nicht mehr sprechen. Nach längerer Zeit gelang es ihnen jedoch, das Sprechen neu zu lernen. Erklären Sie.

# Wahrnehmung

Im 15. Jahrhundert nahm LEONARDO DA VINCI an, dass beim Wahrnehmen eines Gegenstandes dieser im Gehirn „abgebildet" würde und wir es uns dort „ansehen" könnten. Durch die Messung von Hirnaktivitäten beim Ansehen eines Gegenstandes und Patienten mit Ausfallerscheinungen weiß man heute mehr darüber.

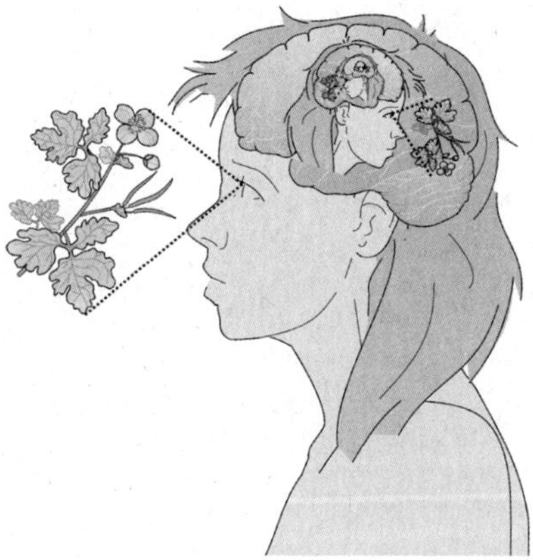

1 „Bilder sehen"

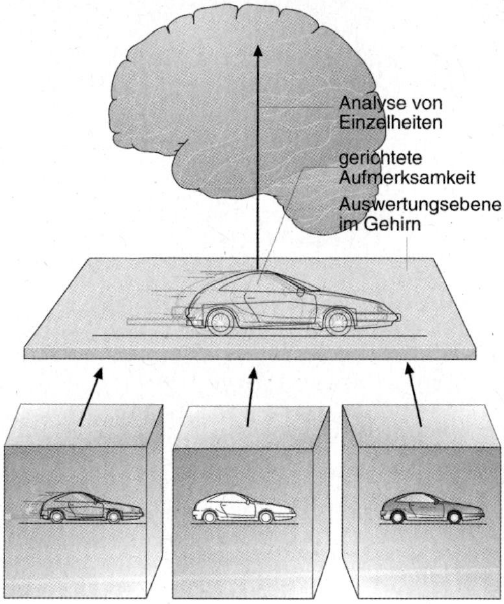


2 Wahrnehmung eines bewegten Gegenstandes

**Aufgaben:**

① Erklären Sie anhand von Abbildung 1, welches Problem sich bei der Vorstellung ergibt, Gegenstände würden im Gehirn abgebildet.

② Nach modernen Vorstellungen wird ein Gegenstand durch Aktivitäten in unterschiedlichen Bereichen im Gehirn repräsentiert (Abb. 2). Erklären Sie dies und vergleichen Sie diese Ansicht mit der historischen Vorstellung.

③ Welche Rolle spielt das Gedächtnis beim „Sehen" eines Autos?

## Blutzuckerregulierung und Diabetes

Bei der Regelung des Blutzuckerspiegels ist das Hormon Insulin aus der Bauchspeicheldrüse von entscheidender Bedeutung. Personen mit gestörter Insulinproduktion leiden an der Krankheit Diabetes mellitus.

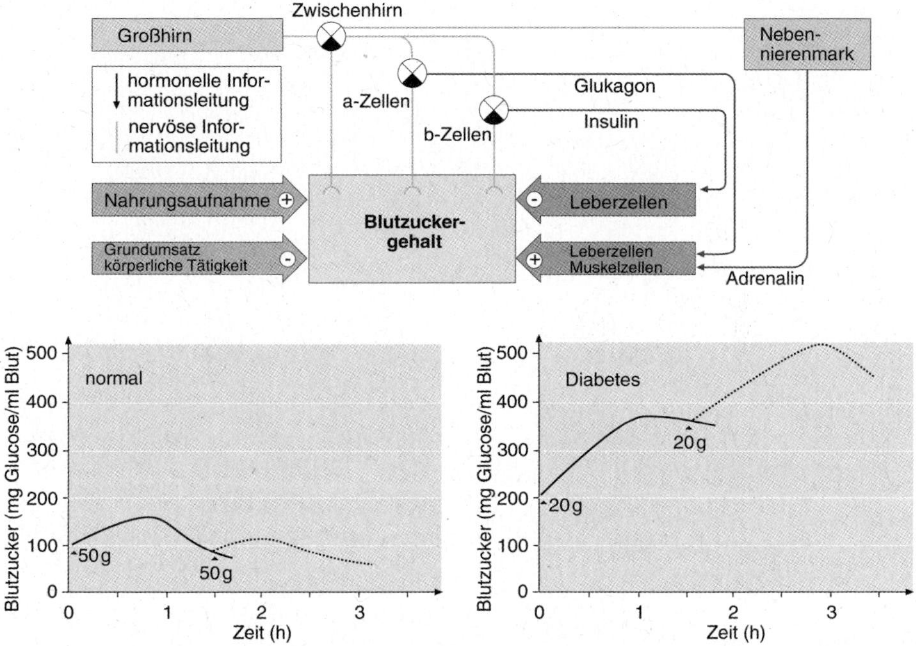


Regelung des Blutzuckerspiegels und Versuch mit Glucosegabe

**Aufgaben:**

① Beschreiben Sie anhand des Regelkreisschemas (Abb. 1), was im Körper bei der Leistung von Muskelarbeit bezüglich der Regelung des Blutzuckerspiegels geschieht.

② In einem Experiment wurde einer gesunden Person 50 g Glucose und einem Diabetiker 20 g Glucose verabreicht und dann in halbstündigem Abstand mehrfach der Blutzuckerspiegel gemessen. Beschreiben Sie die in Abbildung 2 dargestellten Ergebnisse und erklären Sie sie.

③ Insulin ist ein Peptidhormon. Erklären Sie, warum Diabetiker es injizieren müssen und nicht als Tablette oder Saft einnehmen können.

## Fortpflanzung bei Rehen

Rehböcke tragen ein Gehörn, das sie – wie einheimische Hirsche ihr Geweih – im Herbst abwerfen. Schon im Winter beginnt das neue Gehörn nachzuwachsen. Im Frühjahr finden Revierkämpfe zwischen den Böcken statt. In dieser Zeit fressen sie sich gleichzeitig einen Fettvorrat an, denn in der Brunftzeit ab dem späten Frühjahr nehmen sie wenig Nahrung zu sich.

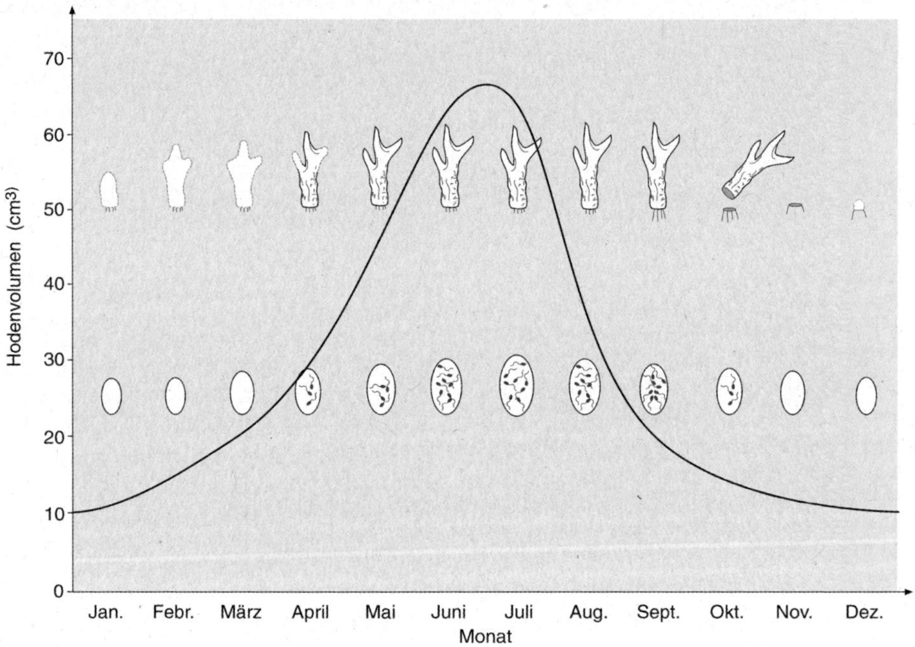


Hodenvolumen, Spermienbildung und Gehörnentwicklung bei Rehböcken

**Aufgaben:**

① Beschreiben Sie die in Text und Abbildung wiedergegebenen Informationen im Zusammenhang.

② Kastrierte Rehböcke entwickeln lebenslang kein Gehörn. Die Gehörnbildung wird aber nicht direkt durch Testosteron, dem Hormon aus den Hoden, sondern durch das Hormon Somatotropin aus dem Hypophysenvorderlappen ausgelöst. Nennen Sie eine begründete Hypothese, wie dennoch eine Synchronisation von Hodengröße, Geweihbildung und Sexualverhalten möglich ist.

## Augenflecke auf dem Falterflügel

Der in Costa Rica vorkommende Falter *Automeris* ist bräunlich gefärbt. Wenn er ruhig auf der Baumrinde sitzt, bedecken seine Vorderflügel die Hinterflügel. Berührt man seinen Körper, klappt er rasch seine Vorderflügel vor und man erkennt auf den Hinterflügeln so genannte „Augenflecken", die auch etliche einheimische Schmetterlingsarten aufweisen.

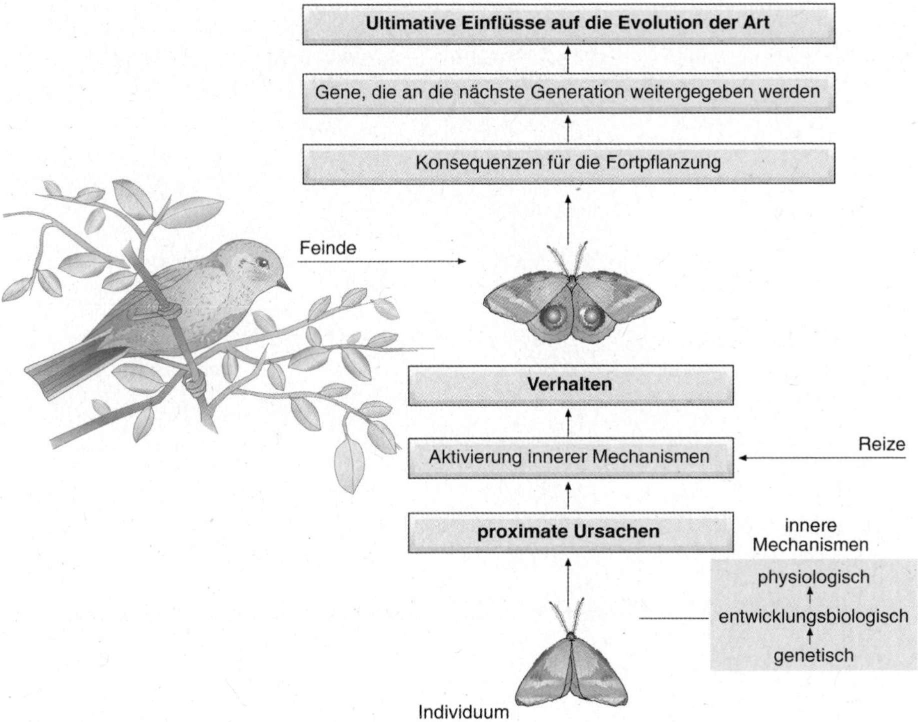


**Aufgaben:**

① Bei der Untersuchung von Verhaltensweisen kann man nach proximaten und ultimaten Ursachen fragen. Erläutern Sie dies am dargestellten Beispiel.

② Die Bezeichnung „Augenflecken" ist eine anthropomorphe Bezeichnung (Interpretation aus menschlicher Sicht). Erklären Sie.

③ Proximat könnte man das Verhalten des Schmetterlings möglicherweise als Reflex oder Instinkt erklären. Worin besteht der Unterschied?

# Der Kampf um ein Territorium

Weibchen der Pappelblattlaus wählen ein junges Pappelblatt aus und stechen es in der Nähe des Blattstiels an, um sich vom Saft aus dem Phloem zu ernähren. Nach kurzer Zeit wächst an dieser Stelle eine Ausbuchtung, die zu einer Galle wird. Dort hinein legt die Blattlaus ihre Eier.

Erreicht ein zweites Weibchen das Blatt, so kommt es zum Kampf (siehe Abbildung oben), der immer in der gleichen Art abläuft und bis zu mehrere Stunden dauern kann. Manchmal endet er mit dem Tod einer der Rivalinnen. Die Blattläuse betreiben keine weitere Brutpflege und kümmern sich nach der Eiablage nicht mehr um die Jungen.

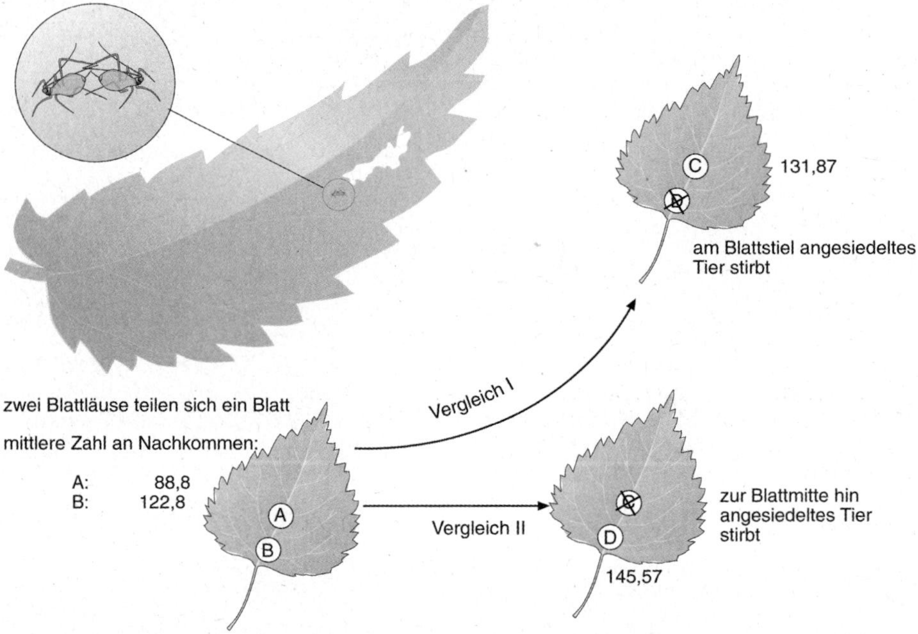


Kampfverhalten bei Pappelblattläusen und ihr Fortpflanzungserfolg

**Aufgaben:**

① Welche Aussagen über das Kampfverhalten lassen sich aus dem Material ableiten?

② Vergleichen Sie den Fortpflanzungserfolg der Blattläuse (Abbildung unten) und skizzieren Sie einen möglichen Entstehungsweg des Verhaltens im Verlauf der Evolution.

# Alarmrufe einheimischer Singvögel

Neben Revier- und Balzgesang geben einheimische Singvögel auch Warnrufe ab. Dabei fällt auf, dass die Struktur der Rufe sehr unterschiedlich ist. Allgemein gilt, dass kurze Rufe besser räumlich geortet werden können. Die Empfänger registrieren den zeitlichen Abstand zwischen dem Auftreffen des Schalls auf dem Trommelfell des rechten und des linken Ohres. Wiederholungen erhöhen die Wahrscheinlichkeit der richtigen Ortung.

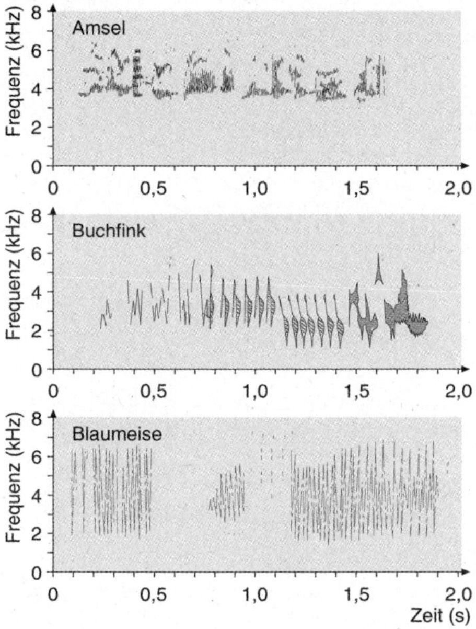


**1** Reviergesänge bei 3 einheimischen Vogelarten

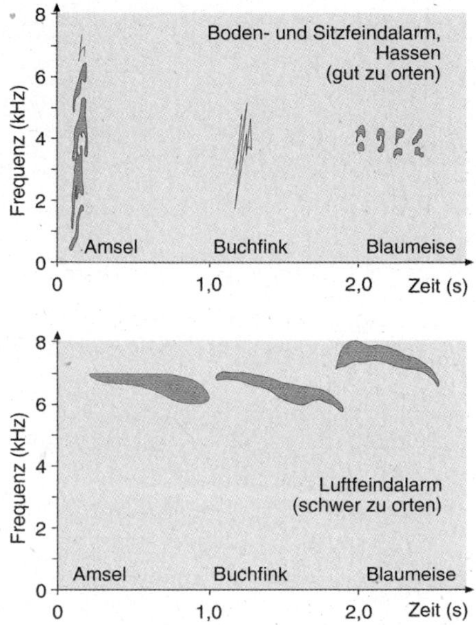


**2** Warnrufe bei Amsel, Buchfink und Blaumeise

**Aufgaben:**

① Vergleichen Sie die Reviergesänge der drei Arten. Worin liegt die biologische Bedeutung der Unterschiede?

② Vergleiche Sie die Warnrufe der drei Arten. Beziehen Sie dabei auch den Aspekt der Ortung des rufenden Vogels ein.

③ Insbesondere die Warnrufe bei Luftfeinden lösen auch bei artfremden Vögeln Unruhe aus. Erklären Sie, dass Greifvögel häufig von Vögeln unterschiedlicher Arten durch so genanntes „Hassen" (Anflüge, Scheinangriffe und lautes Rufen) und Angriffe vertrieben werden.

## Der rote Bauch der Stichlinge

Stichlingsmännchen haben in der Fortpflanzungsperiode einen mehr oder weniger stark rot gefärbten Bauch. Taucht ein Männchen in der Nähe eines Revierinhabers auf, wird es meist durch Angriffe vertrieben. Der rote Bauch wurde als Schlüsselreiz für die Auslösung der Angriffe angesehen. Attrappenversuche sollten dies belegen.

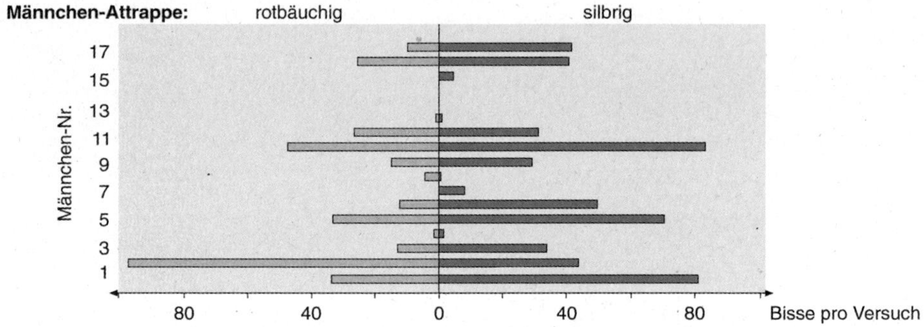


Auswahl einiger Ergebnisse von ROWLAND und SEVENSTER (Attrappen gleichzeitig präsentiert)

| Männchen Nr. | rot | grau | rot | grau | rot | grau | Summe rot : grau |
|---|---|---|---|---|---|---|---|
| **1** | 59 | 52 | 171 | 144 | 194 | 101 | 424 : 297 |
| **2** | | 57 | 37 | 17 | 45 | | 82 : 74 |
| **3** | | 2 | 3 | 2 | 3 | | 6 : 4 |
| **4** | 83 | 63 | 85 | 9 | 20 | | 188 : 72 |
| **5** | 1 | 3 | 19 | 3 | 22 | 0 | 42 : 6 |
| **6** | 6 | 3 | 1 | 4 | 2 | 1 | 9 : 8 |

Auswahl einiger Ergebnisse von COLLIAS (Attrappen (Bauch rot/grau) nacheinander 5 min präsentiert)

**Aufgaben:**

① Fassen Sie die Ergebnisse zusammen und stellen Sie einen Bezug zu der oben genannten Annahme her.

② ROWLAND und SEVENSTER präsentierten gleichzeitig die beiden Attrappen (Auswahlmethode), COLLIAS setzte die Tiere den Attrappen nacheinander aus (Sukzessivmethode). Schätzen Sie mögliche Auswirkungen ab.

③ Gesunde, kräftige Männchen sind intensiver rot gefärbt als schwache bzw. kranke. Stellen Sie eine alternative Hypothese zur Bedeutung der Rotfärbung auf.

## Schlüsselreize contra Lernen

Für die Auslösung des Fütterungsverhaltens von Möwen wurden früher häufig so genannte *Schlüsselreize* angenommen. Einfache Signale oder Kombinationen sollten genetisch bedingte Verhaltensmuster – in diesem Fall das Füttern – auslösen.

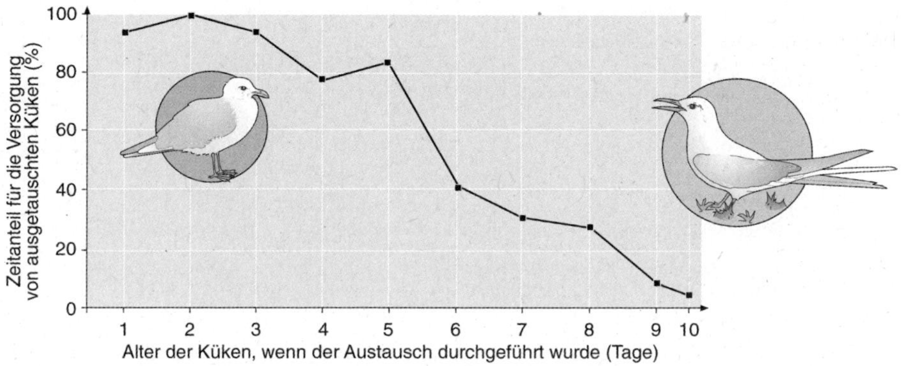


Versorgung von untergeschobenen Jungtieren durch Delawarenmöwen

| Möwenart | Brutplatz | Reaktion auf untergeschobene Nestlinge |
|---|---|---|
| **Dreizehenmöwe** | Kolonien auf vielen kleinen Felsvorsprüngen, auf denen jeweils nur ein Paar brütet | erkennen untergeschobene Nestlinge nicht als fremd, ziehen sogar junge Kormorane auf |
| **Silbermöwe** | meist bodenbrütend in Kolonien, in einigen Regionen auf Felsvorsprüngen | füttern gelegentlich junge fremde Küken, die sie anbetteln, wenn die eigenen Küken noch jung sind; aber auch Ignorieren solcher Tiere wurde beobachtet |
| **Delawarenmöwe** | bodenbrütend in relativ großen Kolonien | siehe Abbildung |

**Aufgaben:**

① Interpretieren Sie die Abbildung. Inwieweit stimmen die Versuchsergebnisse mit dem Schlüsselreizkonzept überein.

② Bei den verwandten Möwenarten ist die Jungenerkennung unterschiedlich ausgeprägt (siehe Tabelle). Aus evolutionsbiologischer Sicht führen Investitionen in nicht verwandte Artgenossen zu einem geringeren eigenen Fortpflanzungserfolg. Komplexe Mechanismen bilden sich nur dann aus, wenn ein Selektionsdruck in der entsprechenden Richtung besteht. Erklären Sie dies am Material.

## Hassen bei Vögeln

Viele Vogelarten reagieren auf die Anwesenheit potenzieller Feinde mit dem so genannten „Hassen". Dazu gehören Warnrufe und mehr oder weniger heftige Angriffe gegen den Räuber, bei denen die hassenden Vögel manchmal auch verletzt werden. Besonders bei in Kolonien brütenden Arten greifen gleichzeitig mehrere Tiere an. Manchmal kommt es vor, dass die Jungen der gerade „hassenden" Tiere von Artgenossen gefressen werden.

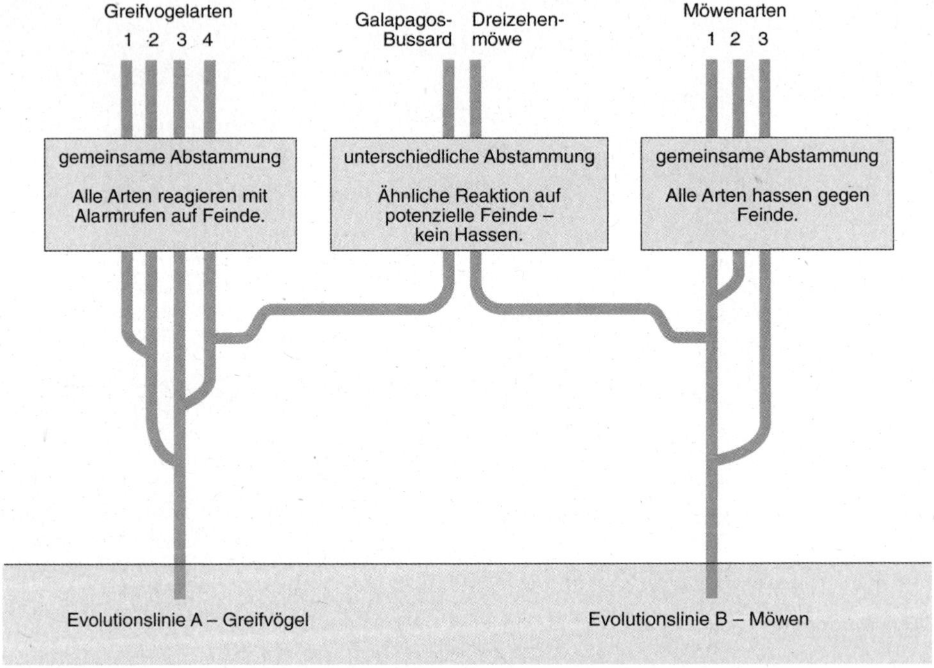


Verhalten gegenüber Feinden bei Greifvögeln und Möwen

**Aufgaben:**

① Interpretieren Sie das Hass-Verhalten aus soziobiologischer Sicht. Stellen Sie dazu „Kosten" und „Nutzen" des Verhaltens gegenüber.

② Auf Galapagos leben u. a. Dreizehenmöwen und Galapagos-Bussarde. Interpretieren Sie die in der Abbildung wiedergegebenen Informationen aus evolutionsbiologischer Sicht.

## Handlungsbereitschaft

Nordamerikanische Stachelleguane verteidigen normalerweise im Sommer keine Territorien. Sie führen wenige Kontrollgänge in ihrer Umgebung durch und drohen Artgenossen nur schwach an. Forscher implantierten Stachelleguanmännchen im Sommer Kapseln, die kontinuierlich Testosteron abgaben. Eine Kontrollgruppe bekam wirkungslose Kapseln implantiert.

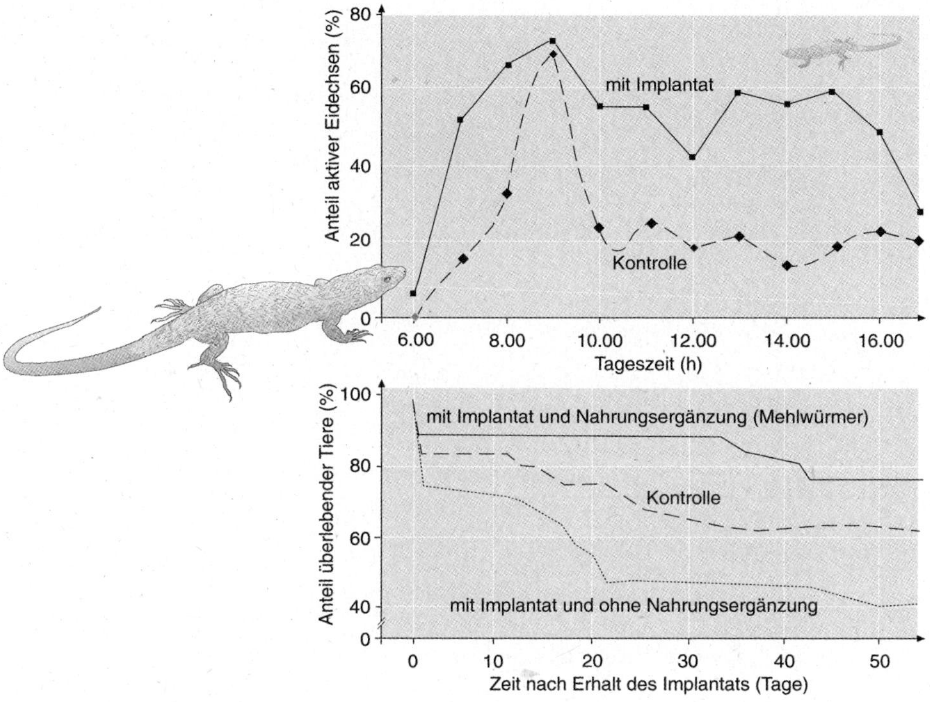


**Aufgaben:**

① Aktivität und Überlebensrate der Tiere wurden ermittelt (siehe Abb.). Interpretieren Sie die Ergebnisse.

② Bei den Tieren mit Testosteronimplantat wurden wesentlich häufiger Droh- und Kampfverhalten gegenüber Artgenossen beobachtet. Ergänzen Sie Ihre Auswertung.

③ Warum wurde den Kontrolltieren eine wirkungslose Kapsel implantiert?

## Paarungsverhalten bei Mäusen

Bei Labormäusen wurde der Einfluss des Hormons Testosteron auf das Paarungsverhalten untersucht. Dazu wurden die Tiere in drei Gruppen aufgeteilt. Eine Gruppe wurde nicht behandelt. Bei den Tieren der zweiten und dritten Gruppe wurden die Testosteron produzierenden Hoden entfernt *(Kastration)*. Im Gegensatz zur zweiten Gruppe erhielten die Mäuse der dritten Gruppe ab dem 26. Tag Testosteron-Injektionen.

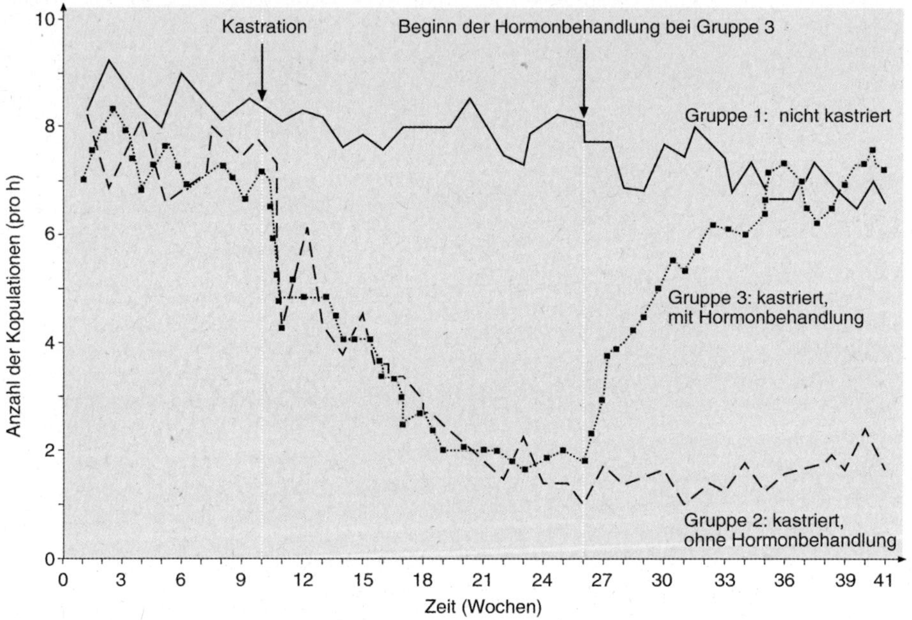


Kopulationshäufigkeit bei den Mäusemännchen

**Aufgaben:**

① Interpretieren Sie die in der Abbildung dargestellten Versuchsergebnisse. Welche Bedeutung haben im Versuchsaufbau die Gruppen 1 und 2?

② In einem weiteren Versuch erhielten die Männchen eines Inzuchtstammes die Wahl zwischen nahe verwandten und nicht verwandten Weibchen. Sie bevorzugten die nicht verwandten. Verhinderte man bei den neugeborenen Männchen den Kontakt mit dem Urin der weiblichen Geschwister, so wählten sie später gleich häufig verwandte und nicht verwandte Weibchen. Interpretieren Sie diese Befunde und nennen Sie die biologische Bedeutung.

## Vogelzug

Mönchsgrasmücken sind einheimische Singvögel, die den Winter in Afrika verbringen (Zugvögel). Die in Westeuropa lebenden Tiere ziehen im Herbst über Spanien nach Westafrika, während die Tiere aus Osteuropa über die Türkei nach Ostafrika (Äthiopien, Kenia) ziehen.

Der Biologe ANDREAS HELBIG stellte die Hypothese auf, dass die Tiere für die Zugrichtig eine genetische Veranlagung haben. Zur Überprüfung untersuchte er in der unten abgebildeten Anordnung die Vorzugsrichtung zugunruhiger Tiere aus Deutschland (Westzieher) und aus Österreich (Ostzieher) und kreuzte die Tiere in Gefangenschaft. Auch bei den Nachkommen untersuchte er die bevorzugte Richtung der Zugunruhe.

**1** Versuchsanordnung

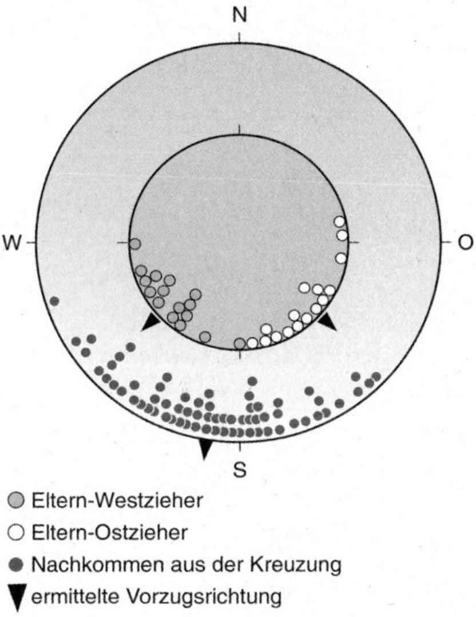


**2** Verteilung der Kratzspuren bei Zugunruhe

### Aufgaben:

① Interpretieren Sie die in Abbildung 2 dargestellten Untersuchungsergebnisse in Bezug auf die oben genannte Hypothese von HELBIG.

② Stellen Sie Risiken und Vorteile des Zugverhaltens von Vögeln zusammen.

③ Auf den Kapverdischen Inseln (vor der Westküste Afrikas) leben Mönchsgrasmücken, die kein Zugverhalten zeigen. Nennen Sie eine begründete Hypothese zur Erklärung.

## Der Lidschlussreflex

Durch blitzschnelles Schließen des Augenlides beim Auftreffen von Objekten bzw. der Wahrnehmung der schnellen Annäherung eines Gegenstandes an das Auge können Verletzungen des empfindlichen Sinnesorgans teilweise vermieden werden. Bei Kaninchen löste man das reflexhafte Vorschieben der Nickhaut durch einen Luftstoß aus einer Düse aus, nachdem man kurz vorher einen Klingelton ertönen ließ.

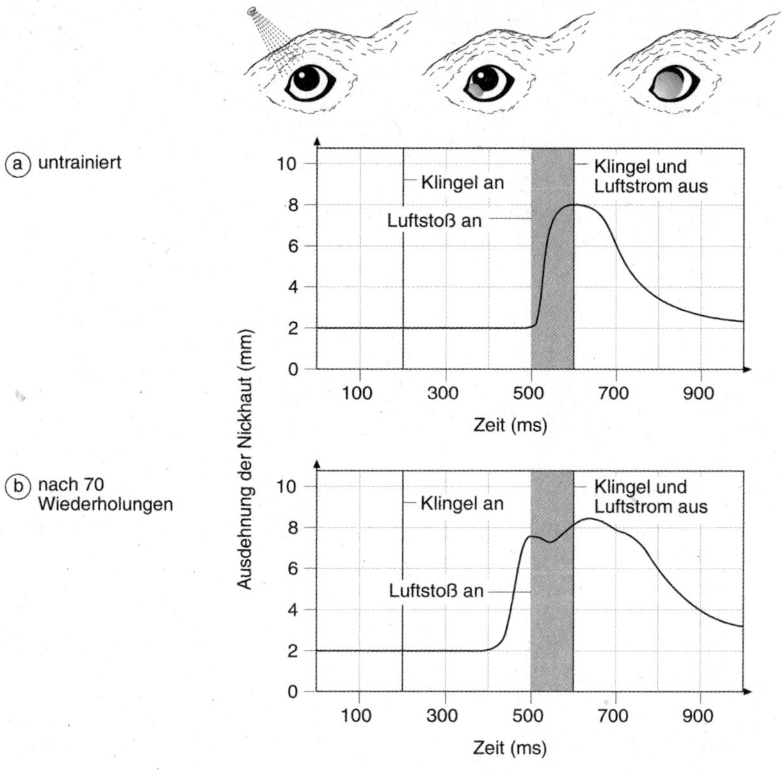


**Aufgaben:**

① Erklären Sie an diesem Beispiel den Begriff „Reflex" und seine biologische Bedeutung für das Lebewesen.

② Interpretieren Sie die in der Abbildung dargestellten Versuchsergebnisse unter Verwendung der Fachsprache.

## Wenn sich Hunde kratzen

Berührt man einen Hund an der Flanke (seitlich vor dem Hinterbein), so führt er in der Regel das Hinterbein an die gereizte Stelle und kratzt sich. Durch Variation der Versuchsbedingungen kann man Eigenschaften dieses Verhaltens untersuchen.

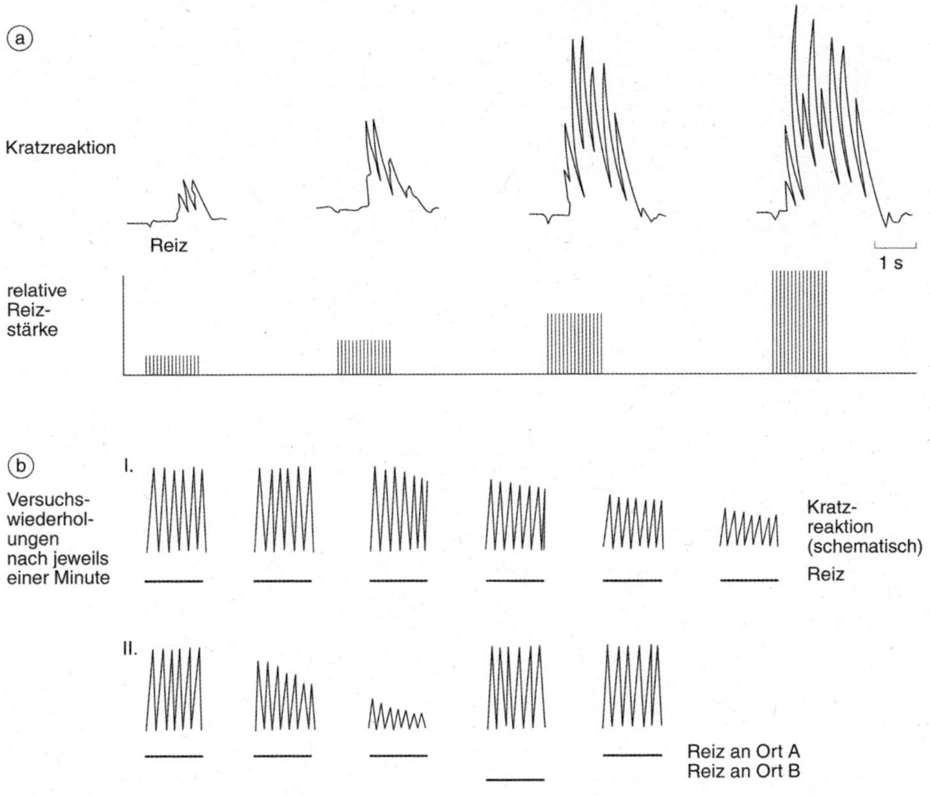


**Aufgaben:**

① Leiten Sie aus den in der Abbildung dargestellten Versuchsergebnissen unter unterschiedlichen Bedingungen Eigenschaften des Verhaltens ab.

② Um welchen Typus von Verhalten handelt es sich? Ordnen Sie auch den einzelnen Versuchsergebnissen begründet fachsprachliche Begriffe zu.

# Das Nestfindeverhalten von Grabwespen

Sandwespen graben mehrere Nester, in denen sie jeweils eine Raupe regelmäßig mit Nahrung versorgen. Der Verhaltensforscher Nikolaas Tinbergen stellte die Hypothese auf, dass die Sandwespen sich beim Wiederfinden der Nester an auffälligen Gegenständen *(Landmarken)* in der Nähe des Eingangs orientieren. Zur Überprüfung führte er eine Reihe von Experimenten durch. In der Abbildung ist jeweils das häufigste Verhalten dargestellt.

Vobereitung:

Um ein vorhandenes Nest werden Kiefernzapfen aufgestellt.

Die Sandwespe besucht mehrere Male das Nest.

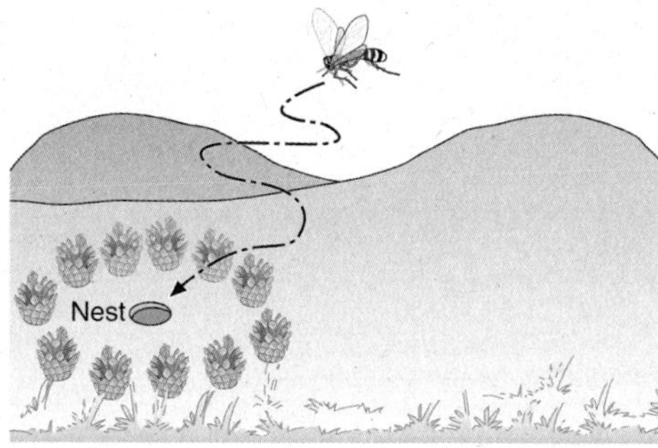


Danach wird am folgenden Morgen eine der beiden folgenden Veränderungen vorgenommen:

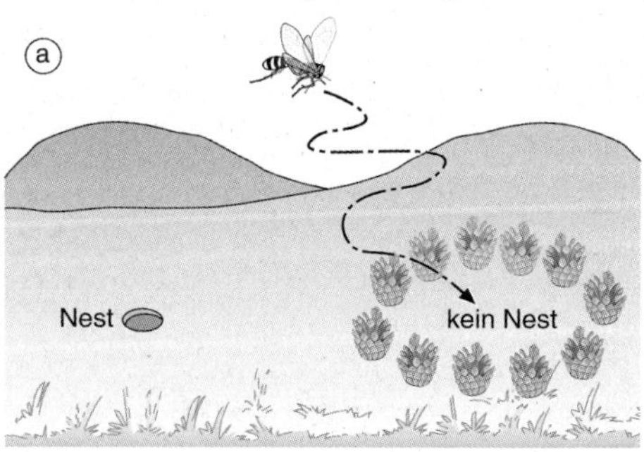


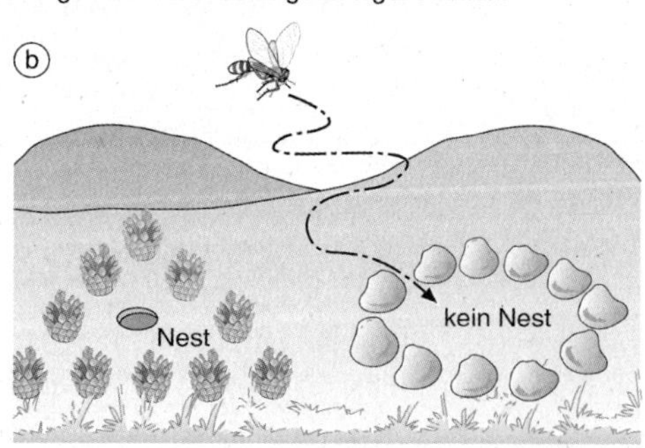


**Aufgaben:**

① Welche Schlussfolgerungen lassen sich aus den Ergebnissen der Experimente ziehen?

② Wenden Sie auf das beobachtete Verhalten die Begriffe „genetisch bedingtes Verhalten", „Lernen" und „Lerndisposition" an.

## Blütenbestäubung

Beobachtet man an einem Standort Hummeln einer Art bei der Bestäubung, so stellt man fest, dass sie Blüten unterschiedlicher Pflanzenarten besuchen. Markiert man jedoch einzelne Tiere und untersucht, welche Blüten das Tier besucht, so erhält man ein anderes Bild: Die einzelnen Tiere besuchen überwiegend Blüten einer Art (Hauptpflanze). Artgenossen haben unter Umständen eine Hauptpflanze mit ganz anders gebauter Blüte (siehe Abb. 1).

**1** Von einer Hummelart besuchte Blüten

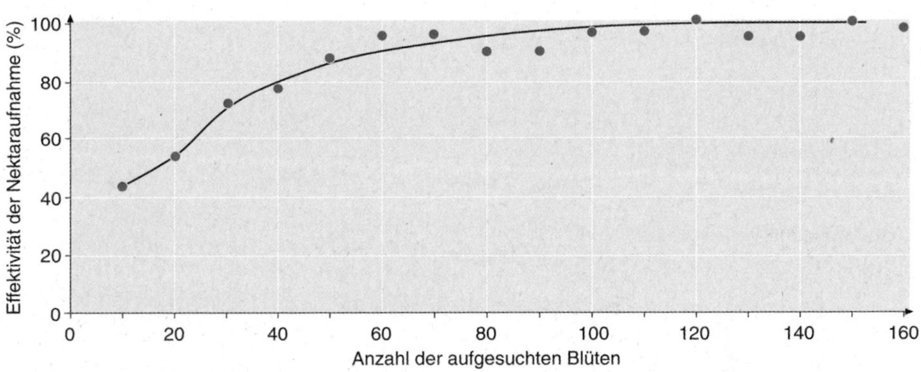


**2** Effektivität der Nektaraufnahme (Anteil des aus der Blüte entnommenen Nektars in %)

**Aufgaben:**

① Frisch geschlüpfte Hummeln wurden bei den ersten 160 Blütenbesuchen beobachtet. Dann wurde die Effektivität der Nektaraufnahme ermittelt (Abb. 2). Interpretieren Sie die Ergebnisse.

② Welche Vorteile hat die Bevorzugung einer Pflanzenart für die Hummel? Die Bevorzugung ist nicht genetisch bedingt. Auch das hat Vorteile. Erklären Sie.

③ Auch für die Pflanzen hat dies Vorteile. Erklären Sie.

# Revierkämpfe

Viele Tierarten haben Reviere, die sie Artgenossen gegenüber verteidigen. Dabei können beide Geschlechter Reviere haben oder eines, die Reviere können über Jahre oder nur in der Brutsaison besetzt sein, es können Balz- oder Brutplätze oder aber Nahrungsgebiete verteidigt werden. Zur Frage, welches Individuum meistens einen Revierkampf gewinnt, gibt es mehrere Möglichkeiten:

– Es gewinnt meistens der Revierinhaber.
– Es gewinnt der Größere bzw. Stärkere.
– Es gewinnt derjenige, der durch eine spezifische Eigenschaft im Vorteil ist.

Welche der Hypothesen zutrifft, kann von Art zu Art unterschiedlich sein.

Gewinner und Verlierer werden nach dem Kampf gefangen.

ⓐ

Man bestimmt bei beiden Tieren die Körpermasse.
Beispiel für Wert 1:

$m_{(Gewinner)} - m_{(Verlierer)} = 0{,}7$ mg

ⓑ

Man bestimmt bei beiden Tieren den Fettgehalt.
Beispiel für Wert 1:

$m_{F(Gewinner)} - m_{F(Verlierer)} = -0{,}5$ mg

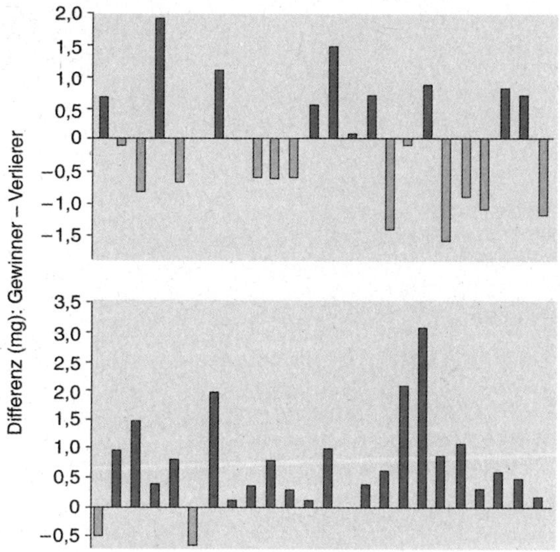


Kampfausgänge bei Territorialkämpfen von Prachtlibellen (Calopteryx maculata)

**Aufgaben:**

① Männliche Prachtlibellen kämpfen am Bachufer um Paarungsterritorien, in denen paarungsbereite Weibchen anzutreffen sind. Neuankömmlingen gelingt es teilweise, die Altbesitzer in Energie zehrendem Kampf zu vertreiben. Klären Sie anhand der abgebildeten Ergebnisse, welche der Hypothesen in diesem Fall zutrifft und begründen Sie Ihre Aussage.

② Kommentkämpfer vermeiden den eigentlichen Kampf mit Beschädigungsgefahr. Welcher Natur sind vermutlich bei diesen Arten die über den Sieg entscheidenden Merkmale?

## Kohlmeisen in ihrem Revier

Kohlmeisenmännchen besetzen ein Revier und verteidigen es gegen Konkurrenten. Im Sommer hört man sie mehr oder weniger häufig singen.

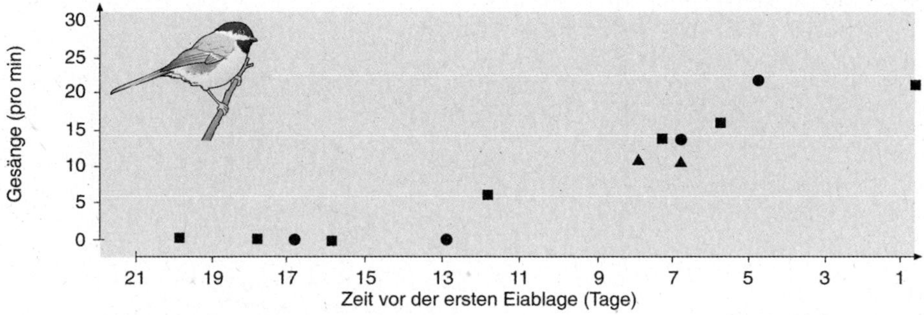


**1** Gesangshäufigkeit bei Kohlmeisenmännchen

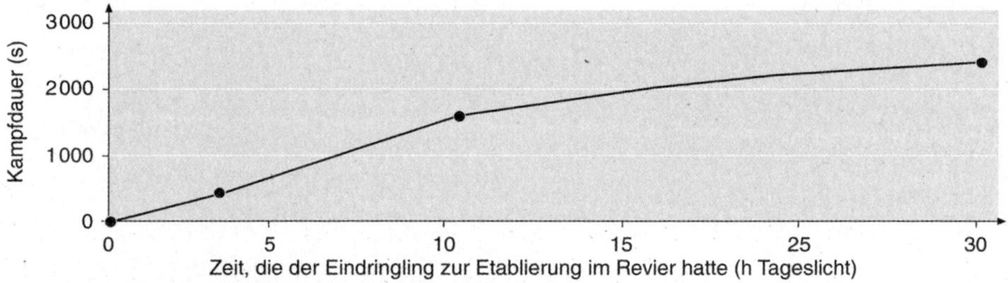


**2** Kampfdauer bei Eindringlingen in ein Kohlmeisenrevier

**Aufgaben:**

① Eine Hypothese besagt, dass das Singen der Männchen einen Vorteil hat bei der Bewachung der Weibchen (Verhinderung von Begattungen durch Konkurrenten). Inwieweit stützen die in Abbildung 1 dargestellten Ergebnisse diese Hypothese.

② Revierbesitzer können ihr Revier durch Eindringlinge verlieren. Diese Eindringlinge sind unterschiedlich hartnäckig, d. h. sie investieren verschieden viel Energie in den Kampf. Nennen Sie eine mögliche Hypothese zur Erklärung der in Abbildung 2 dargestellten Ergebnisse.

# Die optimale Beutegröße

Austernfischer ernähren sich von Muscheln. Um an das Muschelfleisch zu gelangen, müssen sie mit ihrem spitzen Schnabel die Muschel öffnen. Beobachtungen haben gezeigt, dass die Tiere bei genügend Auswahl unter unterschiedlich großen Muscheln einen bestimmten Größenbereich deutlich bevorzugen.

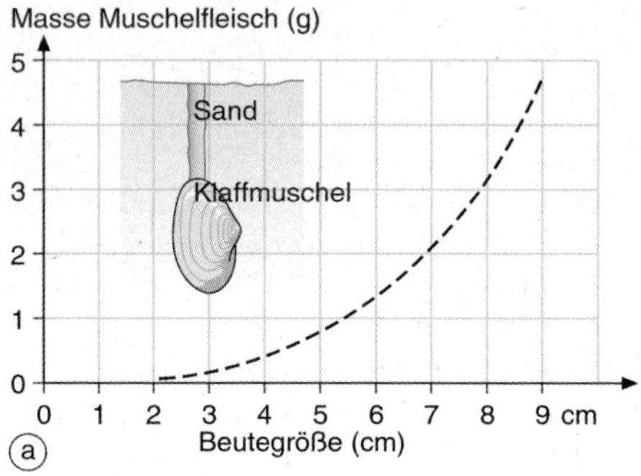


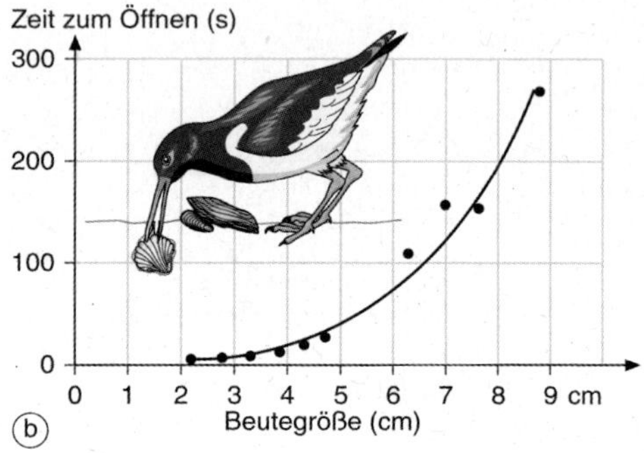


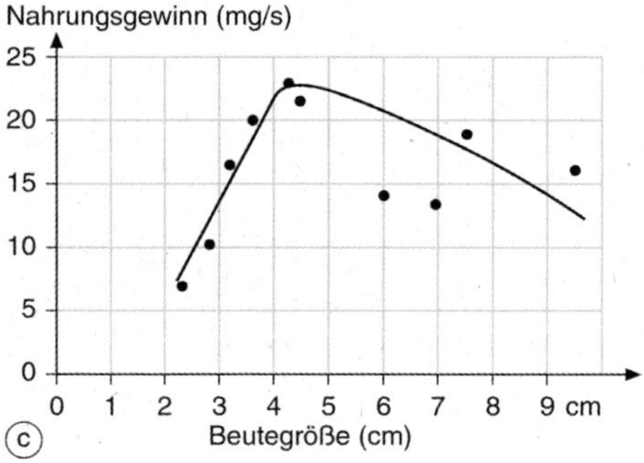


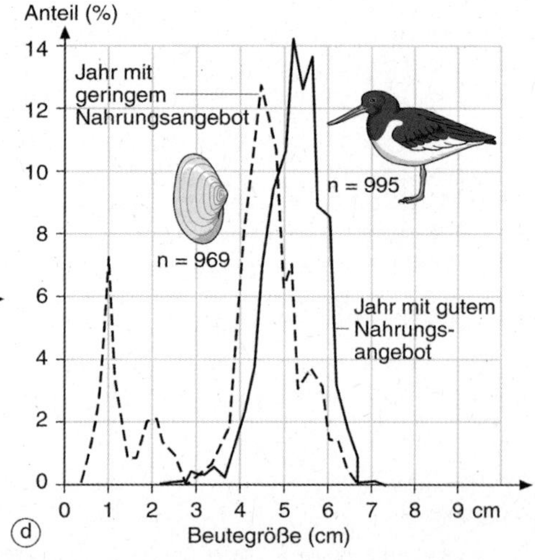


**Aufgaben:**

① Deuten Sie die Grafiken und erklären Sie die Zusammenhänge.

② Austernfischer ernähren sich von verschiedenen Muschelarten. Die bevorzugte Muschelgröße ist von Art zu Art verschieden. Erklären Sie.

## Kurz- und Langtagpflanzen

Manche Pflanzen blühen unabhängig von der Tageslänge *(tagneutrale Pflanzen)*, während andere nur in Perioden mit kurzen Tagen *(Kurztagpflanze)* oder langen Tagen *(Langtagpflanze)* Blüten bilden. Diese Bezeichnungen werden immer noch verwendet, obwohl man seit 1940 weiß, dass eigentlich die Länge der Nacht (Dunkelheit) von entscheidender Bedeutung ist.

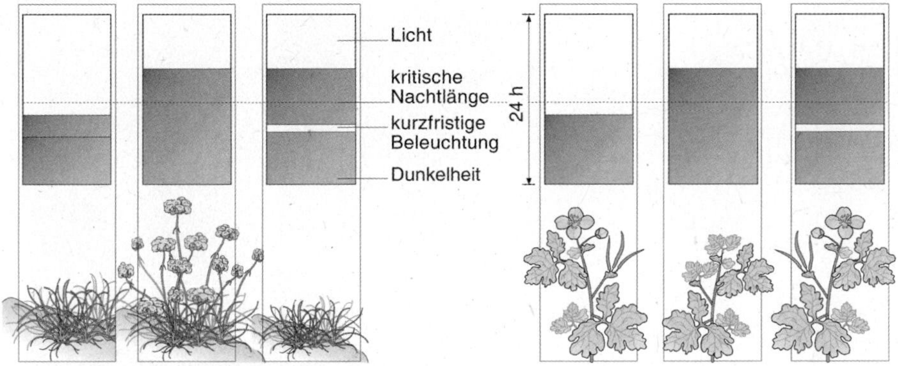


**1** Fotoperiodische Kontrolle der Blütenbildung

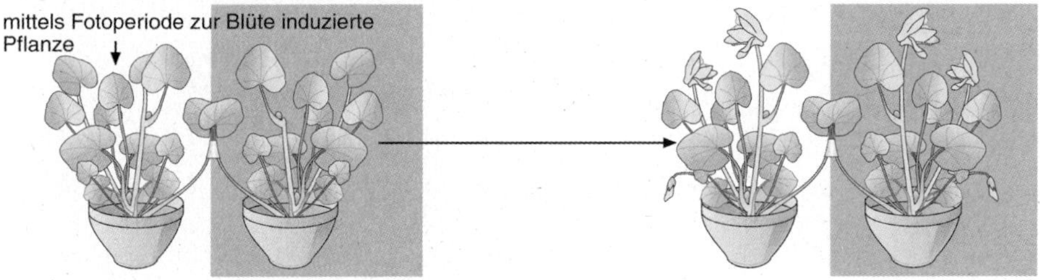


**2** Blütenbildung im Pfropfungsexperiment

**Aufgaben:**

① Interpretieren Sie die in Abbildung 1 dargestellten Versuchsergebnisse und ordnen Sie sie den Typen zu.

② In einem Experiment wurden zwei Langtagpflanzen durch Pfropfung miteinander verbunden (Abb. 2). Die linke Pflanze erhielt Langtagbelichtung, die rechte Kurztagbelichtung. Worauf deutet das Ergebnis des Experimentes hin?

③ Welche Bedeutung hat die Regulierung der Blütenbildung durch die Tageslänge?

# Der Regenwaldbaum als Lebensraum

Auf bzw. an Urwaldbäumen findet man andere Pflanzen, so z. B. Bromelien und Lianen. Beide Pflanzengruppen haben einen Weg gefunden, Lichtmangel als begrenzenden Faktor am Regenwaldboden zu vermeiden.

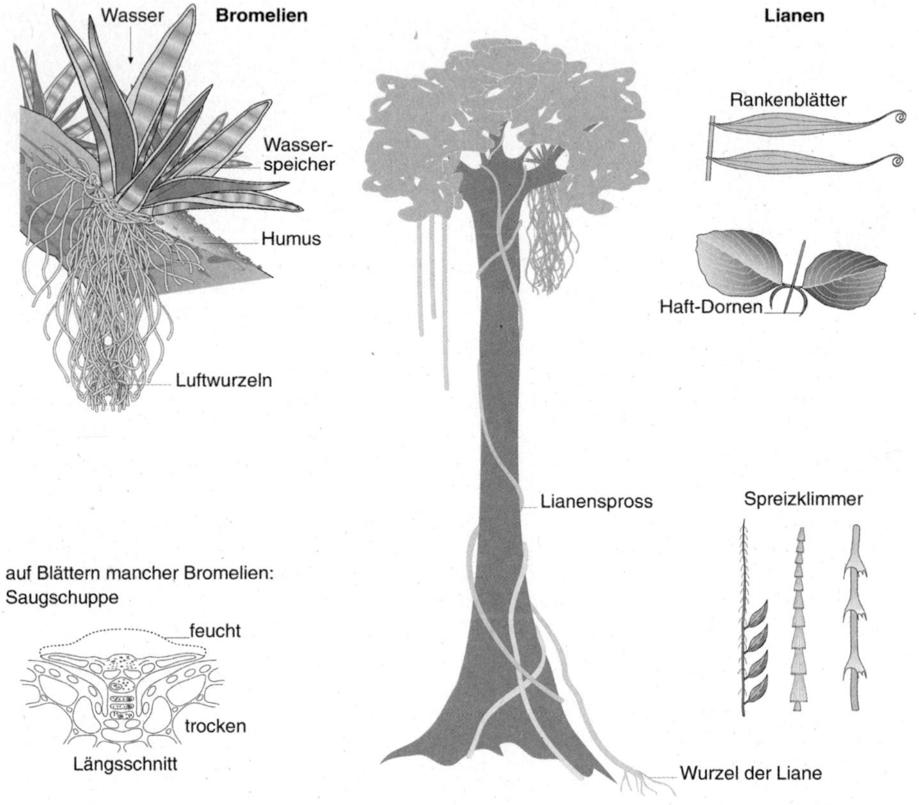


**Aufgaben:**

① Beschreiben Sie die Strategien der beiden Pflanzengruppen unter Verwendung der Informationen in der Abbildung. Welche Probleme lösen sie auf welche Weise?

② Vergleichen Sie diese Pflanzengruppe mit der einheimischen Mistel, deren Wurzeln zu einem Haustorium umgebildet sind, mit dessen Hilfe die Mistel Wasser und Mineralstoffe des Wirtsbaumes aus dessen Leitungsbahnen aufnimmt.

## Fichte und Buche im Vergleich

Rotbuche und Fichte gehören zu den häufig bei uns vorkommenden Baumarten. Während die Fichte wie die Kiefer zu den *Nacktsamern* gehört, zählt man die Rotbuche wie die krautigen Blütenpflanzen zu den *Bedecktsamern*. Die beiden Arten unterscheiden sich jedoch nicht nur bezüglich der Fortpflanzung.

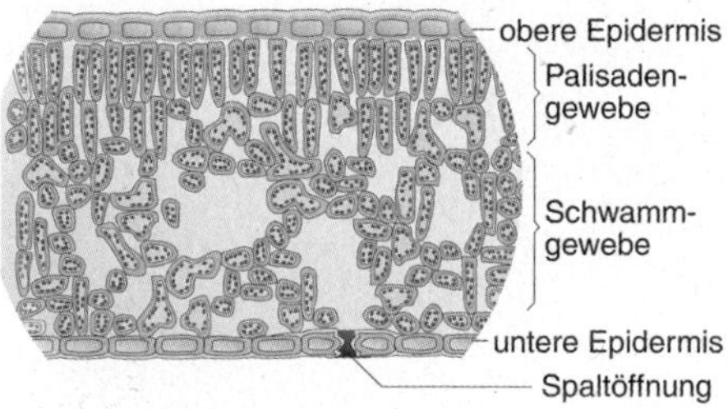


**1** Blattquerschnitt Rotbuche

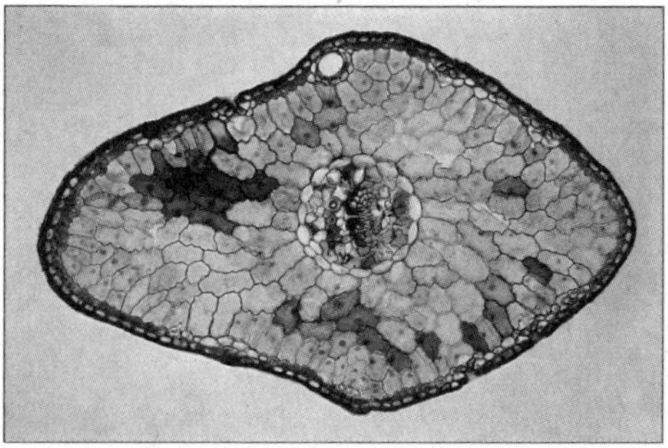

**2** Blattquerschnitt Fichte

| | Rotbuche | Fichte |
|---|---|---|
| **maximales Alter** | 125 Jahre | 118 Jahre |
| **durchschnittliche Höhe** | 26,9 m | 31,7 m |
| **Anzahl der Stämme pro ha** | 241 | 284 |
| **Blattform** | Laubblatt | Nadelblatt |
| **Jahresproduktion an Blättern** | 3,3 t/ha | 2,1 t/ha |
| **Blattmasse insgesamt** | 3,3 t/ha | 13 t/ha |
| **maximale Fotosyntheserate der Sonnenblätter** | 14 g $CO_2$ /g·h | 2,5–4,8 g $CO_2$ /g·h je nach Nadelalter |
| **Länge der Wachstumsperiode** | 176 Tage | 260 Tage |
| **Nettoprimärproduktion** | 10,9 t/ha·Jahr | 8,7 t/ha·Jahr |

**Aufgaben:**

① Vergleichen Sie die Blattquerschnitte der beiden Baumarten (Abb. 1 und 2) und stellen Sie Bezüge zu Werten aus der Tabelle her.

② Vergleichen Sie die Angaben in der Tabelle und beschreiben Sie die „Strategie" der beiden Arten.

## Eichen und Buchen

In unseren Breiten kommen Eichen-Buchen-Mischwälder vor. Prinzipiell konkurrieren alle Bäume eines Waldes um Licht, Mineralstoffe und Wasser.

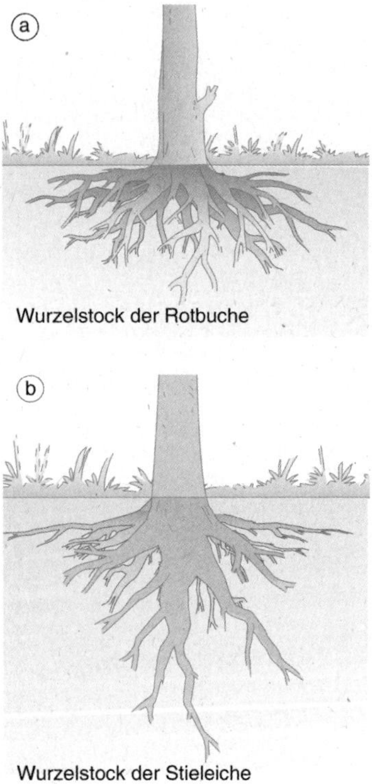


**1** Wurzelstöcke der Baumarten

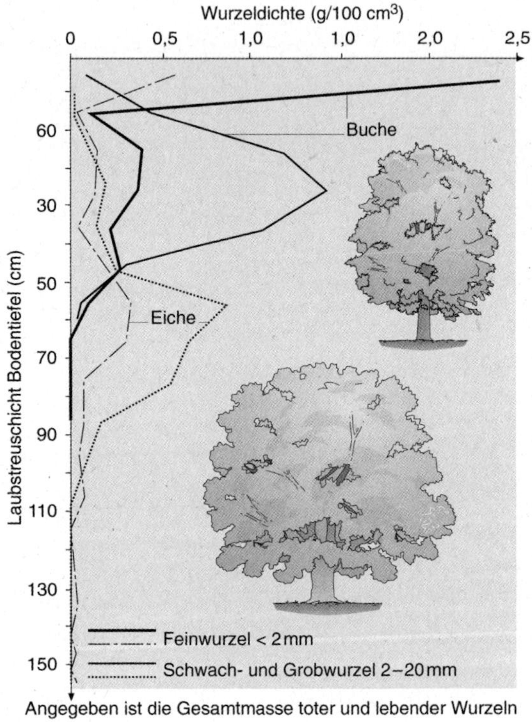


**2** Tiefenverteilung der Wurzeln in einem Mischbestand

**Aufgaben:**

① Vergleichen Sie die Wurzelsysteme der beiden Baumarten und leiten Sie Aussagen zur Konkurrenzsituation ab.

② Durch den Fall einzelner Bäume entstehen kleine Lichtungen, in denen man nach einem Jahr Kräuter, Sträucher und Jungbäume findet. Während die Sträucher schnell buschig werden, bilden die Bäume schlanke Stämme, die schnell in die Höhe wachsen. Nach einigen Jahren hat ein Baum die Lücke im Blätterdach geschlossen. Beschreiben Sie diesen Ablauf mit ökologischen Fachbegriffen.





Ernst Klett Verlag GmbH, Stuttgart 2005

## Watvögel im Watt

Im Schlick des Wattes an der Nordsee leben wirbellose Tiere in hoher Dichte. Bei Ebbe nutzt eine Reihe von Watvögeln dieses große Nahrungsangebot. Während manche der Tiere den Spülsaum absuchen, halten sich andere häufiger im seichten Wasser oder im Schlickbereich auf.

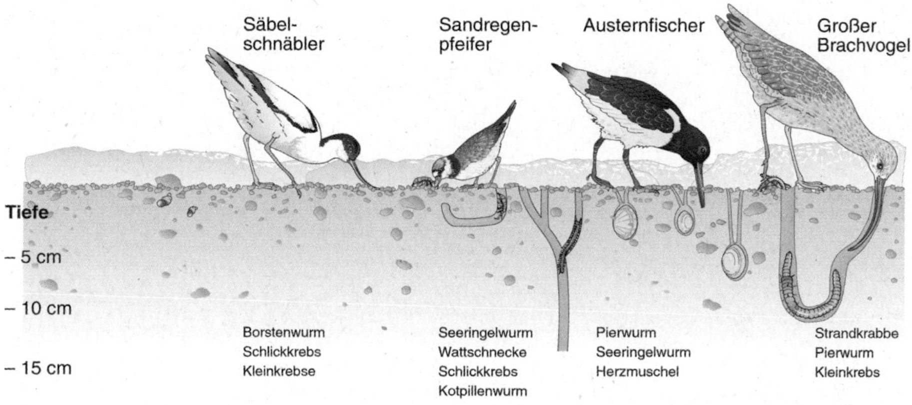


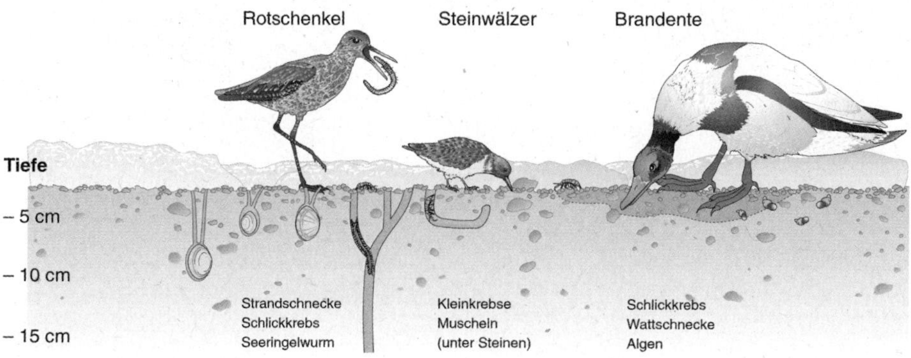


**Aufgaben:**

① Vergleichen Sie die dargestellten Vögel bezüglich ihres Nahungserwerbs und erklären Sie an diesem Beispiel den Begriff „ökologische Nische".

② Auch die Beutetiere bilden unterschiedliche ökologische Nischen. Erklären Sie.

## Konkurrenz

Zwei Mehlkäferarten unterscheiden sich nur geringfügig in ihren Umweltansprüchen. Hält man beide Arten gemeinsam unter Laborbedingungen, so findet je nach Umweltbedingungen eine Verdrängung der einen oder anderen Art statt.

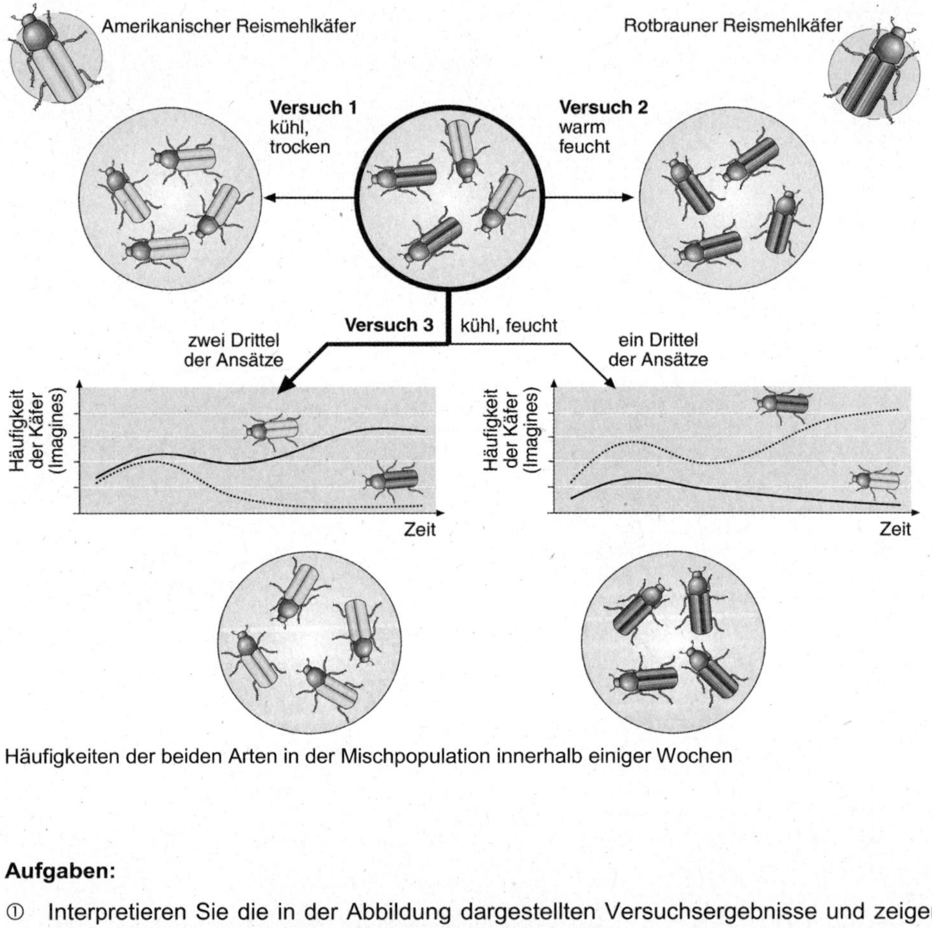


Häufigkeiten der beiden Arten in der Mischpopulation innerhalb einiger Wochen

**Aufgaben:**

① Interpretieren Sie die in der Abbildung dargestellten Versuchsergebnisse und zeigen Sie auf, welches ökologische Prinzip hier erkennbar ist.

② Definieren Sie den Begriff „ökologische Nische" am hier aufgezeigten Beispiel.

③ Wie kann es in der Natur vorkommen, dass in einem Lebensraum Arten mit ähnlichen Umweltansprüchen längerfristig koexistieren?

# Investition in die Nachkommen

Tiere und Pflanzen müssen Aufwand betreiben zur Erhaltung des eigenen Lebens und sie investieren in die Reproduktion, also in das Hervorbringen von Nachkommen. Die Dichte der Population hat Auswirkungen auf die Ressourcen der Eltern und auf die Überlebensfähigkeit der Nachkommen.

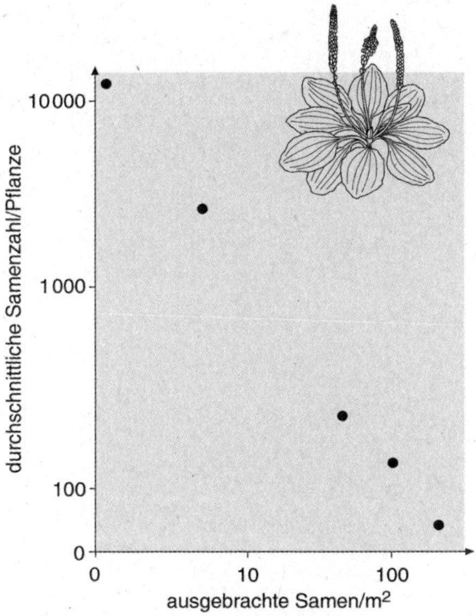


**1** Samenanzahl beim Breitwegerich

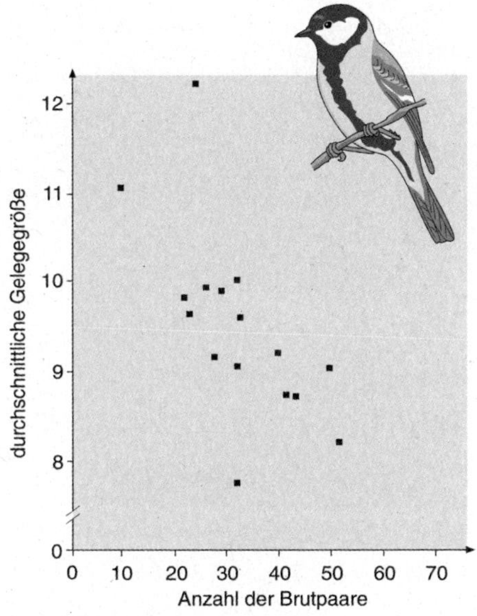


**2** Gelegegröße bei Kohlmeisen

**Aufgaben:**

① Werten Sie die beiden Grafiken aus und nennen Sie mögliche Ursachen für den zu erkennenden Effekt.

② Möglicherweise handelt es sich bei den Änderungen der Fortpflanzungsrate nicht einfach um Folgen äußerer Zwänge, sondern um eine in der Evolution entstandene Strategie. Geben Sie eine mögliche Erklärung.

③ Wenn auf dem Acker im Frühjahr Getreidesamen ausgebracht werden, geschieht dies in Reihen mit einem bestimmten Abstand. Auch beim Samenabstand in einer Reihe wird ein bestimmter Wert möglichst nicht unterschritten. Erklären Sie.

## Tierpopulationen auf einer Insel

In einem großen See in Kanada liegt die ca. 60 $km^2$ große unbewohnte Insel Isle Royal. Im Jahre 1900 schwammen Elche die beträchtliche Strecke vom Ufer des Sees bis zur Insel und verbreiteten sich von da an auf der Isle Royal. Ab 1949 waren sie nicht mehr die einzige Großwildart auf der Insel, denn Wölfe gelangten über das Eis des zugefrorenen Sees zu ihnen und verblieben dort. Über lange Zeit wurde die Entwicklung der Bestände registriert.

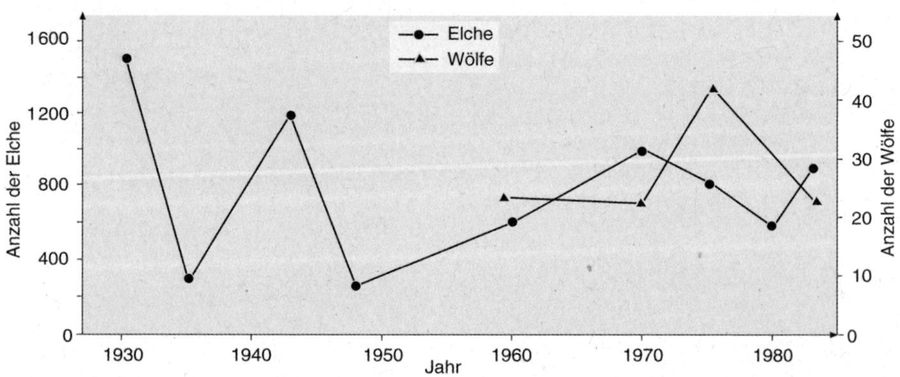


**Aufgaben:**

① Interpretieren Sie die Abbildung und überprüfen Sie, inwieweit für diesen Fall die Volterra'schen Gesetze Gültigkeit haben.

② Nennen Sie mögliche Ursachen für die Schwankungen bei der Populationsgröße der Elche vor dem Auftreten der Wölfe.

## Wölfe im Yellowstone-Nationalpark

Nachdem 1930 im Yellowstone-Nationalpark die Wölfe ausgerottet waren, veränderte sich die Lebensgemeinschaft in den folgenden 50 Jahren dramatisch. Wapitihirsche, eine unseren Rothirschen verwandte Art, vermehrten sich stark, verbissen junge Bäume und Sträucher und beeinträchtigten so viele andere Arten. 1995/96 wurden 31 Wölfe im Park ausgesetzt. 2003 fand man 16 Rudel mit insgesamt über 170 Tieren. In weniger als 10 Jahren traten eine Reihe von gravierenden Veränderungen ein.

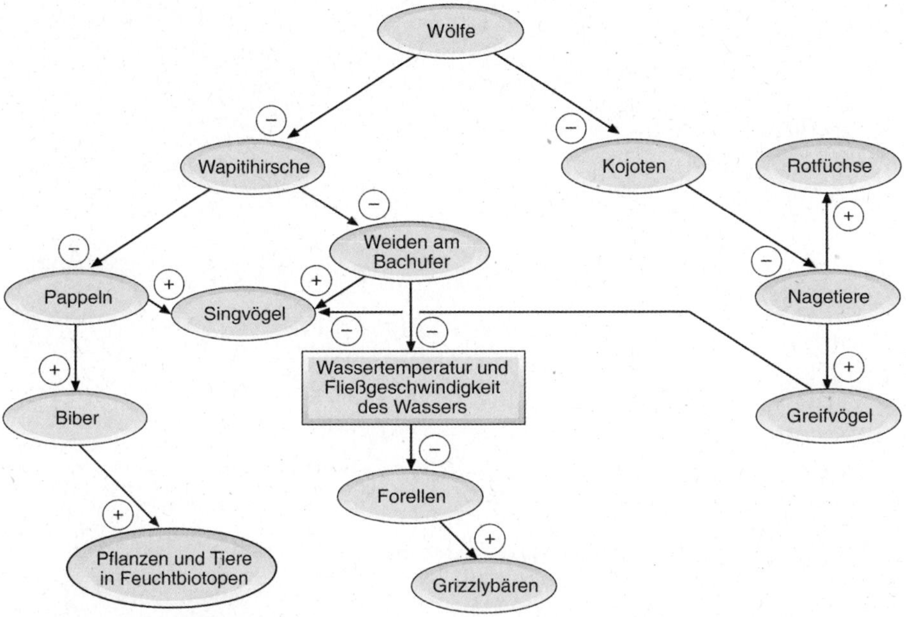


Beobachtete Veränderungen und gefundene bzw. vermutete Zusammenhänge

**Aufgaben:**

① In der Abbildung sind Untersuchungsergebnisse zu Veränderungen der Populationsgrößen und deren Ursachen dargestellt. Ergänzen Sie das Diagramm durch drei Pfeile aufgrund Ihres Wissens über ökologische Zusammenhänge und erklären Sie die hinzugefügten Pfeile.

② Senken und Ansammlungen von Gebüschen waren vor der Wölfeeinbürgerung beliebte Futterplätze der Hirsche. Heute sind sie an solchen Stellen kaum noch zu beobachten. Erklären Sie.

## Symbiose

Holzige Pflanzenteile sind für Tiere schwer verdaulich, da sie nicht über ein Enzym zur Zelluloseverdauung verfügen. Im Verdauungstrakt von Termiten findet man Wimperntierchen mit solchen Enzymen, die außerhalb des Termitenkörpers nicht überlebensfähig sind. Blattschneideameisen tragen Pflanzenmaterial in ihre Bauten und schaffen Bedingungen (Feuchtigkeit, Temperatur), die zur Ansiedlung von Pilzen geeignet sind, die ebenfalls Zellulose abbauen können.

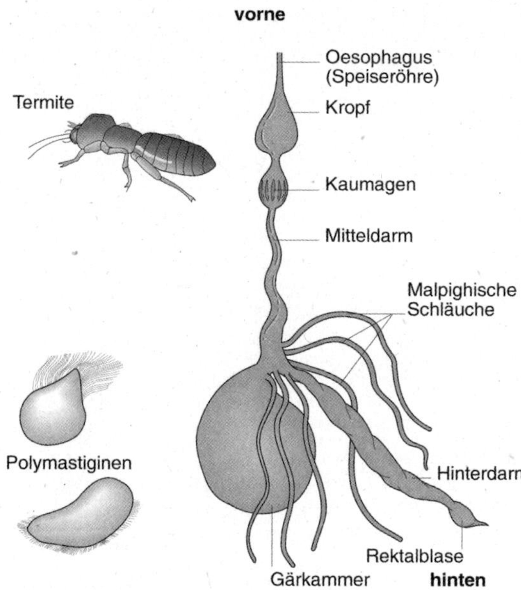


Im Darmtrakt von Termiten leben, vor allem im Mitteldarm, frei nicht lebensfähige Flagellaten (Polymastiginen), die die Holzverdauung übernehmen.

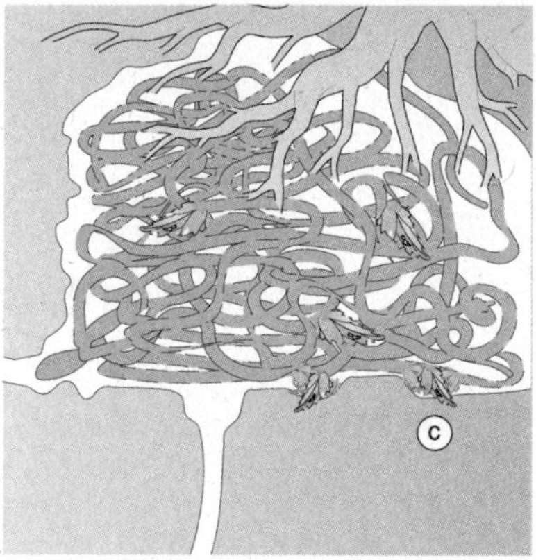


Blattschneideameisen tragen Blätter in den Bau ein (a), zerkleinern sie (b) und verwenden sie als Substrat für unterirdische Pilzgärten (c), aus denen sie sich verpflegen.

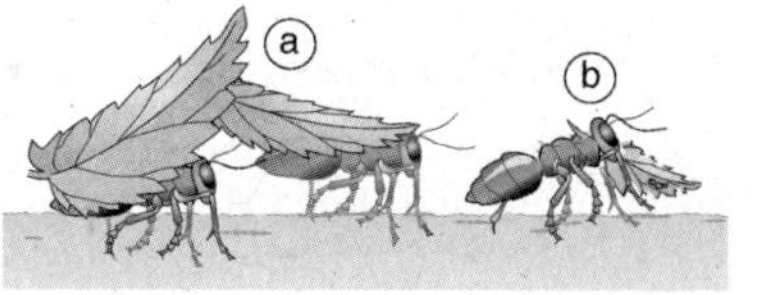


Helfer in Termitendarm und Ameisenbau

**Aufgaben:**

① Beschreiben Sie mithilfe des Textes und der Abbildung die Form des Zusammenlebens für Termiten und Wimperntierchen bzw. Ameisen und Pilzen.

② Zeigen Sie Angepasstheiten auf, die auf eine gemeinsame Evolution der Arten in den Lebensgemeinschaften hinweisen.



Ernst Klett Verlag GmbH, Stuttgart 2005

## Produktivität von Ökosystemen

Die verschiedenen Ökosysteme der Erde unterscheiden sich nicht nur in der Artenzusammensetzung, Artenvielfalt und im Erscheinungsbild, sondern auch in ihrer Produktivität.

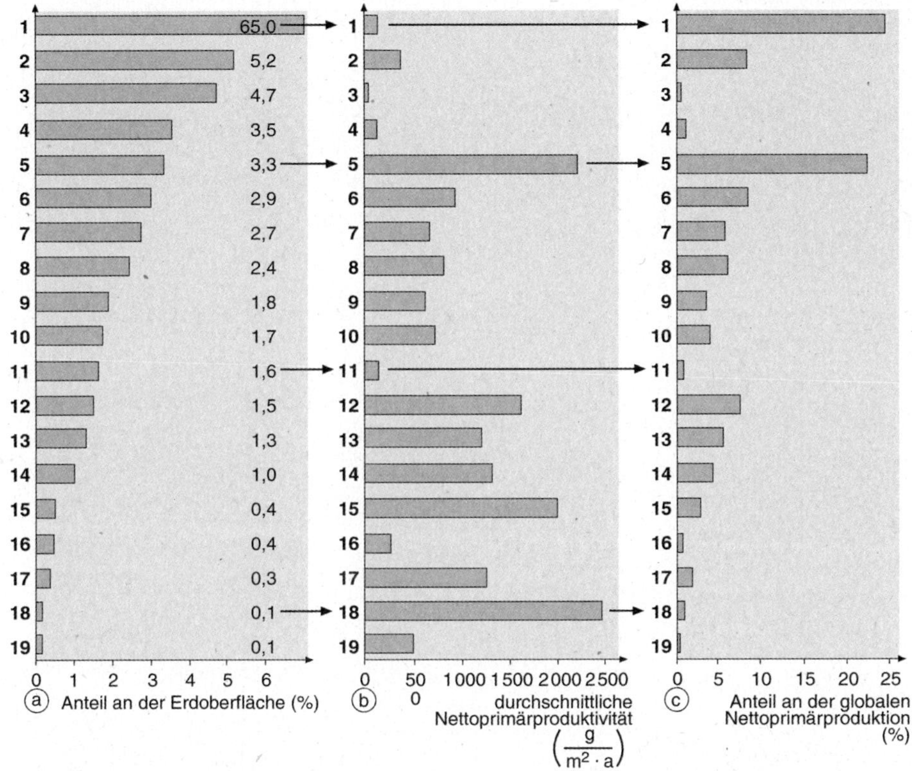


**1** offenes Meer, **2** Kontinentalschelf, **3** extreme Wüste, Fels, Sand, Eis, **4** Wüste u. Halbwüste mit Kraut- u. Strauchvegetation, **5** tropischer Regenwald, **6** Savanne, **7** Kulturlandschaft, **8** borealer Nadelwald (Taiga), **9** Steppe der gemäßigten Breiten, **10** Hartlaubwald u. -busch, **11** Tundra, **12** regengrüner tropischer Wald, **13** sommergrüner Laubwald, **14** immergrüner Wald der gemäßigten Breiten, **15** Sümpfe, Moore u. Marschen, **16** Flüsse u. Seen, **17** Ästuare (große Flussmündungen), **18** Algenrasen u. Korallenriffe, **19** Auftriebszonen (aufsteigende Meeresströmungen)

### Aufgaben:

① Vergleichen Sie die mit Pfeilen gekennzeichneten Ökosysteme bezüglich der angegebenen Werte und erklären Sie die Unterschiede.

② Erklären Sie den Begriff „Nettoprimärproduktivität".

## Ökosysteme im Vergleich

Ökosysteme unterscheiden sich in der Ausprägung der abiotischen Bedingungen. Dies beeinflusst ihre Produktivität.

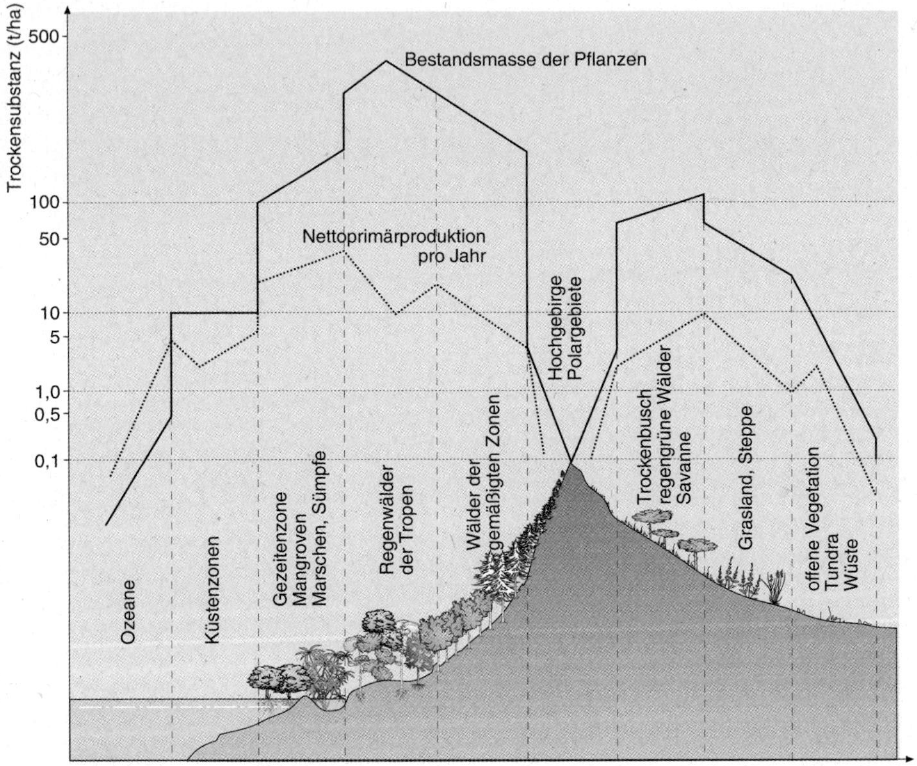


**Aufgaben:**

① Erklären Sie die Begriffe „Nettoprimärproduktion“ und „Bestandsmasse“ der Pflanzen.

② Erklären Sie an drei ausgewählten Beispielen aus der Abbildung, welchen Einfluss abiotische Faktoren auf die Nettoprimärproduktion haben.

③ Erklären Sie, warum die Bestandsmasse im Regenwald verglichen mit der Nettoprimärproduktion viel höher ist als in den Ozeanen.

## Bewirtschaftungsformen von Grünland

Kulturgrünland kann auf sehr unterschiedliche Weise bewirtschaftet werden. Meist erfolgt die Wahl nicht nach ökologischen Gesichtspunkten, sondern aus ökonomischen.

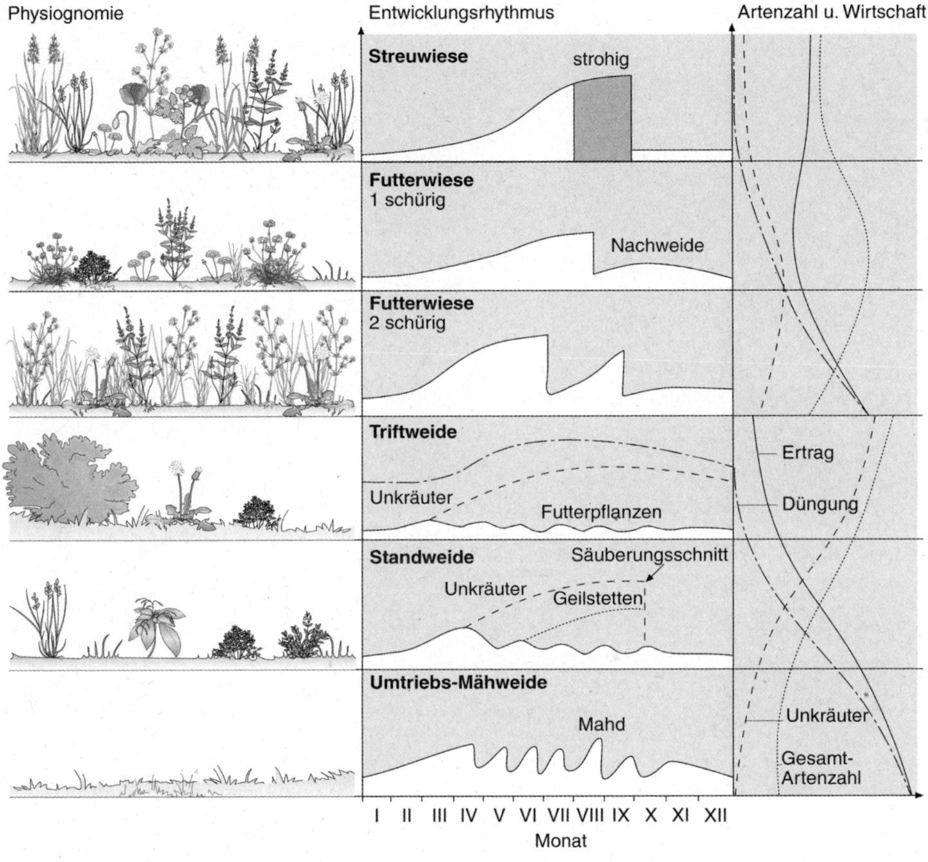


**Aufgaben:**

① Vergleichen Sie die in der Abbildung dargestellten Bewirtschaftungsformen und erklären Sie die dargestellten Messergebnisse.

② Vergleichen Sie die Kulturgrünlandbewirtschaftung mit einer klassischen Plantage (z. B. Teeanbau) aus ökologischer Sicht.

## Besiedlung eines Kahlschlags

Nach dem Abholzen eines Waldstückes bleibt eine Kahlschlagfläche zurück, weitgehend ohne Bewuchs auf dem humusreichen Boden. Im Folgejahr werden meistens Jungbäume gepflanzt.

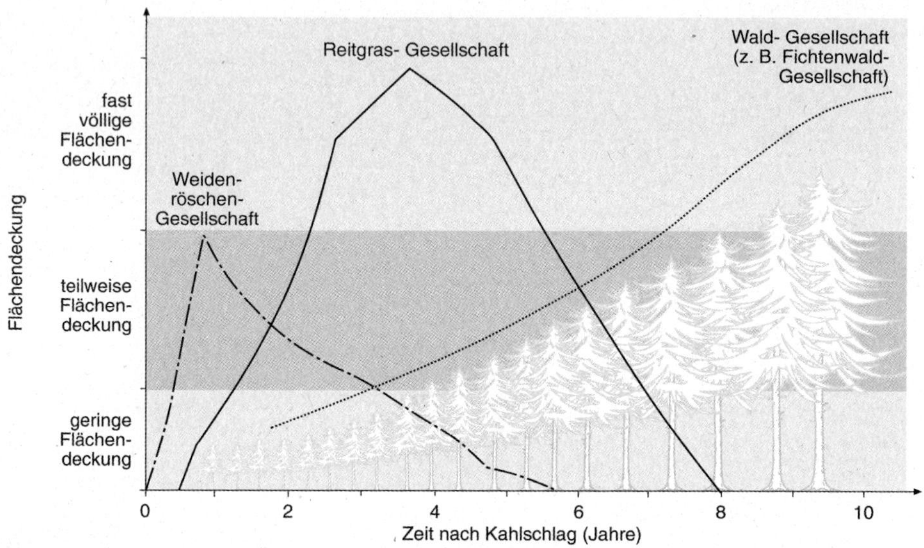


| Weidenröschen-Gesellschaft | Reitgras-Gesellschaft | Fichtenwald-Gesellschaft |
|---|---|---|
| Brennnesselarten | Grasarten | Fichte |
| Vogelmiere | Holunder | andere Baumarten |
| Vogelknöterich | Himbeere | Raue Bartflechte |

**Aufgaben:**

① Erklären Sie die in der Abbildung wiedergegebenen Flächendeckungen durch unterschiedliche Pflanzenarten nach einem Kahlschlag.

② In der Weidenröschen-Gesellschaft überwiegen r-Strategen, in der Waldgesellschaft dagegen K-Strategen. Erklären Sie dies.

③ Welche Auswirkungen hat der Wechsel im dominierenden Pflanzenbewuchs für die Tierwelt?

# Ökosystem See

Der in der Eifel gelegene Gemündener Maarsee ist vulkanischen Ursprungs. Im Vergleich zu anderen Seen weist er eine relativ geringe Wasserfläche bei relativ großer Tiefe auf. Dadurch wird bei Zirkulationen das Wasser aus der Tiefe nicht vollständig mit Wasser der anderen Schichten vermischt.

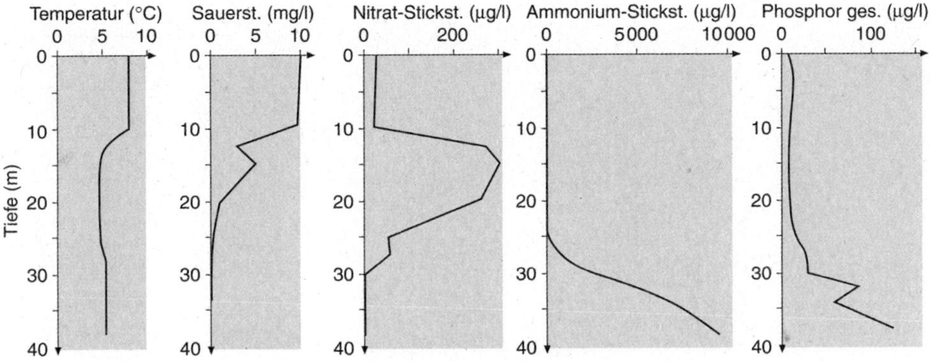


**1** Messwerte aus dem Gemündener Maarsee vom 23.11.1982

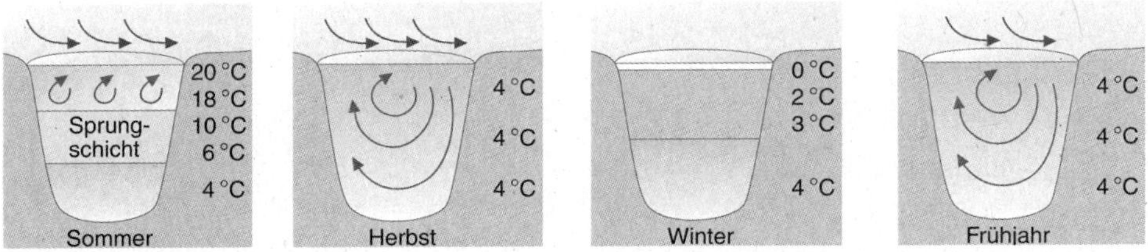


**2** Jahreszyklus eines Sees

**Aufgaben:**

① Interpretieren Sie die in Abbildung 1 dargestellten Daten und zeigen Sie Zusammenhänge auf. Verwenden Sie dabei auch Abbildung 2.

② Erklären Sie, welche Folgen die unvollständige Zirkulation im See längerfristig hat.

③ Zur Verbesserung der Wasserqualität wurde einige Jahre lang Tiefenwasser vom Grund des Sees abgepumpt und danach jahrelang Luft in die Tiefenschicht gepumpt. Vergleichen Sie die beiden Maßnahmen in ihren Auswirkungen.

## Waldabholzung und Nitrathaushalt

In der Nähe eines Wassereinzugsgebietes wurde ein Wald abgeholzt. Die Fläche wurde in diesem Zustand belassen und nicht wieder aufgeforstet. Aus dem Gebiet abfließendes Wasser wurde analysiert, ebenso wie Sickerwasser aus einer Kontrollfläche, auf der ein intakter Wald wuchs.

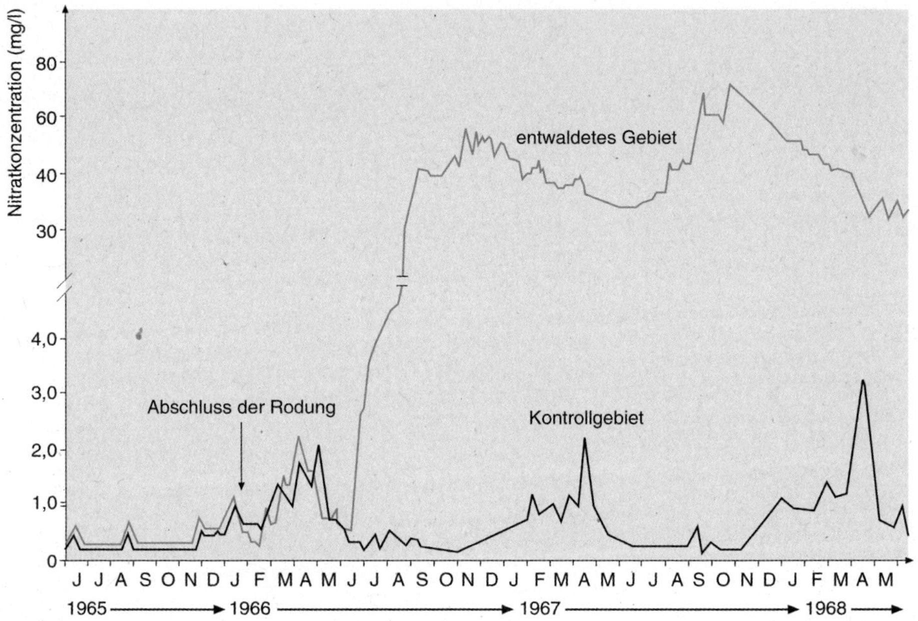


Nitratauswaschung auf unterschiedlichen Flächen

**Aufgaben:**

① Vergleichen Sie die in der Abbildung wiedergegebenen Ergebnisse aus den beiden Gebieten.

② Erklären Sie die beim Kontrollgebiet erkennbaren jahreszeitlichen Schwankungen in der Nitratauswaschung.

③ Beschreiben Sie knapp die Umwandlung biogener Stickstoffverbindungen aus dem Humus zu Nitrat.



Ernst Klett Verlag GmbH, Stuttgart 2005

# Geschichte der Waldnutzung in Europa

Im Mittelalter wurden Wälder nicht nur als Holzquelle genutzt, sondern auch zur Fütterung von Haustieren, insbesondere Schweinen und Kühen. Dazu wurden die Tiere der einzelnen Bauern zu Herden zusammengefasst und von Hirten in den Gemeindewäldern (Allmenden) den Sommer über gehalten.

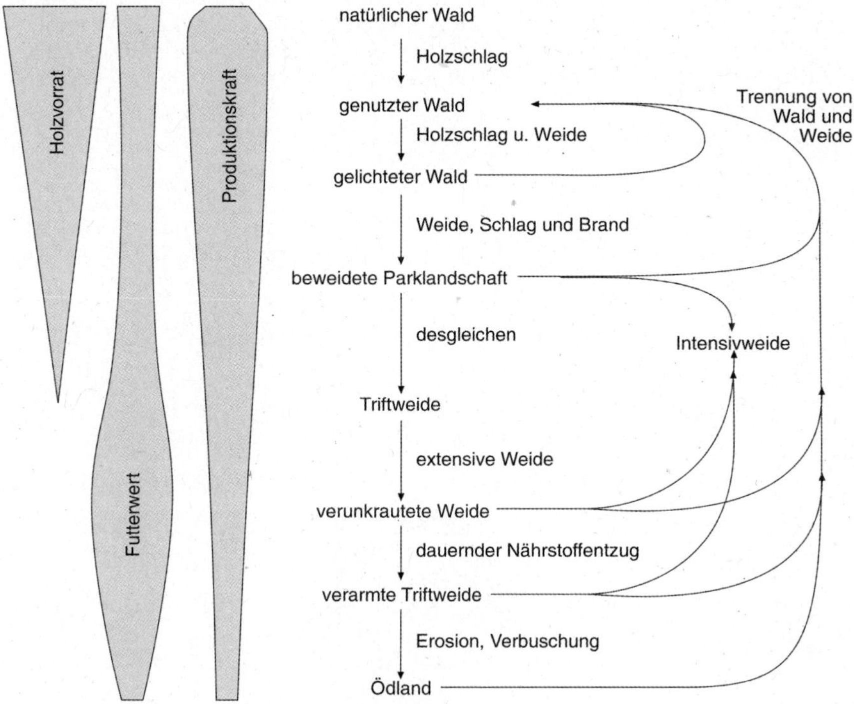


Entwicklung der Waldflächen durch extensive Nutzung

**Aufgaben:**

① Beschreiben Sie die Entwicklung der Waldflächen und nennen Sie Ursachen für die Veränderungen im Laufe der Zeit, ohne auf die Trennung von Wald und Weide (rechter Abbildungsteil) einzugehen.

② Die Trennung von Wald- und Weideflächen und deren intensive Nutzung hat sich als vorteilhaft erwiesen. Erklären Sie dies.

## Klimaänderung und seine Folgen

Inwieweit ein globaler Klimawechsel stattfindet, lässt sich nur schwer nachweisen, da gemessene Durchschnittstemperaturen eine recht große Streubreite haben und statistische Aussagen dadurch nicht sehr sicher sind. Ökologische Beziehungen reagieren teilweise sehr empfindlich auf Veränderungen und können so ein Hinweis auf Klimaänderungen sein. Eine aktuelle Studie zum Nahrungsverhalten bei Kohlmeisen führt Untersuchungen aus den 80er-Jahren fort. In beiden Fällen ergaben Feldstudien, dass die Kohlmeisen ihre Nestlinge überwiegend mit den Raupen des Frostspanners füttern. Diese Schmetterlingsraupen ernähren sich vom jungen Laub frisch ausschlagender Eichen. Ein Vergleich der Daten ergab keinen Anstieg der Temperaturen im zeitigen Frühjahr (Einfluss auf das Brutdatum der Meisen), aber einen leichten Anstieg im mittleren Frühjahr (sorgt für ein früheres Ausschlagen der Eichen).

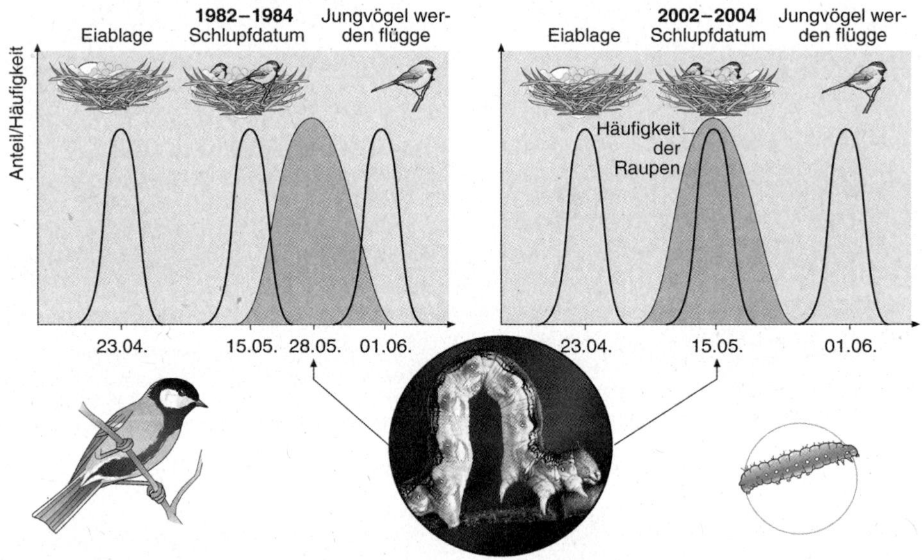


Brutzyklus bei Kohlmeisen und Häufigkeit von Frostspannerraupen

**Aufgaben:**

① Stellen Sie die Informationen aus der Abbildung zusammen und stellen Sie Zusammenhänge her. Beachten Sie, dass der größte Futterbedarf für die Meisenküken in der zweiten Woche nach dem Schlüpfen besteht.

② Stellen Sie begründete Hypothesen zu den langfristigen Folgen für die Meisenpopulation und für die Eichenwälder auf.

# Das Hardy-Weinberg-Gesetz

Aus der Häufigkeit von Phänotypen in einer Population lässt sich nicht immer direkt auf die Häufigkeit der möglichen Genotypen schließen. Unter bestimmten Voraussetzungen liefert die Hardy-Weinberg-Beziehung Aussagen dazu.

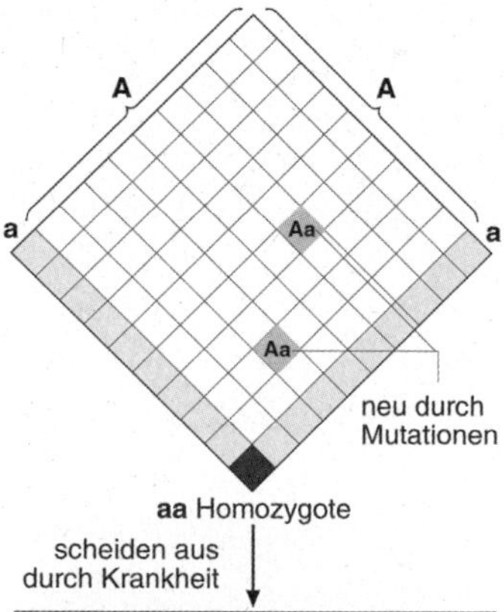


Die aus einer Population durch schwere Erkrankung bei Homozygoten (**aa**) ausscheidenden Allele (**a**) werden durch neue Mutation ersetzt. Es besteht ein Gleichgewicht.

| **Genotypen** | **Häufigkeit:** |
|---|---|
| Homozygote AA | $p^2$ |
| Heterozygote Aa | 2pq |
| Homozygote aa | $q^2$ |

**1** Die Hardy-Weinberg-Beziehung

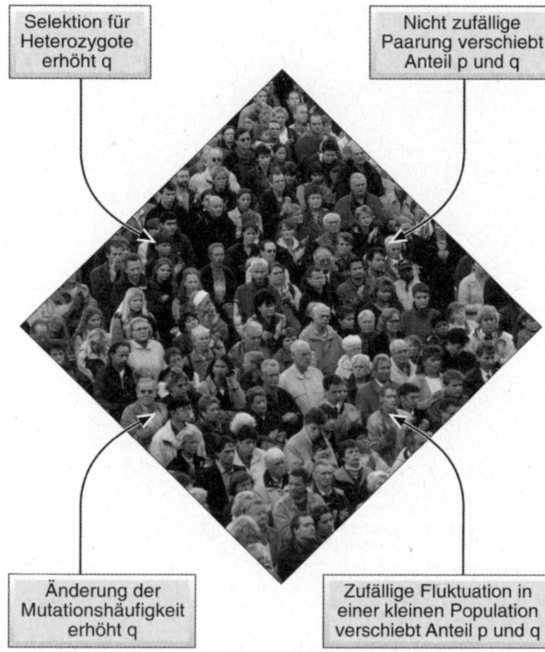


**2** Faktoren, die Allelhäufigkeiten beeinflussen

**Aufgaben:**

① Erläutern Sie anhand von Abbildung 1 die im Hardy-Weinberg-Gesetz beschriebenen Zusammenhänge und notieren Sie die entsprechenden Gleichungen.

② Erklären Sie den Begriff der „idealen Population" im Sinne der Hardy-Weinberg-Beziehung und erklären Sie die in Abbildung 2 dargestellten Einflüsse und ihre Wirkung auf die Aussagen nach dem Hardy-Weinberg-Gesetz.

③ Warum sind zuverlässige Aussagen nach dem Hardy-Weinberg-Gesetz nur über große Populationen zu erwarten?

# Sexuelle Selektion

Manche Tierarten weisen Merkmale auf, die für das Überleben der Tiere eher hinderlich als förderlich zu sein scheinen. So haben z. B. Pfauen extrem lange Schwanzfedern mit Farbflecken, die an Augen erinnern, die sie bei der Balz zu einem „Rad“ aufstellen können. Diese Federn erhöhen das Fluggewicht, vermindern die Beweglichkeit, z. B. bei der Flucht und bedeuten Energie- und Stoffaufwand bei der Bildung. Welche Bedeutung haben sie und wie kann man sich ihre Entstehung im Verlauf der Evolution vorstellen?

**1** Pfauen

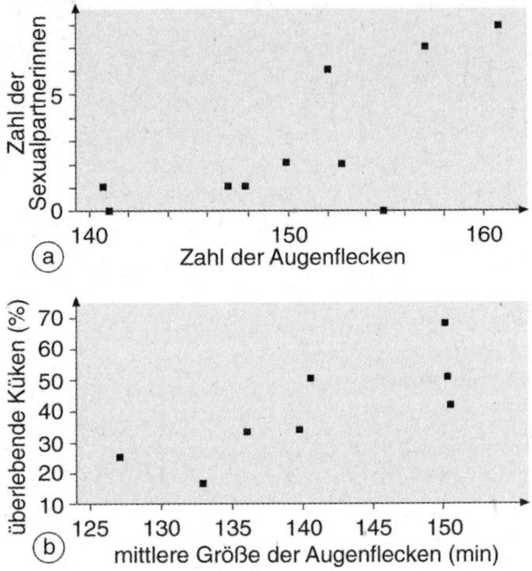


**2** Paarungs- und Fortpflanzungserfolg

**Aufgaben:**

① In einer Untersuchung wurden bei Pfauenmännchen die Augenflecken auf den Schwanzfedern gezählt und ihre Größe gemessen. Für den Paarungs- bzw. Fortpflanzungserfolg der Männchen fand man die in Abbildung 2 dargestellten Werte. Interpretieren Sie die Grafik und stellen Sie eine begründete Hypothese auf, wie es zur Ausbildung des enormen Schwanzgefieders kam.

② Zur Bedeutung der Schwanzfedern wurden zwei Hypothesen aufgestellt:
1) Die Prächtigkeit des Schwanzgefieders ist ein Maß für das Vorhandensein von „guten Genen“. Dies könnte Gesundheit, Körperkraft, Fähigkeit sich gut zu ernähren etc. sein.
2) Nach der „Sexy-son-Hypothese“ erhöht das Weibchen durch die Wahl prächtiger Männchen ihre reproduktive Fitness, weil zu erwaten ist, dass auch ihre Söhne prächtig aussehen werden und von anderen Weibchen bevorzugt werden.

Nehmen Sie anhand des Materials Stellung zu den Hypothesen.

## Aussaatexperiment mit Gerste

Ein Gemisch aus 11 Gerstensorten wurde in unterschiedlichen Bundesstaaten der USA angebaut. Das Getreide wurde geerntet und im Folgejahr jeweils wieder am gleichen Ort ausgesät. Für das Experiment wurden Gerstensorten ausgewählt, die sich durch Selbstbestäubung fortpflanzen. Nach 3 weiteren Aussaaten des jeweils vor Ort geernteten Gemischs fand man folgende Zusammensetzung (Angaben in % der Körner):

| Bundesstaat Sorte | Virginia | New York | Minnesota | Montana | Oregon | Kalifornien |
|---|---|---|---|---|---|---|
| **Coast/Trebi** | 89,2 | 11,4 | 16,6 | 17,4 | 1,2 | 72,4 |
| **Hannchen** | 0,8 | 6,8 | 61,0 | 3,8 | 0,8 | 6,8 |
| **White Smyrna** | 0,8 | 0,0 | 0,8 | 48,2 | 97,8 | 13,0 |
| **Manchurai** | 0,2 | 68,6 | 0,4 | 4,2 | 0,0 | 0,0 |
| **Gatami** | 2,6 | 1,8 | 3,2 | 11,6 | 0,0 | 0,2 |
| **Meloy** | 0,8 | 0,0 | 0,0 | 0,8 | 0,0 | 5,2 |
| **übrige Sorten** | 5,6 | 11,4 | 18,0 | 14,0 | 0,2 | 2,4 |

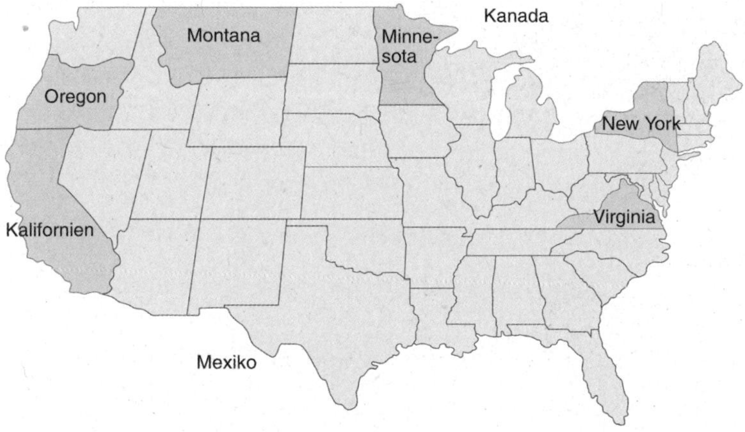


**Aufgaben:**

① Fassen Sie die Ergebnisse zusammen. Nennen und erläutern Sie mögliche Ursachen für die unterschiedliche Zusammensetzung der Ernte.

② Worin liegt die Bedeutung der Selbstbefruchtung bei der Durchführung und Auswertung dieses Experiments?

## Blütenfarbe und Bestäuber

In den Bergen Arizonas wächst die Blütenpflanze Scarlet Gilia. Sie bringt von Juli bis August bis zu 250 Blüten hervor, manche Pflanzen nur rote, andere nur weiße und die übrigen erst rote und dann weiße Blüten. Als Bestäuber kommen Schwärmer (Nachtschmetterlinge) und Kolibris vor. Die Kolibris bestäuben effektiver. Sie bevorzugen rote Blüten, ziehen sich jedoch im Spätsommer in tiefer gelegene Regionen zurück. Die Schwärmer sehen die Farbe rot nicht. In den Bergen wachsen auch andere Blütenpflanzen.

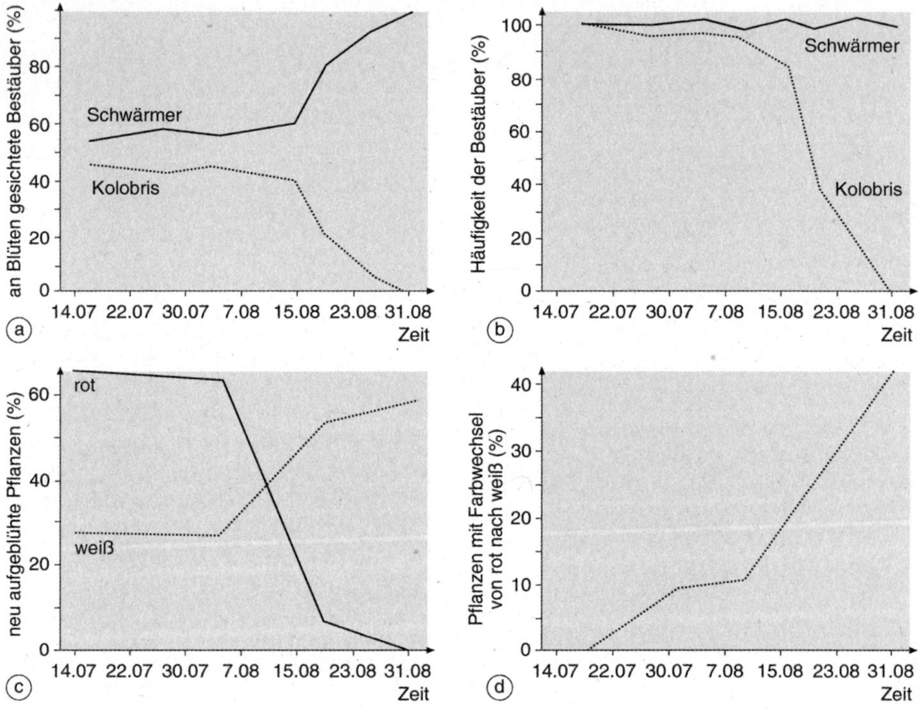


**Aufgaben:**

① Interpretieren Sie die in der Abbildung dargestellten Untersuchungsergebnisse und zeigen Sie Zusammenhänge auf.

② Stellen Sie eine begründete Hypothese auf, wie sich die Gilia-Variante im Verlauf der Evolution entwickelt haben könnte, die erst rote und später weiße Blüten hervorbringt.

## Die Entstehung zweier Arten

Bunt- und Blutspechte leben als nahe verwandte Arten in stark überlappenden Gebieten. In Käfighaltung können Tiere der beiden Arten gekreuzt werden. Als man Trommel- und Rufsignale einer Art vom Tonband Tieren der anderen Art vorspielte, zeigten diese keine Reaktion.

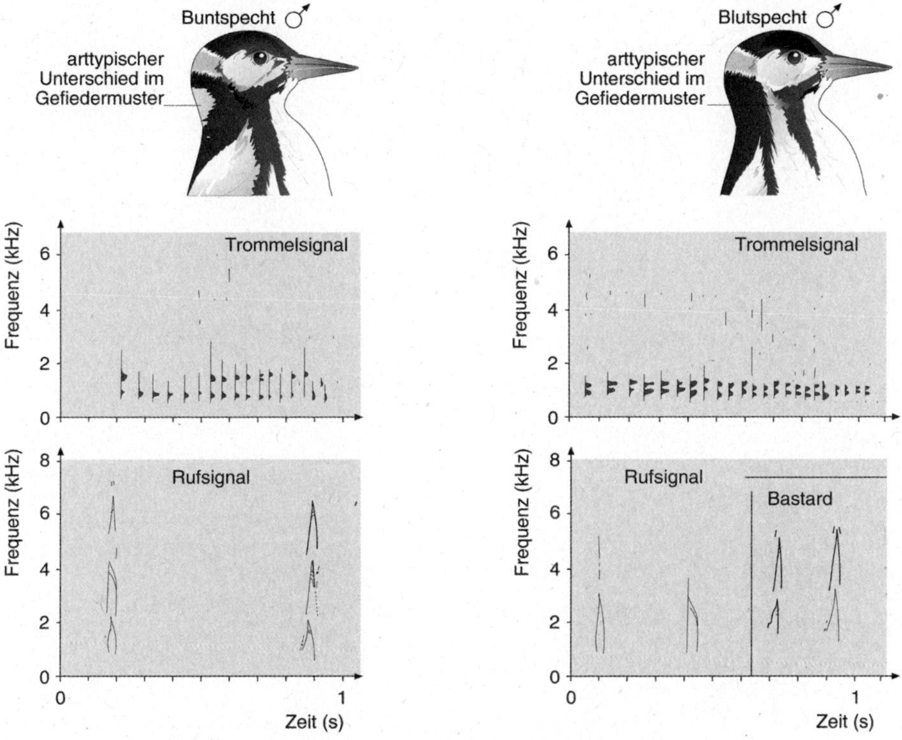


Sonagramme von Trommel- und Rufsignalen von Bunt- und Blutspechten

**Aufgaben:**

① Stellen Sie begründete Hypothesen zur Entstehung der beiden Spechtarten auf.

② Die Nachkommen aus den Kreuzungsversuchen wurden von den Eltern isoliert aufgezogen. Vergleichen Sie die Rufsignale der Bastarde (in der Abb. unten rechts) mit denen der Eltern-Arten und interpretieren Sie das Ergebnis.

## Selektion bei Darwinfinken

Auf Galapagos, einer Inselgruppe ca. 1 000 km vor der Küste Südamerikas, leben heute 13 Finkenarten, die sich vermutlich aus einer Finkenart im Verlauf der Evolution entwickelt haben. Nicht alle Inseln sind von allen Finkenarten besiedelt. So findet man auf den Zentralinseln drei sich von Samen ernährende Grundfinkenarten, während auf Hood nur zwei vorkommen.

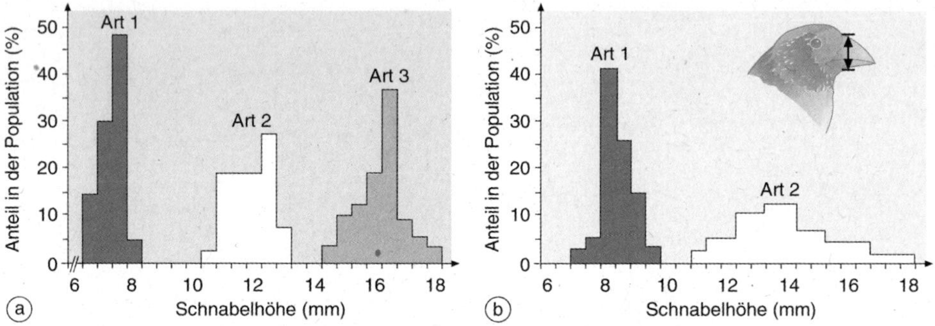


**1** Schnabelhöhe bei Grundfinkenarten auf den Zentralinseln (a) und Hood (b)

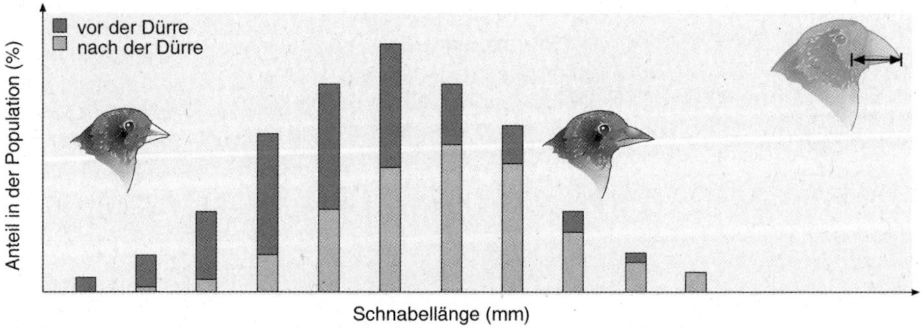


**2** Schnabellänge der Grundfinken vor und nach der Dürre

**Aufgaben:**

① Interpretieren Sie die in Abbildung 1 dargestellten Untersuchungsergebnisse.

② Im Jahr 1977 fiel auf Galapagos die Regenzeit aus. Viele Pflanzen vertrockneten, bevor sie Samen hervorbrachten. Damit reichte auch für viele Tiere der Vorrat an Nahrung nicht aus. Interpretieren Sie Abbildung 2.

# Paviane in Afrika

Afrika ist ein großer Kontinent. Dort leben sechs nahe verwandte Pavianarten. Alle Arten leben überwiegend am Boden und besiedeln offene Savannenlandschaften. Regenwald als Lebensraum meiden sie. Die Einteilung in Arten ist nicht unumstritten. Mit Ausnahme der Mantelpaviane lassen sich die Tiere aus unterschiedlichen Gruppen in Gefangenschaft paaren. Ihre Nachkommen sind zumeist fruchtbar.

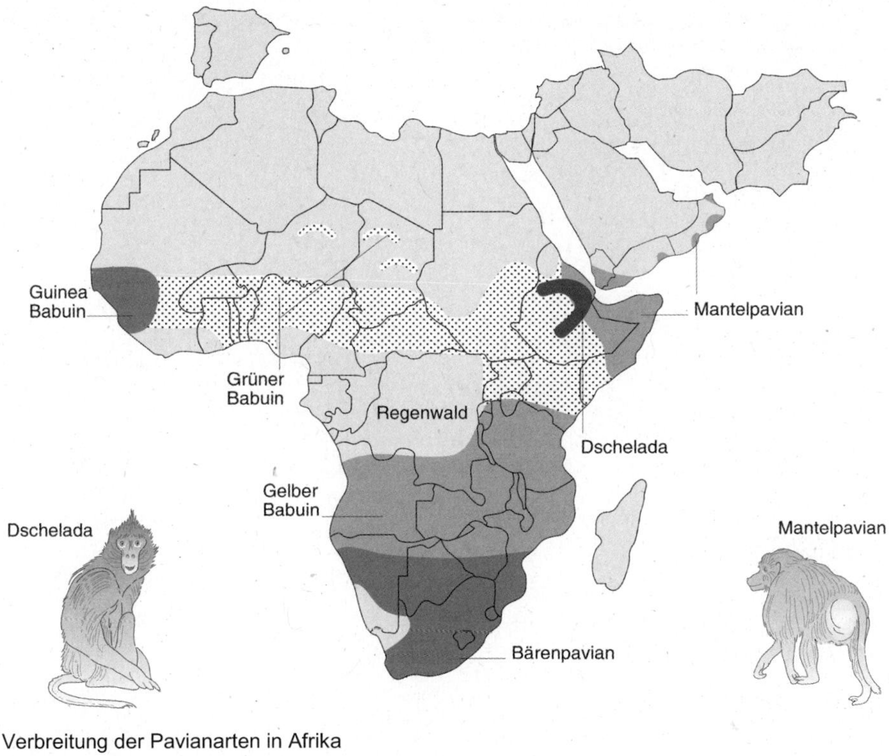


Verbreitung der Pavianarten in Afrika

**Aufgaben:**

① Stellen Sie begründete Hypothesen zur Entstehung der sechs Pavianarten auf unter Berücksichtigung der heutigen Verbreitung der Arten (siehe Abb.).

② Erklären Sie die Begriffe „Art“ und „Rasse“. Diskutieren Sie am vorliegenden Beispiel, wie eindeutig sie getrennt werden können.

# Fortpflanzungserfolg

Bei einer Reihe von Arten wurde beobachtet, dass Männchen Jungtiere der eigenen Art töten *(Infantizid)*. Nähere Untersuchungen ergaben, dass dies jedoch meist nur unter bestimmten Voraussetzungen auftritt. In der Regel handelt es sich um polygyn lebende Gruppen, also solche, bei denen sich ein Männchen mit mehreren Weibchen verpaart, während die Weibchen nur von einem α-Männchen begattet werden. Außerdem tritt das Phänomen nur dann auf, wenn ein neues Männchen das vorherige α-Männchen verdrängt hat. Das neue α-Männchen tötet dann schon geborene Junge. Interessant ist in diesem Zusammenhang auch die Erkenntnis, dass Muttertiere schneller wieder paarungsbereit sind, wenn sie ihren Nachwuchs verloren haben.

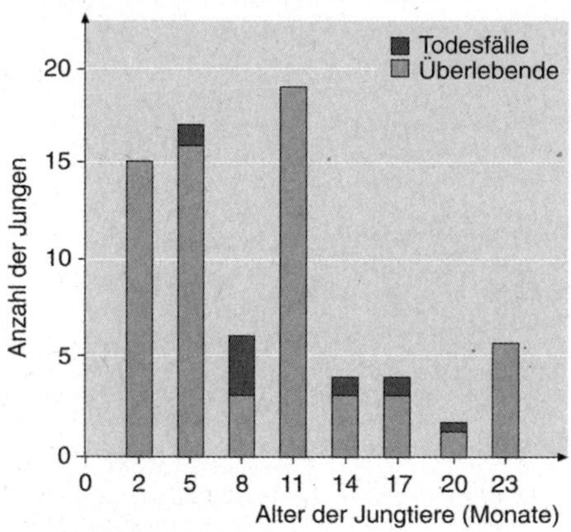


in einer stabilen Gruppe

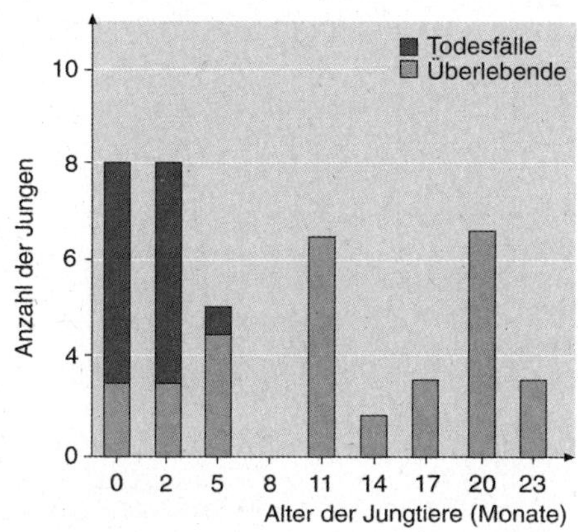


direkt nach der Übernahme der Gruppe durch ein neues α-Männchen

Säuglingssterblichkeit bei Roten Brüllaffen

**Aufgaben:**

① Rote Brüllaffen, eine meist friedliche Affenart aus Südamerika, leben in dem oben beschriebenen Paarungssystem. Interpretieren Sie die in der Abbildung dargestellten Untersuchungsergebnisse.

② Welchen Einfluss hat ein solches Verhalten der Männchen auf deren reproduktive Fitness?

③ Nach Vorstellungen der klassischen Verhaltenslehre sollten Tiere sich so verhalten, dass sie den Fortbestand der Art maximal fördern. Inwieweit stimmt diese Aussage mit dem Verhalten der Brüllaffen überein?

# Brutparasitismus

Afrikanische Witwenvögel legen ebenso wie der einheimische Kuckuck ihre Eier in Nester fremder Arten und lassen ihre Jungen von den Wirtseltern groß ziehen. Die Balzgesänge der Witwenvogel-Männchen unterscheiden sich sehr stark, je nach der Wirtsart. Die Eier der Witwenvögel sind unterschiedlich. Sie sehen jeweils den Eiern des Wirtes ähnlich.

**1** Ein Witwenvogel macht ein Weibchen auf den Nestbau eines Astrillmännchens (Wirt) aufmerksam

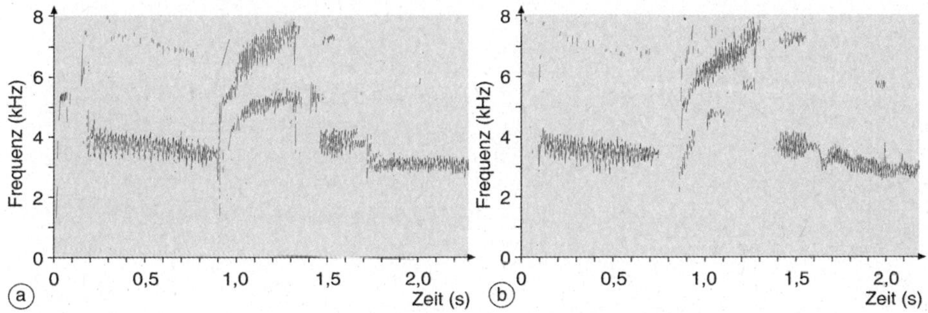


**2** Sonagramme der Balzgesänge, a) Astrill, b) Witwenvogel mit Astrill als Wirt

**Aufgaben:**

① Witwenvögeln ist der Gesang nicht angeboren. Erklären Sie die Zusammenhänge bezüglich des Gesangs von Witwenvögeln und Wirtsvögeln. Auf welche Weise macht das die Anpassung von Eiform und -farbe an den Wirt möglich.

② Astrillarten, die vermutlich schon lange von Witwenvögeln parasitiert werden, erkennen Eier, die sich deutlich von ihren unterscheiden, und entfernen sie aus dem Nest. Erklären Sie anhand des Materials den Begriff „Koevolution“.

## Fortpflanzungssysteme bei Heckenbraunellen

Heckenbraunellen gehören zur einheimischen Vogelwelt. Bei dieser Art bilden sowohl Männchen als auch Weibchen Reviere, aus denen sie jeweils Artgenossen des eigenen Geschlechts vertreiben. Durch Überlappung der Männchen- und Weibchenreviere entstehen unterschiedliche Konstellationen für die Fortpflanzung. Männchen, die sich mit einem Weibchen verpaart haben, helfen in der Regel bei der Jungenaufzucht. Männchen, denen das nicht gelungen ist, zerstören manchmal Nester der Weibchen in ihrem Revier bzw. töten Jungtiere.

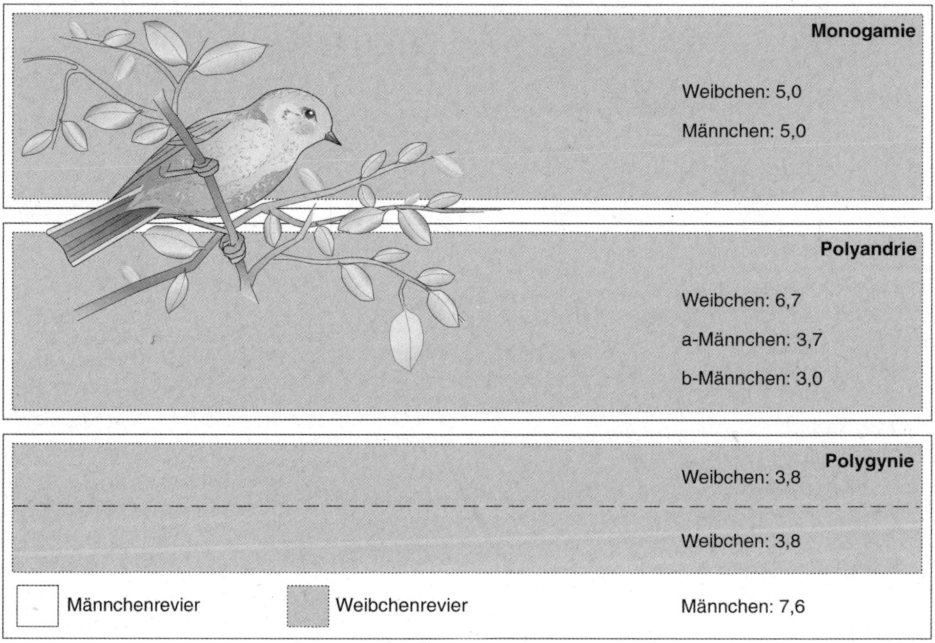


Fortpflanzungserfolg in unterschiedlichen Paarungssystemen

**Aufgaben:**

① Vergleichen Sie die reproduktive Fitness der Geschlechter in unterschiedlichen Paarungssystemen der Heckenbraunelle und nennen Sie mögliche Ursachen für die Unterschiede.

② Welche biologische Bedeutung hat das unterschiedliche Verhalten der Männchen?

③ Geben Sie eine mögliche Begründung, warum sich keine der Strategien als alleinige im Verlauf der Evolution der Heckenbraunellen durchgesetzt hat.

# Korallenriffe

Korallenriffe sind komplexe Lebensgemeinschaften. Die Grundlage bilden Steinkorallen. Sie nehmen im Wasser gelöstes Hydrogencarbonat auf und wandeln es dann in schwer lösliches Calciumcarbonat um. Dies bildet das Skelett des Korallenriffes. Da dieser Vorgang über viele Jahre geschieht, wächst langsam der ganze Korallenstock.

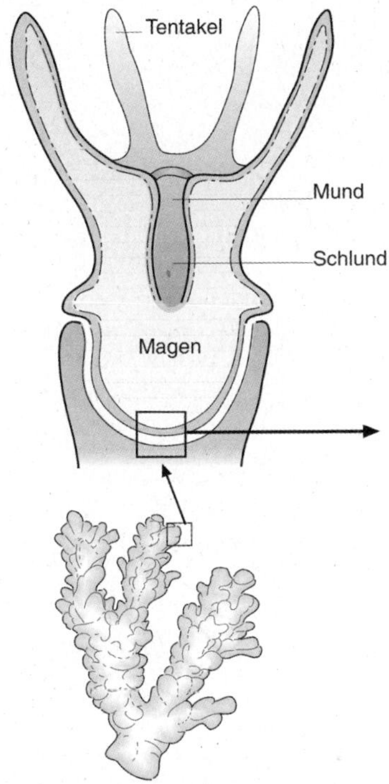


**1** Aufbau einer Steinkoralle

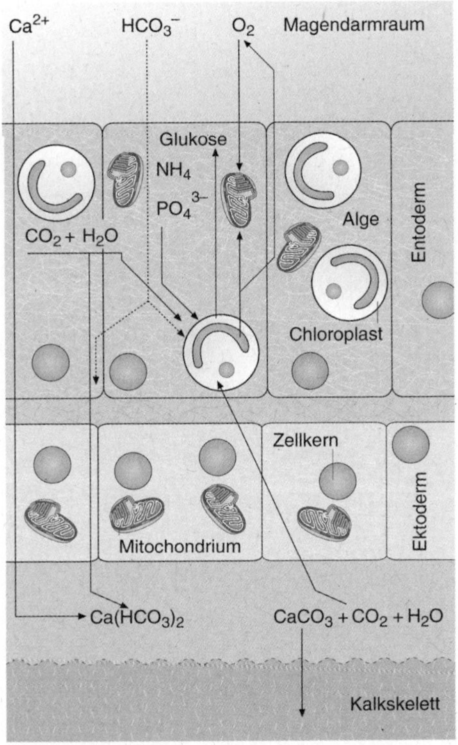


**2** Stoffwechselprozesse in der Steinkoralle

**Aufgaben:**

① Vergleichen Sie den in Abbildung 1 dargestellten Aufbau der Steinkoralle mit dem eines Säugetieres und stellen Sie dar, wie bei ihr die zentralen Lebensfunktionen gewährleistet sind.

② Korallenriffe findet man nur in flachen Bereichen warmer Meere. Erklären Sie dies unter Verwendung von Abbildung 2 und erklären Sie die vorliegende Lebensform.

## Verwandt oder nicht?

Vor etwa 180 Mio. Jahren trennten sich die beiden Kontinente Südamerika und Afrika. Seit jener Zeit driften sie auseinander. Dennoch findet man auf beiden Kontinenten eine Reihe von Arten, die mit Arten auf dem jeweils anderen Kontinent viele Ähnlichkeiten aufweisen. Bei der Untersuchung von Fossilien stellte man fest, dass bei manchen Arten ähnliche Vorfahren schon vor mehr als 180 Mio. Jahren existierten, bei anderen nicht.

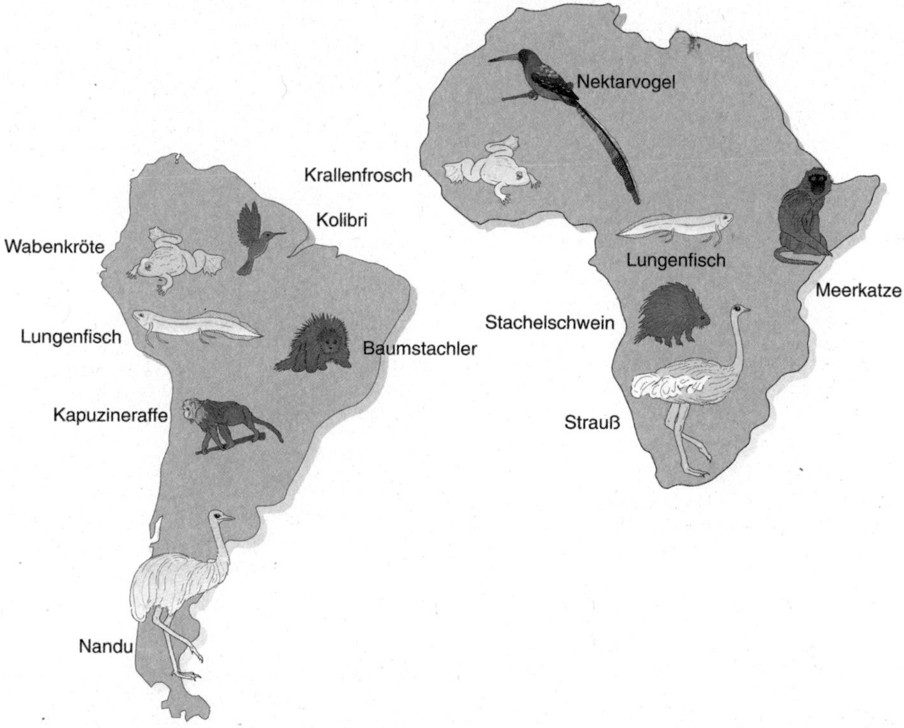


Ausgewählte Tierarten aus Südamerika und Afrika

**Aufgaben:**

① Vergleichen Sie die dargestellten Tierarten auf den beiden Kontinenten und erklären Sie die Ähnlichkeiten.

② Lungenfische gelten als mögliche Brückentiere zwischen Fischen und Amphibien. Erklären Sie den Begriff „Brückentiere“ an diesem Beispiel.

# Seehunde und ihre Verwandten

Seehunde gehören wie Ohrenrobben und Walrosse zur Ordnung der Raubtiere, ebenso wie die Katzen. Wale und Delfine bilden eine eigene Ordnung. Beide Ordnungen gehören zu den *Plazentatieren*, die mit den *Kloakentieren* (z. B. Schnabeltier) und den *Beuteltieren* die Klasse der Säugetiere bilden.

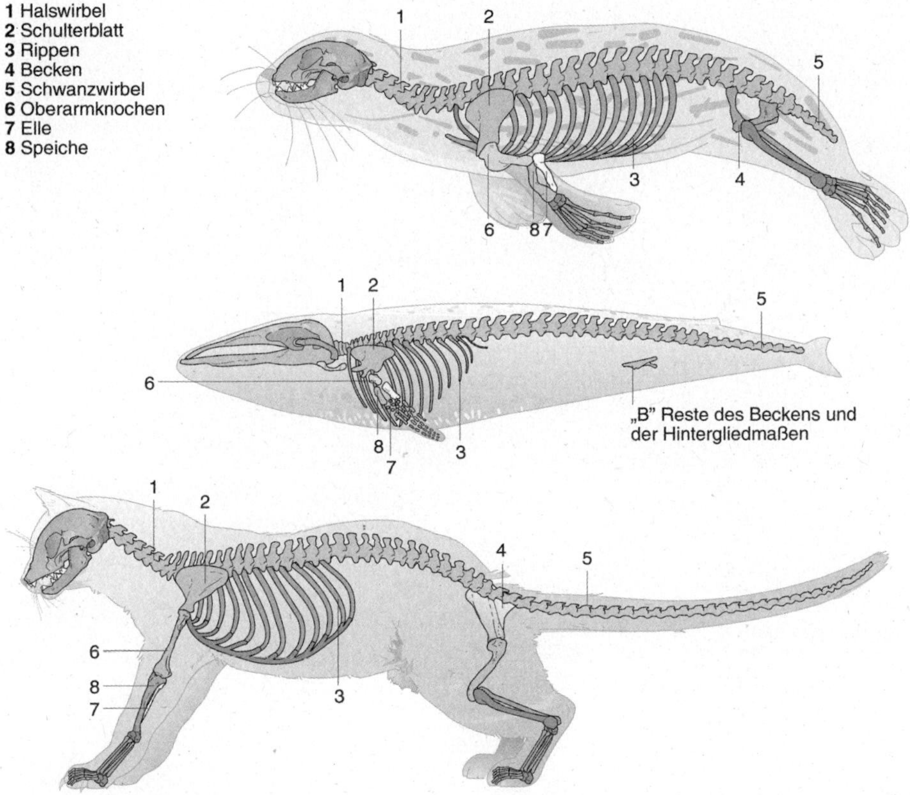


Skelette von Seehund, Blauwal und Katze

**Aufgaben:**

① Vergleichen Sie Körperform und Skelett der drei dargestellten Arten und stellen Sie Homologien sowie Analogien dar.

② Erklären Sie an einem Beispiel aus dem Material den Begriff „Rudiment".

## Neandertaler

Nach heutiger Fundlage tauchten vor ca. 200 000 die Neandertaler in Europa und Asien auf. Vor etwa 30 000 Jahren verliert sich ihre Spur. Forscher verschiedener Fachrichtungen arbeiten bei der Untersuchung der Fundstücke zusammen. Zur Veranschaulichung der Ergebnisse werden manchmal Lebensbilder rekonstruiert.

Neandertaler vor 100 000 Jahren auf der Jagd

**Aufgaben:**

① Nennen Sie an Beispielen aus der Abbildung vier Verfahren, mit denen man Erkenntnisse gewinnen kann, die hier zeichnerisch dargestellt sind, und erklären Sie sie kurz.

② Im Jahr 1997 gelang es erstmals, aus dem Knochen eines Neandertalers mitochondriale DNA zu isolieren. Welche Untersuchungsmöglichkeiten ergaben sich damit? Erklären Sie.

## Kampfgesetz

Nachdem CHARLES DARWIN 1859 sein Werk „Über die Entstehung der Arten durch natürliche Zuchtwahl" veröffentlicht hatte, entbrannte eine heftige Auseinandersetzung über die Entstehungsgeschichte des Menschen. Als Antwort veröffentlichte DARWIN 1871 sein Aufsehen erregendes Buch „Die Abstammung des Menschen und die geschlechtliche Zuchtwahl".

„Kampfgesetz. – Bei Wilden, z. B. bei den Australiern, sind die Weiber stets die Ursache des Krieges sowohl zwischen Gliedern desselben Stammes wie auch zwischen verschiedenen Stämmen. Zweifellos war es so auch in alten Zeiten (...) Bei manchen nordamerikanischen Indianern ist der Kampf zum System ausgebildet worden. Hearne, dieser treffliche Beobachter sagt: „Stets war es bei diesen Völkern Brauch, daß die Männer um das Weib, welches ihnen gefällt, kämpften, und die Stärkeren haben natürlich stets den Sieg davongetragen. Ein schwacher Mann, sofern er nicht ein guter Jäger und auch beliebt ist, wird nur selten ein Weib halten können, dem ein Stärkerer seine Aufmerksamkeit widmet. Dieser Brauch ist bei allen Stämmen vorherrschend und ruft einen großen Wetteifer unter der Jugend hervor, die bei jeder Gelegenheit ihre Kraft und ihre Geschicklichkeit im Ringen erprobt." Von den südamerikanischen Guanas bemerkt Azara, daß die Männer selten vor dem zwanzigsten Jahre heiraten, wie sie vor dieser Zeit ihre Rivalen nicht besiegen können.
Noch andere ähnliche Thatsachen könnten angeführt werden. Aber selbst wenn wir hierüber keinen Beweis hätten, so können wir doch nach der Analogie mit den höheren Vierhändern fast mit Gewißheit annehmen, dass beim Menschen schon in einem frühen Entwicklungszustand das Kampfgesetz vorgeherrscht habe. Das noch heutzutage gelegentliche Erscheinen von Eckzähnen, die über die anderen hervorragen, und Spuren eines Zwischenraumes zur Aufnahme der gegenüberstehenden Eckzähne ist aller Wahrscheinlichkeit nach ein Fall von Reversion zu einem früheren Zustand, wo die Vorfahren des Menschen, gleich so manchen der existierenden Vierhänder, mit diesen Waffen versehen waren. In einem vorhergehenden Kapitel wurde bemerkt, dass in dem Maße, wie der Mensch allmählich seine aufrechte Haltung bekam, und seine Hände dauernd zum Kampfe mit Knütteln und Steinen, wie auch zu anderen Lebenszwecken benutzte, er immer weniger und weniger Kinnbacken und Zähne benutzt haben wird. Die Kinnbacken und Muskeln werden dann infolge Nichtgebrauchs verringert worden sein, ebenso die Zähne durch die noch nicht völlig erkannten Prinzipien der Wechselbeziehung und der Ökonomie des Wachstums; denn wir finden überall Teile, die nicht mehr länger benutzt werden, in der Größe verringert. Durch solche Schritte wird ursprüngliche Ungleichheit von Zähnen und Kinnbacken zwischen den menschlichen Geschlechtern schließlich verwischt worden sein. Dieser Fall läuft fast parallel mit dem, der bei manchen Wiederkäuern vorkommt, wo nämlich die Eckzähne zu bloßen Rudimenten verringert wurden oder ganz verschwanden, augenscheinlich infolge Entwicklung der Hörner."

Aus: CHARLES DARWIN „Die Abstammung des Menschen und die geschlechtliche Zuchtwahl" Band 2 (1871) in einer Übersetzung von DAVID HAEK, Reclam 1890, Seite 341 ff

**Aufgaben:**

① Analysieren Sie den vorliegenden Textauszug in Bezug auf die erkennbaren Methoden, mit denen DARWIN zu Erkenntnissen gelangt.

② In einer Textpassage erinnert die Argumentation an lamarckistische Aussagen. Stellen Sie dar, wie man diesen Sachverhalt heute erklärt.

## Lactoseintoleranz

Neben Fett ist Milchzucker *(Lactose)* die Hauptenergiequelle für Säuglinge. Lactose ist ein Disaccharid, das mithilfe des Enzyms Lactase gespalten wird. Manche Menschen vertragen Milchzucker nicht *(Lactoseintoleranz)*. Der normale Abbau unterbleibt. Der Milchzucker zieht osmotisch Wasser in den Darm, was zu Durchfall führt. Außerdem bauen Darmbakterien, die sich durch das Nährstoffangebot zu stark vermehren, Lactose unter $CO_2$- Freisetzung ab. Neben einer krankheitsbedingten Form der Lactoseintoleranz gibt es zwei erbliche Formen. In einem Falle ist das Gen für Lactase defekt (tritt sehr selten auf), im zweiten Falle wird es nach der Stillzeit bei Säugetieren fast vollständig inaktiv.

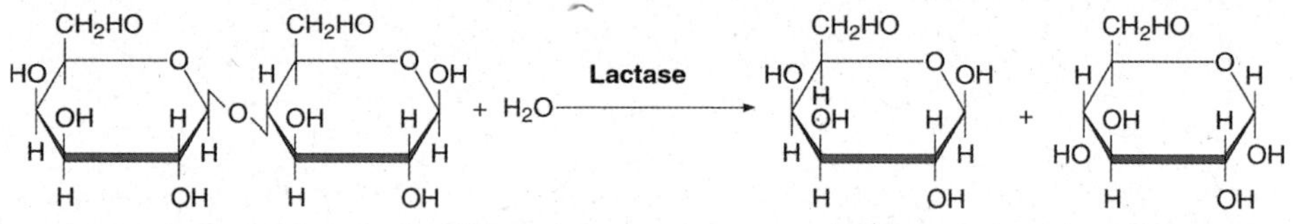


| | Bevölkerungsgruppe | Anteil der Lactoseintoleranz (%) |
|---|---|---|
| Afrika | Nigerianer* | 87 |
| | nomadische Fulani | 20 |
| Asien | Thailänder* | 97 |
| | Koreaner* | 100 |
| | Chinesen* | 85 |
| Europa | Dänen | 3 |
| | Finnen | 19 |
| | Deutsche | 12 |
| | Polen | 25 |
| Amerika | Inuit* | 92 |
| | Indianer (USA)* | 80 |
| | weiße Amerikaner | 16 |
| Australien | Australier (weiße) | 8 |
| Mittelmeerregion | Griechen (Athen) | 19 |
| | Griech. Cyprioten* | 85 |
| | Italiener um Neapel* | 95 |
| | Norditaliener* | 30 |

* ohne traditionelle Milchwirtschaft

Lactoseabbau und Häufigkeit der Lactoseintoleranz

**Aufgaben:**

① Leiten Sie aus der Abbildung Zusammenhänge ab und erklären Sie sie.

② Im Rahmen von Hilfslieferungen in Hungergebiete wurde früher in Afrika und Asien häufig Milchpulver für Kleinkinder verteilt. Welche Regeln lassen sich aus den negativen Folgen der Verteilung für künftige Hilfslieferungen ableiten?

## Stickstoffausscheidung bei Wirbeltieren

Die Abbauprodukte von Proteinen und Nucleinsäuren gelangen zum einen in den Baustoffwechsel. Diese stickstoffhaltigen Stoffe werden aber auch zur Energiefreisetzung abgebaut. Der Stickstoffanteil besteht bei den Proteinen hauptsächlich aus Aminogruppen, die meist als Ammoniak, Harnstoff oder Harnsäure ausgeschieden werden. Ammoniak ist ein Zellgift, das nur in sehr geringer Konzentration im Körper vorkommen darf. Harnstoff ist ungiftig, aber osmotisch wirksam. Harnsäure ist schwer löslich und wird überwiegend in fester Form ausgeschieden (das Weiße im Vogelkot).

| Tiergruppe | Tierart | Lebensraum | Ammoniak | Harnstoff | Harnsäure |
|---|---|---|---|---|---|
| **Fische** | Scholle | Salz-/ Süßwasser | 53 | 17 | – |
| | Karpfen | Süßwasser | 56 | 6 | – |
| | Hai | Salzwasser | – | 80 | – |
| | Rochen | Salzwasser | 4 | 91 | – |
| **Amphibien** | Frosch | Süßwasser/ Land | 3 | 85 | – |
| | Kaulquappe | Süßwasser | 90 | – | – |
| | Kröte | Süßwasser/ Land | – | 85 | – |
| **Reptilien** | Eidechse | Land | – | – | 91 |
| **Vögel** | Ente | Land | 3 | 4 | 72 |
| | Gans | Land | 13 | – | 80 |
| **Säugetiere** | Hund | Land | 5 | 89 | 1 |
| | Katze | Land | 3 | 68 | 0,1 |
| | Mensch | Land | 4 | 88 | 0,8 |

Ausscheidung stickstoffhaltiger Exkrete bei Wirbeltieren; Angaben in % der ausgeschiedenen stickstoffhaltigen Exkrete (Summe <100, da nicht alle erfasst)

**Aufgaben:**

① Stellen Sie einen Bezug her zwischen Lebensraum und Formen der Stickstoffausscheidung der erwachsenen Wirbeltiere und erklären Sie ihn aus evolutionsbiologischer Sicht.

② Kaulquappen sind das Larvenstadium der Frösche. Nennen Sie die Biogenetische Grundregel und vergleichen Sie die Stickstoffausscheidung von Kaulquappe und Frosch unter diesem Aspekt.

③ Die Kohlenstoffgerüste der Aminosäuren gelangen über Zwischenschritte des Abbaus in den Tricarbonsäurezyklus. Geben Sie einen kurzen Überblick über die dort ablaufenden Prozesse.

# Laufvögel

Flugunfähige Laufvögel kommen heute noch natürlich in Afrika, Südamerika, Australien und Neuseeland vor. Vor ca. 140 Millionen Jahren lebten vermutlich ihre gemeinsamen Vorfahren schon auf dem damals noch existierenden riesigen südlichen Kontinent Gondwana. Später entstanden nach der Kontinentalverschiebungstheorie daraus Südamerika, Afrika, und Australien. Vor 82 bis 85 Mio. Jahren trennte sich Neuseeland von Australien ab.

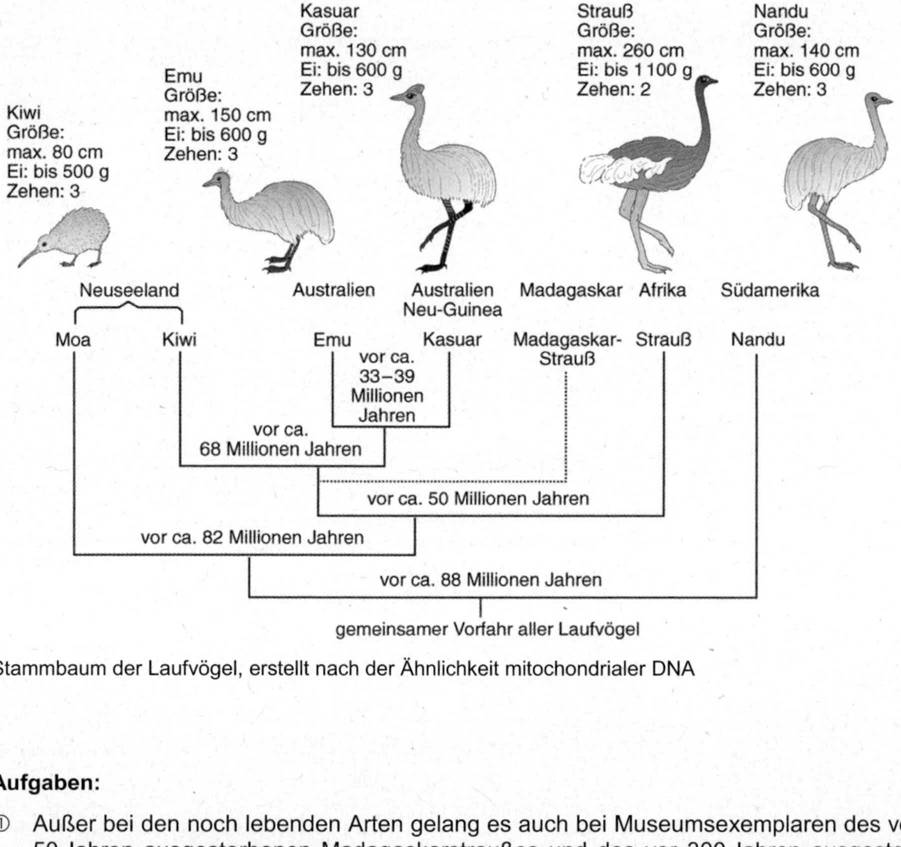


Stammbaum der Laufvögel, erstellt nach der Ähnlichkeit mitochondrialer DNA

**Aufgaben:**

① Außer bei den noch lebenden Arten gelang es auch bei Museumsexemplaren des vor 50 Jahren ausgestorbenen Madagaskarstraußes und des vor 300 Jahren ausgestorbenen Moas, mitochondriale DNA zu gewinnen. Erläutern Sie den dargestellten Stammbaum im Zusammenhang mit den im Text gegebenen Informationen.

② Nennen Sie die Besonderheiten bei der Vererbung mitochondrialer DNA und begründen Sie deren Vorteile bei der Stammbaumerstellung gegenüber Kern-DNA.

# Lösungen

**Seite 6**

① Versuchsreihe a) zeigt, dass die Keimlingsspitzen dem Licht entgegen wachsen, indem sich die Zellen der vom Licht abgekehrten Seite stärker strecken als auf der belichteten Seite. Der Effekt tritt nicht auf, wenn die Spitze entfernt wird oder lichtundurchlässig bedeckt wird. Die Versuche in b) zeigen, dass der Effekt nur eintritt, wenn zwischen der Spitze und dem übrigen Keimling ein Stoffaustausch möglich ist. Die in c) dargestellten Versuche zeigen, dass der Stoff Auxin das Streckungswachstum auslöst. Ist der Stoff auf einer Seite des Keimlings stärker konzentriert als auf der anderen, so krümmt sich der Keimling in Richtung der geringeren Auxinkonzentration. Insgesamt lässt sich ableiten, dass ein Keimling dem Licht entgegen wächst, weil das Licht den Transport von Auxin in die beschattete Seite der Keimlingsspitze hervorruft.

② Keimlinge, die unter natürlichen Bedingungen von anderen Pflanzen umgeben sind, wachsen auf diese Weise optimal dem Licht entgegen, das sie zur Fotosynthese benötigen.

**Seite 7**

① Meristemzellen sind dünnwandig und undifferenziert. Sie erzeugen durch Zellteilung Zellen, die sich zu Meristem, Gefäßen und Siebröhren differenzieren. Gefäße haben seitlich verstärkte Zellwände zur Stabilisierung und keine Querwände, Zellplasma fehlt (tote Röhren). Sie ermöglichen so eine optimale Wasserleitung. Siebröhren haben weniger verstärkte Zellwände, die Querwände und Längswände sind durchbrochen (Siebe). Sie haben Zellplasma als Wandbelag sowie eine große Vakuole und leiten die Nährstofflösung kontrolliert von Zelle zu Zelle. Sklerenchymzellen sind länglich und haben allseitig verstärkte Zellwände. Sie dienen nicht der Stoffleitung, sondern der Festigung.

② Die Pflanze hat getrennte Leitungsbahnen für Wasser (zu den Blättern) und Assimilate (meist von den Blättern weg, im Frühjahr in Gegenrichtung zu den Knospen), Atemgase werden nicht geleitet, Trägerstoffe gibt es nicht. Blut ist ein universelles, zirkulierendes Transportsystem, es leitet Nährstoffe, Atemgase, Hormone, Wasser, Mineralstoffe und enthält Zellen des Immunsystems. Der Blutkreislauf wird durch das Herz angetrieben, der Transport in den Leitungsbahnen durch physikalisch entstandene Druckunterschiede.

**Seite 8**

① Pro Einzeller: Die Zellen leben einzeln, vermehren sich durch Zellteilung, sind nicht spezialisiert.
Kontra Einzeller: Im Zusammenschluss tritt Aufgabenteilung auf, wobei viele Zellen den Sporenträger aufbauen, während andere Zellen sich zu Sporen differenzieren.

② Die Einzelzellen geben bei Nahrungsmangel c-AMP ab. Dieser Stoff veranlasst weitere Einzeller, sich der Aggregation anzuschließen. c-AMP dient als Botenstoff.

**Seite 9**

① Bei Einzellern zeigt jede Zelle alle Kennzeichen des Lebendigen: Ernährung und Stoffwechsel, Bewegung, Reizbarkeit und Fortpflanzung. Bei Vielzellern werden verschieden Aufgaben durch spezialisierte Zellen, Gewebe bzw. Organe übernommen.

Volvox ist ein sehr einfach gebauter Vielzeller. Die Einzelzellen arbeiten zusammen (tauschen Stoffe und Informationen aus) und sind zumindest in Körper- und Fortpflanzungszellen spezialisiert. Nach der Fortpflanzung bleibt eine vielzellige Leiche zurück.

② Die Veränderungen stellen eine Angepasstheit an den Lebensraum „Temporäres Gewässer“ dar. Die erhöhte Temperatur setzt Regelungsmechanismen zur Umprogrammierung bezüglich der Fortpflanzung in Gang, bevor das Gewässer ausgetrocknet ist. So bleibt Volvox genügend Zeit, Dauerstadien auszubilden, die Trockenperioden überdauern können.

**Seite 10**

① Das Gewebe wird bei beiden Methoden zuerst zerkleinert. Dann werden im Mörser mithilfe des Sandes die Zellen zerstört. Die frei werdenden Stoffe lösen sich je nach Polarität im zugegebenen Lösungsmittel. Bei der Chromatographie wird die Lösung auf einen beschichteten Träger so aufgebracht, dass sie sich beim folgenden Stellen in ein Gefäß mit Laufmittel oberhalb des Flüssigkeitsspiegels befindet. Im Laufmittelstrom werden die Teilchen der Probe entsprechend ihrer Masse, Polarität und Sperrigkeit der Teilchen unterschiedlich stark mitgerissen.
Bei der Elektrophorese wird die Probe auf einer Startlinie auf flüssigkeitsgetränktem Filterpapier (oder Gel) aufgetragen. An die Enden des Trägers wird eine Gleichspannung angelegt. Entsprechend ihrer Ladung bewegen sich die Teilchen der Probe in Richtung eines der Pole. Stärke der Ladung und Sperrigkeit bestimmen die Wanderungsgeschwindigkeit.

② Die Größe der Bande und ggf. die Intensität der Färbung können durch Vergleich mit bekannten Standardmengen, die neben der Probe aufgetragen werden, zur Bestimmung der Stoffmenge verwendet werden. Eine weitere Möglichkeit besteht darin, die Probe vom Träger abzukratzen bzw. auszuschneiden und zu lösen und dann ein quantitatives Verfahren (z. B. Photometrie) anzuschließen.

③ Die Stoffe im Probengemisch unterscheiden sich durch die Wanderungsgeschwindigkeit. Lässt man den Versuch zu lange laufen, so treffen sich die Stoffe an der Laufmittelgrenze bzw. je nach Ladung an den beiden Elektroden.

**Seite 11**

① Eine teilungsaktive Zelle durchläuft abwechselnd die Mitose und die Interphase. In der Mitose findet nach der Kernteilung eine Zellteilung statt. In der Interphase wächst die Zelle durch intensiven Stoffwechsel und verdoppelt dann die Chromatiden zu 2C-Chromosomen. Danach kann die nächste Teilung erfolgen. Differenziert sich die Zelle zu einem spezialisierten Zelltyp, so verliert sie in der Regel ihre Teilungsfähigkeit. Während der Differenzierung entwickelt sich je nach Typ die Gestalt und der spezifische Gehalt an Organellen.

② In Wachstumsphasen ist eine höhere Zellteilungsrate notwendig als im ausdifferenzierten Gewebe. In den Geweben haben die Zellen eine unterschiedliche Lebensdauer (z. B. Darmepithel, Knochenzellen, Blutzellen). Bei Verletzungen ändert sich plötzlich der Bedarf an Zellteilungen.

## Lösungen

### Seite 12

① In der Prophase wird das Chromatin zur Transportform verdichtet und die Kernhülle löst sich auf. In der Metaphase ordnen sich die Chromosomen in der Äquatorialebene an und die Spindelfasern binden an das Centromer. In der Anaphase verkürzen sich die Spindelfasern. Dadurch bewegen sich die Chromatiden der Chromosomen zu den beiden Polen. In der Telophase löst sich der Spindelapparat auf und es bilden sich Kernhüllen um die neuen Kerne und eine Zellmembran.

② Durch die gleichmäßige Verteilung der Chromatiden auf die beiden Tochterzellen ist gewährleistet, dass beide Zellen über die gesamte Erbinformation verfügen und Informationen aus diesem Repertoire verwenden können oder die gesamte Information weitergeben können.

③ Durch die Mitose werden die Zellen mehr, aber kleiner. Durch Wachstum in der Interphase bzw. während der Differenzierung nimmt der Organismus an Biomasse zu.

### Seite 13

① Dass in 0,9%iger Lösung keine Veränderung stattfindet, ist ein Hinweis darauf, dass diese Lösung isotonisch zum Cytoplasma ist. Die 2%ige Lösung ist hypertonisch. Durch Osmose wird den Zellen Wasser entzogen, das Gewebe erschlafft, das Kartoffelstück wird kürzer. Destilliertes Wasser ist hypotonisch. Die Zellen nehmen durch Osmose Wasser auf und dehnen sich aus. Das Kartoffelstück wird länger.

② Durch den osmotischen Wasserverlust ist die Konzentration an gelösten Stoffen in den Zellen gestiegen. Das destillierte Wasser wird durch den hohen Konzentrationsunterschied anfänglich rasch, später langsamer aufgenommen (Deplasmolyse).

③ Da das Dressing Salz, Essig und ggf. Zucker enthält, stellt es eine stark hypertonische Lösung dar und entzieht die Pflanzenstücke im Salat, der dadurch seine knackige Konsistenz verliert. Der Effekt tritt so langsam ein, dass er bei sofortigem Verzehr nicht wahrgenommen wird.

### Seite 14

① Wirbellose Tiere im Meerwasser weisen annähernd isoosmotische Körperflüssigkeit auf. Bei Knochenfischen ist sie hypotonisch, d. h. die Tiere verlieren Wasser. Im Süßwasser ist die Körperflüssigkeit der Tiere hyperosmotisch (bei den Muscheln am wenigsten), die Tiere nehmen osmotisch Wasser auf und müssen dies ausscheiden. Der Wasseraustausch wird durch eine durchlässige Oberfläche (z. B. Quallen), die große Oberfläche der Kiemen (z. B. Mollusken, Fische) und dem ständigen Aufenthalt im Wasser begünstigt.

② Bei poikilosmotischen Tieren gleicht sich der osmotische Wert der Körperflüssigkeit dem des umgebenden Mediums an. Homoiosmotische Tiere halten den osmotischen Wert der Körperflüssigkeit konstant, indem sie Wasser aufnehmen oder abgeben bzw. aktiv Salz ausscheiden.

### Seite 15

① In allen drei Fällen werden Stoffe aus der Umgebung aufgenommen, indem sie durch eine Membraneinstülpung in ein Vesikel gelangen, das sich dann in der Zelle befindet. Feststoffe werden bei der Phagocytose von Ausstülpungen (Pseudopodien) umgeben, bevor es zur Einstülpung kommt. Bei der Pinocytose werden durch die Einstülpung Flüssigkeit und darin gelöste Stoffe unspezifisch aufgenommen. Bei der rezeptorvermittelten Endocytose entspricht der Ablauf der Pinocytose. Rezeptoren in der Membran bewirken jedoch, dass die Einstülpung nur bei Vorhandensein eines Effektors erfolgt, der so aufgenommen wird. Außerdem wird der Vesikel von einer weiteren Hülle umgeben (ummantelt).

② Denkbare Hypothesen sind: Rücktransport im Zuge des Membranflusses durch Exocytose, Neusynthese von Clathrin, Abspaltung von vesikulärem Clathrin und Rücktransport zur Zellmembran.

**Seite 16**

① Die Enzyme können Zucker, Fette, Phospholipide, Proteine, Nucleinsäuren bzw. Phosphate abbauen.

② Lysosomen entwickeln sich aus Golgi-Vesikeln, die rezeptorgestützt aus dem Golgi-Apparat stammende Enzyme (Hydrolasen) aufnehmen. Durch verschmelzen von Lysosomen und Endosomen kommen Enzym und Substrat zusammen. Der intrazelluläre Abbau der Makromoleküle beginnt.

③ Der Mannose-6-phosphat-Rezeptor erkennt die durch den Mannose-6-phosphat-Rest markierten Hydrolasen und bindet sie an der Golgi-Vesikel-Membran. So gelangen die richtigen Enzyme in die Lysosomen.

**Seite 17**

① Die meisten Proteine (Enzyme) werden durch Schwermetallionen wie die Kupferionen des Kupfersulfats denaturiert und verlieren dadurch ihre katalytischen Eigenschaften.

② Durch die Chemosynthese gewinnen sie die zum Leben notwendige Energie, Sie sind von Aufnahme energiereicher organischer Substanzen unabhängig, also autotroph.

**Seite 18**

① In den Flecken enthaltene Nährstoffe werden abgebaut (Proteine durch Proteasen, Fette durch Lipasen, Stärke durch Amylasen).

② Da Lipasen auch Proteine sind, werden sie in Lösung von Proteasen abgebaut. In trockenem Zustand kann die Protease nicht wirken.

③ Die Enzyme haben unterschiedliche Temperaturoptima. Mit steigenden Temperaturen nimmt die Reaktionsgeschwindigkeit entsprechend der RGT-Regel zu, bis die temperaturbedingte Proteindenaturierung einsetzt und die Geschwindigkeit sinkt. Die unterschiedlichen Optima weisen auf eine unterschiedliche Temperaturempfindlichkeit der Enzyme hin.

**Seite 19**

① Bei höherer Harnstoffkonzentration (Kurve 3) nimmt die Leitfähigkeit der Lösung schneller zu als bei der geringeren (Kurve 1). Die größere Steigung der Kurve wird durch eine höhere Geschwindigkeit der Ionen erzeugenden Reaktion verursacht.

② Bei Zugabe von Thioharnstoff ist die Reaktionsgeschwindigkeit geringer als bei gleicher Substratkonzentration ohne Thioharnstoff. Thioharnstoff wirkt als Hemmstoff. Die ähnliche Struktur legt den Schluss nahe, dass Thioharnstoff das aktive Zentrum der

Urease zeitweilig blockiert und so die Anlagerung des Substrats behindert. Es liegt kompetitive Hemmung vor. Wenn dieser Fall im Unterricht nicht behandelt wurde, können die Schüler dies als begründete Vermutung formulieren.

**Seite 20**

① Bei tagaktiven Säugetieren findet man tagsüber eine leicht erhöhte Körpertemperatur. Der Tagesdurchschnittswert nimmt mit abnehmender Körpergröße zu. Vögel haben eine höhere Durchschnittstemperatur. Während der Wert bei der Ente nahezu konstant ist (möglicherweise aufgrund annähernd gleichbleibender Aktivität) ist er bei den tagaktiven Tieren tagsüber höher, bei den nachtaktiven nachts.

② Tiere mit geringerer Körpermasse nehmen relativ mehr Sauerstoff auf als große Tiere, Vögel mehr als Säugetiere. Kleine Tiere haben bezogen auf ihr Volumen eine größere Oberfläche, an der die homoiothermen Tiere mehr Wärmeenergie an die Umgebung abgeben. Da die Flugmuskeln der Vögel eine hohe Stoffwechselrate haben, ist ihr Sauerstoffbedarf entsprechend hoch. Die Blutzuckergehalte zeigen ähnliche Verhältnisse wie der Sauerstoffbedarf. Zur Sicherstellung der Energieversorgung wird dem Gewebe bei kleinen Vögeln mehr Glucose angeboten.

**Seite 21**

① Arterien und Venen verlaufen dicht nebeneinander, sodass Wärme vom arteriellen Blut an das dicht unter der Körperoberfläche abgekühlte venöse Blut abgegeben wird. Dadurch bleibt diese Wärmeenergie im Inneren des Körpers. Außerdem wird das Blut in der Haut durch tiefer liegende Kapillaren in die Venen überführt. Die Haut ist kühler und dementsprechend der Temperaturunterschied zur Umgebung geringer. Dies verringert die Wärmeabstrahlung. Wird z. B. durch erhöhte Muskelaktivität mehr Wärme frei, so wird das Blut dichter an die Hautoberfläche geführt und der Abstand Arterie – Vene erhöht. Dadurch werden äußere Hautschichten besser durchblutet (Rötung) und mehr Wärme wird abgegeben.

② Kleidung vermindert die Wärmeabgabe. Auf die Atemluft hat sie keinen Einfluss. Die Wasserverdunstung wird herabgesetzt, da unter der Kleidung ein Bereich mit 100 % relativer Luftfeuchte entsteht. Leitung und Konvektion wird vermindert, wenn die Kleidung ein „Luftpolster" zwischen Körper und Umgebungsluft erhält. Die Abstrahlung wird vermindert, weil ein Teil der Wärmestrahlung auf den Körper reflektiert wird.

③ Durch die isolierenden Schichten werden Wärmeverluste durch Konvektion und Strahlung stark vermindert. Unter den Extrembedingungen sind ist auch die Reduktion der Wärmeabgabe durch die Wasserverdunstung über die Atemwege und durch die Wärme der Atemluft bedeutsam. Die Nasenkonstruktion wirkt wie ein Wärmetauscher: Die ausgeatmete Luft gibt Wärme an das Labyrinth ab, Wasser kondensiert aufgrund der gesunkenen Temperatur. Eingeatmete Luft wird angewärmt und angefeuchtet.

**Seite 22**

① Im Wasser stimmt die Hauttemperatur der Seehunde mit der Umgebungstemperatur überein. An der Luft wird Wärme von der Haut wesentlich weniger abgeleitet. Im Wasser lösen niedrige Temperaturen eher eine Erhöhung der Stoffwechselrate aus als in

Luft, da der Wärmeverlust durch die größere Wärmeleitfähigkeit des Wassers größer ist. Bis 20 bzw. 3 °C kann der Stoffwechsel konstant niedrig bleiben, da die Isolationsmechanismen ausreichen.

② Beim homoiothermen Seehund bleibt die Körpertemperatur konstant. Ein Absinken der Körpertemperatur löst eine kontrollierte Erhöhung der Stoffwechselrate aus, um den Wärmeverlust auszugleichen.

③ Da die Jungtiere sich auch im Wasser bewegen haben sie einen erhöhten Energiebedarf zur Wärmeproduktion. Fett enthält besonders viel Energie, die im Stoffwechsel freigesetzt werden kann.

**Seite 23**

① Fett hat eine relativ geringe Wärmeleitfähigkeit. Die isolierende Wirkung der Blubberschicht zeigt sich an dem relativ steilen Temperaturgradienten in diesem Gewebe. Sie schützt den Seehund vor Auskühlung, besonders im gut Wärme leitenden Wasser.

② Im Sommer benötigen die Seehunde einerseits viele Reserven zur Erzeugung der fettreichen Milch für die Jungtiere und sind andererseits weniger auf die Blubberschicht angewiesen, da die Wassertemperatur im Sommer höher ist.

**Seite 24**

① Die Tiere bewegen sich entlang des Temperaturgradienten, bis sie in den Bereich der bevorzugten Temperatur gelangen. Dort verharren die Tiere nicht zwangsläufig, zum einen weil sie noch andere Bedürfnisse wie Nahrungserwerb etc. haben und zum anderen, weil sie erst leicht verzögert bei der Fortbewegung registrieren, dass sie den Präferenzbereich verlassen haben.

② Mit Temperaturpräferenz bezeichnet man die Temperatur, bei der sich die Tiere am meisten aufhalten, wenn sie Wahlmöglichkeiten haben. Das Temperaturoptimum wird definiert über die maximale Überlebensrate bzw. Lebensdauer oder den optimalen Fortpflanzungserfolg. In der Regel liegen beide Bereiche nahe beieinander.

③ Die Tiere haben durch die nächtliche Kühle eine geringe Körpertemperatur. Entsprechend der RGT-Regel laufen die Stoffwechselreaktionen nicht schnell genug ab, um genügend Energie für die Flugmuskeln bereitzustellen. Die Muskelkontraktionen bewirken die Erzeugung von Wärme, die den Körper auf die für den Flug notwendige Temperatur bringt.

**Seite 25**

① Das Ei enthält einen Vorrat an Wasser (hauptsächlich im Eiklar), Nährstoffen (hauptsächlich Eidotter, Fett als energiereichster Nährstoff, Proteine als Baustoff für körpereigene Eiweiße) und Mineralsalze (hauptsächlich in der Schale, Carbonat und Phosphat für den Knochenaufbau). Die Poren ermöglichen den Gasaustausch (Sauerstoffaufnahme, Kohlenstoffdioxidabgabe).

② Entsprechend der RGT-Regel steigt mit der Temperatur im Ei auch die Reaktionsgeschwindigkeit der Stoffwechselreaktionen. Da die Küken während der Entwicklung im Ei auch homoiotherm werden, verhindert das Brüten außerdem, dass vom Küken Nährstoffe aus dem begrenzten Vorrat zur Wärmefreisetzung abgebaut werden müssen.

## Lösungen

### Seite 26

① Die Bohne enthält Stärke als Nährstoff für den Embryo. Beginnt dieser zu wachsen, so wird die Stärke zuerst in der Nähe des Embryos abgebaut. Dadurch sinkt dort der Stärkegehalt. Stärke wird durch Iodkaliumiodid-Lösung blau gefärbt. Die Farbintensität nimmt also im Bereich des Embryos ab.

② Durch Amylase wird Reservestärke in Glucosebausteine gespalten. Diese werden in Glykolyse, Tricarbonsäurezyklus und Atmungskette abgebaut. Außerdem müssen im Baustoffwechsel z. B. Membranlipide und aus stickstoffhaltigen Verbindungen, wie Proteinen und Nucleinsäuren, neue Proteine und Nucleinsäuren aufgebaut werden.

③ Der Embryo wächst schnell heran. Dazu ist ein intensiver Stoffwechsel notwendig, der nur durch entsprechende Enzymbildung erreicht werden kann. Also findet in starkem Maße Transkription und Translation statt. Das erklärt die genannten Erscheinungen.

### Seite 27

① Glycerin und freie Fettsäuren sind die Produkte der Fettspaltung. Glucose stammt entweder aus abgebauten Kohlenhydraten aus der Nahrung oder aus dem Abbau von Glykogen. Milchsäure entsteht, wenn Brenztraubensäure nach der Glykoloyse nicht weiter im Tricarbonsäurezyklus und der Atmungskette abgebaut wird, sondern als Folge fehlenden Sauerstoffs in der Milchsäuregärung als Produkt zurückbleibt. Alle Stoffe kommen also im Energie freisetzenden Stoffwechsel vor.

② Innerhalb der ersten 20 Minuten werden viele Reserven mobilisiert. Zuerst wird Glucose als Energiequelle genutzt, die dann über die Regulation des Blutzuckerspiegels aus Glykogen nachgeliefert wird. Glycerin und Fettsäuren werden ebenfalls bereitgestellt. Da offenbar der Kreislauf aktiviert werden muss und gleich nicht genügend Sauerstoff bereitgestellt werden kann, tritt Milchsäuregärung auf. Nach 60 Minuten übersteigt der Milchsäureabbau bereits deren Entstehungsgeschwindigkeit, ein Anzeichen für den oxidativen Nährstoffabbau.

③ Durch die Absenkung der Körpertemperatur und damit der Reaktionsgeschwindigkeit und der Temperaturdifferenz benötigt der Gartenschläfer wenig Nahrung in der futterarmen Winterzeit.

### Seite 28

① Es ist ein Ausschnitt aus dem Tricarbonsäurezyklus (Citronensäurezyklus) dargestellt. Darin werden Kohlenwasserstoffe (überwiegend Aktivierte Essigsäure aus dem Glucoseabbau) schrittweise oxidiert durch Anlagerung von Wasser, Übertragung von Wasserstoff auf $NAD^+$ und FAD und Abspaltung von Kohlenstoffdioxid. Durch diese Reaktionsfolge wird der überwiegende Teil der Wasserstoffträger für die Atmungskette bereitgestellt, er schafft die Voraussetzung für die ATP-Synthese in der Atmungskette.

② Die Aminogruppe wird an Oxalessigsäure addiert durch Auftrennung der C-O-Doppelbindung. Die Aminogruppe wird letztlich Bestandteil des Harnstoffs. Die α-Ketoglutarsäure ist Bestandteil des Tricarbonsäurezyklus. Sie kann dort zu Kohlenstoffdioxid und Reduktionsäquivalenten abgebaut werden.

③ Da Zellulose keinen Stickstoff enthält, können die Mikroorganismen diese zwar zur Energiefreisetzung abbauen, aber nicht ohne Stickstoff aus einer anderen Quelle Stoffe wie Proteine und Nucleotide aufbauen. Zum Ausgleich dieses Mangels „füttern“ die Kühe die Mikroorganismen mit Harnstoff.

**Seite 29**

① In der Glykolyse wird Glucose an beiden Enden aktiviert, in zwei $C_3$-Körper zerlegt und teilweise unter Energiefreisetzung oxidiert. Im Tricarbonsäurezyklus wird das Kohlenstoffgerüst vollständig zu $CO_2$ oxidiert und Wasserstoff auf Cosubstrate übertragen. In geringen Mengen werden dabei bereits universelle Energieäquivalente (ATP, GTP) erzeugt. In der Atmungskette wird die größte Menge ATP durch die Oxidation des an Cosubstraten gebundenen Wasserstoffs durch eingeatmeten Sauerstoff gewonnen.

② Der Sauerstoff für die $CO_2$-Bildung im Tricarbonsäurezyklus stammt aus angelagerten Wassermolekülen. Der eingeatmete Sauerstoff verbindet sich mit Wasserstoff in der Atmungskette.

③ Die Wasserstoffträger $NAD^+$ und FAD können in der Atmungskette nicht regeneriert werden. Dadurch kann der Kohlenstoff im Tricarbonsäurezyklus nicht mehr oxidiert werden und auch für die Glykolyse steht kein $NAD^+$ mehr zur Verfügung.

**Seite 30**

① Acetyl-CoA ist die Kohlenstoffquelle für den Tricarbonsäurezyklus und könnte dort unter Energiefreisetzung abgebaut werden. $NADH+H^+$ kann zur Reduktion von Molekülen verwendet werden oder zur ATP-Bildung in der Atmungskette. Freie Fettsäuren können mit Glycerin zu Fetten verbunden werden.

② Da beim Alkoholabbau viel $NAD^+$ benötigt wird, das zumindest teilweise nur durch die Fettsäuresynthese zurückgewonnen werden kann, entstehen aus dem Alkohol letztlich Fette, sodass man bei regelmäßigem Alkoholkonsum sagen kann, dass Alkohol dick macht. Außerdem wird beim Alkoholabbau in jedem Falle Energie freigesetzt, die sonst aus dem Verbrauch von Nährstoffen aus der Nahrung gewonnen würde. Also müsste man bei Alkoholkonsum weniger essen, um sein Gewicht zu halten.

**Seite 31**

① Die Nährstoffe im Weißkohl dienen den Bakterien als Nahrung. Kohlenhydrate werden in Zuckerbausteine gespalten, die in der Glykolyse zerlegt werden. Da Sauerstoff im Gefäß fehlt, ist die Atmungskette und damit er Tricarbonsäurezyklus nicht möglich. Zur Regeneration des Wasserstoffakzeptors wir Brenztraubensäure zu Milchsäure reduziert. Dadurch sinkt der pH-Wert. Im Baustoffwechsel der Bakterien werden Proteine und (Membran-) Lipide hergestellt; deren Anteil steigt im Sauerkraut zu Lasten der Kohlenhydrate.

② Den Bakterien bleibt ein Gewinn von 2 ATP-Molekülen pro Glucosemolekül. In Glykolyse, Tricarbonsäurezyklus und Atmungskette werden beim Abbau eines Glucosemoleküls 38 ATP-Moleküle erzeugt. Die Ausbeute beträgt bei der Gärung also etwa 5,3 % der Energie bei oxidativem Abbau.

# Lösungen

③ Durch den Sauerstoffausschluss werden Sauerstoff benötigende Bakterien und Pilze am Wachstum gehindert. Außerdem führt die Absenkung des pH-Werts bei vielen Enzymen zur Denaturierung, sodass Abbauvorgänge gestoppt werden.

**Seite 32**

① Während des Tauchens ist die Herzschlagfrequenz stark vermindert. Dadurch laufen Transportvorgänge über das Blut sehr viel weniger bzw. langsamer ab. Der Sauerstoffvorrat in den Muskeln wird schnell verbraucht, die Sauerstoffabgabe aus dem Blut erfolgt langsam. In den Muskeln findet nach kurzer Tauchzeit Milchsäuregärung statt oxidativem Glucoseabbau statt. Deren Konzentration steigt rasch im Muskel, aber nur langsam im Blut.

② Der Lauf dauert weniger als 10 Sekunden. Für diese kurze Zeit reicht der ATP- und Kreatinphosphatvorrat in den Muskeln, sodass praktisch keine Milchsäure entsteht. Der in den wenigen Atemzügen während des Laufs aufgenommene Sauerstoff spielt bei dieser kurzen Distanz praktisch keine Rolle.

**Seite 33**

① Im lichtabhängigen Teil der Fotosynthese wird Chlorophyll durch die Lichtenergie angeregt und gibt Elektronen ab, die es aus der Spaltung von Wasser zurückgewinnt. Dabei wird Sauerstoff frei. Die Elektronen und $H^+$-Ionen werden auf $NADP^+$ übertragen. Außerdem wird ATP gebildet. Im lichtunabhängigen Teil der Fotosynthese wird mithilfe des $NADPH+H^+$ und ATP an einen Träger fixiertes $CO_2$ reduziert. Dabei entsteht Glucose. Im Calvin-Benson-Zyklus wird der $CO_2$-Akzeptor regeneriert. Ist die Beleuchtungsstärke genügend hoch, so führt ein erhöhtes $CO_2$-Angebot zu einer Beschleunigung der Vorgänge, also zu einer höheren Fotosyntheserate, die an der erhöhten $O_2$-Freisetzung zu erkennen ist.

② Die Pflanzen bauen Nährstoffe innerhalb ihres Betriebsstoffwechsels oxidativ ab. Ist der dabei auftretende Sauerstoffverbrauch größer als die Freisetzung von Sauerstoff in der Fotosynthese, so wird netto Sauerstoff aufgenommen. Dies ist bei sehr geringer Beleuchtung oder Dunkelheit der Fall.

③ Zu starkes Licht könnte die Fotosyntheserate durch die Beschädigung von Chlorophyll-Molekülen senken. Dies würde auch die Verminderung der Farbintensität erklären. Durch Neusynthese von Chlorophyll könnte die Pflanze in einigen Tagen die Fähigkeit zu intensiverer Fotosynthese zurückgewinnen.

**Seite 34**

① Im lichtabhängigen Teil der Fotosynthese werden Reduktionsäquivalente und ATP für den lichtunabhängigen Teil bereitgestellt. Diese werden verwendet, um gebundenes Kohlenstoffdioxid zu reduzieren (endergonische Reaktion). Da $NADH+H^+$ und ATP nicht in nennenswerten Mengen in den Chloroplasten vorkommen oder gespeichert werden können, findet auch die „Dunkelreaktion“ praktisch nur bei Lichteinstrahlung statt.

② Die $CO_2$-Aufnahme ist abhängig vom Lichteinfall und von der Weite der Spaltöffnungen, die den Gasaustausch ermöglichen. Da $CO_2$ im lichtunabhängigen Teil der Fotosynthese gebunden und zur Glucoseherstellung genutzt wird, ist der zeitliche Zusammenhang zwischen den beiden Teilen der Fotosynthese belegt. Nachts findet $CO_2$-Abgabe statt, da die Pflanzen auch nachts Glucose oxidativ abbauen, es jedoch nicht fixieren können.

③ CAM-Pflanzen verwenden nachts Brenztraubensäure als $CO_2$-Akzeptor und speichern es in Form von Äpfelsäure. Tagsüber zerfällt die Äpfelsäure bei geschlossenen Spaltöffnungen in die Ausgangsstoffe und das $CO_2$ dient der Glucoseherstellung.

**Seite 35**

① $C_4$-Pflanzen besitzen als zweiten $CO_2$-Akzeptor PEP mit sehr hoher Affinität zu $CO_2$. Dadurch wird tagsüber zusätzlich $CO_2$ fixiert und mit den durch die starke Lichteinstrahlung reichlich vorhandenen Produkten der lichtabhängigen Reaktion zur Glucosesynthese verwendet. Bei den CAM-Pflanzen wird nachts beim Glucoseabbau als Produkt der Glykolyse anfallende Brenztraubensäure zur $CO_2$-Fixierung verwendet. Das Produkt Äpfelsäure wird in der Vakuole gespeichert. Tagsüber zerfällt sie in die Ausgangsstoffe und das $CO_2$ steht trotz geschlossener Spaltöffnungen zur Fotosynthese zur Verfügung.

② Bei den $C_4$-Pflanzen steigt durch die zusätzliche $CO_2$-Fixierung die Fotosyntheserate und das hohe Lichtangebot wird besser ausgenutzt als ohne diesen Weg. CAM-Pflanzen zeigen eine Angepasstheit an Trockenheit. Tagsüber würde bei geöffneten Spaltöffnungen viel Wasser abgegeben. Dies wird vermieden, wenn sich die Spalten nachts zum Gasaustausch öffnen und tagsüber, während Fotosynthese betrieben wird, weitgehend geschlossen bleiben.

**Seite 36**

① Die Flechte saugt in den frühen Morgenstunden Wasser auf, sodass sie kurz nach Sonnenaufgang für wenige Stunden Fotosynthese betreiben kann. Danach trocknet sie aus und stellt die Fotosynthese ein. Mit der in der kurzen Zeit hergestellten Glucose muss sie auskommen.

② Hammada scoparia weist eine dicke Kutikula und in Gruben eingesenkte Spaltöffnungen auf. In den Gruben sorgen Haare zusätzlich für einen geringen Luftaustausch, sodass insgesamt der Wasserverlust trotz tagsüber geöffneter Spaltöffnungen auf ein Minimum reduziert wird. Die Fotosynthese betreibenden Zellen sind um die Leitbündel angeordnet, sodass die Wasserversorgung gesichert ist.

**Seite 37**

① Bei der Transkription muss die DNA frei vorliegen, damit die DNA für die m-RNA-Synthese in Einzelstränge aufgespalten werden kann.

② Durch die Bindung an Nucleosomen wird der DNA-Faden erheblich verkürzt und gewinnt an Stabilität. Da nicht alle Gene gleichzeitig benötigt werden und es auch nicht codierende Bereiche gibt, ist jeweils nur ein kleiner, wechselnder Teil der DNA nicht mit Nucleosomen verbunden.

③ Die Werte für die DNA-Länge steigen von einfach gebauten Hefen über Wirbellose bis zu den Wirbeltieren an. Die Zunahme kann auf einer größeren Anzahl von Genen beruhen, aber auch auf der Tatsache, dass im Verlauf der Evolution bedeutungslos gewordene Abschnitte (nicht codierende Bereiche) mitgeschleppt werden.

## Lösungen

### Seite 38

① Im Zellextrakt befinden sich Ribosomen, t-RNA-Moleküle und m-RNA-Moleküle sowie Aminosäuren. Werden die Ribosomen durch Zentrifugation abgetrennt, so kann weder die Ribosomenfraktion noch der ribosomenfreie Überstand Proteinbiosynthese betreiben. Gibt man die beiden Fraktionen zusammen, werden die Aminosäuren eingebaut. Werden in einem Zellextrakt t- und m-RNA enzymatisch abgebaut, so kann nach Zufügen einer Komponente ebenfalls kein Einbau erfolgen, sondern nur wenn beide RNA-Typen und Ribosomen vorliegen.

② Da sich die beiden RNA-Typen in Größe und Form stark unterscheiden, können sie chromatographisch getrennt werden. Dazu wählt man ein poröses Trägermaterial als stationäre Phase und ein geeignetes Lösungsmittel als bewegliche Phase.

### Seite 39

① In diesen entspiralisierten Bereichen findet Transkription statt. Die komplementären DNA-Stränge werden getrennt. An den Matrizenstrang lagern sich passende Nucleotide an und diese werden dann zu m-RNA-Molekülen verbunden.

② Findet die Abschnürung im frühen 3. Larvenstadium statt, findet die Härtung nur im vorderen Bereich der Larve statt. Bei späterer Abschnürung erfolgt die Härtung in beiden Teilen. Entsprechend zeigen sich im Puff-Muster aktive Bereiche nur im oberen Teil oder in beiden Teilen. Die Beobachtungen können erklärt werden, wenn die Ecdyson-Ausschüttung zwischen den Schnürungen erfolgt. Im frühen Schnürungsversuch gelangt das Ecdyson nicht in den hinteren Teil der Larve und kann so dort nicht die Synthese bestimmter Proteine auslösen. Später ist Ecdyson dann so verteilt dass die entsprechende Transkription auch im hinteren Teil der Larve erfolgt.

### Seite 40

① Zuerst erfolgt die Transkription des DNA-Abschnitts, in dem sich die Information für das Protein Insulin befinden. Dabei werden Exons und Introns transkribiert. Beim Spleißen werden die Introns aus der m-RNA herausgeschnitten. Die reife RNA enthält nur noch die Exons. Entsprechend dieser m-RNA erfolgt dann die Translation. Dabei wird an Ribosomen t-RNA-vermittelt ein Protein mit bestimmter Aminosäuresequenz hergestellt.

② In das Bakteriengenom muss ein DNA-Abschnitt eingebracht werden, der keine Introns enthält und die Information über die Markierungssequenz. Dies gelingt z. B. dadurch, dass man reife m-RNA vom Menschen in DNA rückübersetzt (mittels Reverser Transkriptase) und diese DNA in das Bakteriengenom einschleust.

### Seite 41

① Nach Umsetzung in das lactosehaltige Medium stagniert die Bakterienanzahl. Nach einiger Zeit erfolgt wieder kontinuierliche Vermehrung. Die zum Abbau der Lactose notwendigen Enzyme werden bei Bakterien im Glucosemedium nicht gefunden. Nach dem Umsetzen steigt deren Konzentration zügig an. Also bewirkt die Lactose direkt oder indirekt die Synthese der abbauenden Enzyme in den Bakterien.

② Ein Repressor verhindert die Transkription der Gene für die Bildung Lactose abbauender Enzyme. Dieser Repressor wird durch Lactose inaktiviert, sodass nun Transkription und Translation erfolgen können, solange Lactose vorhanden ist.

**Seite 42**

① Aus der Base Cytosin kann Uracil oder Thymidin (regiert wie Thymin) entstehen. Dadurch kann es zu falschen Basenpaarungen kommen, also Punktmutationen. Wenn die Base des Nucleotids verloren geht, kann es bei der Replikation zum Verlust eines Basenpaares kommen. In der Regel führt dies bei einem Gen zum Ausfall des Produktes, da sich ab der veränderten Stelle meist die gesamte Aminosäurefolge und damit auch die Länge des entstehenden Proteins ändert. Durch die Methylierung Guanin führt nicht zu einer der anderen Basen, jedoch zu einem veränderten Verhalten bei der Basenpaarung. Also liegt auch hier eine Punktmutation vor. In wieweit eine Punktmutation sich phänotypisch auswirkt hängt davon ab, ob eine für die Proteinstruktur wichtige Aminosäure anstelle einer anderen eingebaut wird. Eine Mutante entsteht nur, wenn die Veränderung in der Keimzelle oder Zygote stattfindet.

② Da im komplementären Strang die Information für die richtige Base noch erhalten ist, kann die Base in einer Reparatur ersetzt werden. Außerdem werden viele Zellen des Körpers in bestimmten Abständen ersetzt, sodass Zellen mit einer gravierenden Fehlfunktion nicht zwangsläufig den Organismus schädigen.

**Seite 43**

① Die Proteine können getrennt werden, wenn sie sich in Ladung und / oder Form unterscheiden. Dazu wird das Gemisch auf ein Gel aufgetragen, das flüssigkeitsgesättigt ist. An den Enden des Gels befinden sich Elektroden, an denen Gleichstrom angelegt ist. Je nach Ladung werden die Proteine von den Polen angezogen bzw. abgestoßen. Ihre Wanderung wird ebenfalls von der Form mitbestimmt, da sie den Widerstand bei der Bewegung im Gel beeinflusst.

② Das Protein kommt in zwei Varianten vor. Die Fliegen 2,4 und 10 sind heterozygot.

③ Nur dann gibt es bei den heterozygoten Fliegen (4, 5, 6, 8) drei Banden (neben AA und BB auch AB).

**Seite 44**

① Bei der genotypischen Geschlechtsbestimmung mit einem Gonosomenpaar ergibt sich statistisch immer ein ausgewogenes Verhältnis von 1:1, während das Verhältnis bei der phänotypischen Geschlechtsbestimmung von Umweltfaktoren abhängig ist. Durch die Umweltabhängigkeit kann ein Ungleichgewicht entstehen, was aber auch bedeuten kann, dass ein für die Population besser geeignetes Verhältnis entsteht, also ein Ungleichgewicht mit besserer Fortpflanzungsrate der Population.

② Durch die jeweilige Temperatur könnten bestimmte Gene bevorzugt abgelesen werden. Wenn das Produkt dieser Gene direkt oder über Enzyme indirekt Geschlechtshormone sind, kann eine Induktionskette in Gang gesetzt werden, bei dem eine Gruppe von Merkmalen ausgebildet wird, die zur Ausbildung aller für ein Geschlecht typischen Merkmale führt.

## Lösungen

### Seite 45

① Sind in einer Zelle zwei X-Chromosomen vorhanden, so degeneriert eines zum Barr-Körperchen. Beim Klinefelter-Syndrom entsteht dann der wirksame Genotyp XY, der typisch für Männer ist. Das Auftreten der sekundären weiblichen Geschlechtsmerkmale kann mit der Annahme erklärt werden, dass die Deaktivierung des zweiten X-Chromosoms nicht ganz vollständig erfolgt.

② Wenn das Gen für die Fellfarbe auf dem X-Chromosom liegt, kommt es bei heterozygoten Weibchen durch in Inaktivierung eines der X-Chromosomen in der frühen Embryonalphase durch Zellteilungen zu Gruppen von Nachkommenzellen mit dem einen oder anderen Farbgen in der aktiven Form. Dadurch entsteht ein zufälliges Farbmuster.

### Seite 46

① Bei Cutleria liegt ein heterophasischer heteromorpher Generationswechsel vor. Haploide Gametophyten bringen Gameten hervor, aus denen nach der Befruchtung ein diploider Sporophyt hervorgeht, der Meiosporen bildet, aus denen männliche und weibliche Gametophyten wachsen. Bei Dictyloto findet man einen heterophasischen isomorphen Generationswechsel. Die Fortpflanzung erfolgt wie bei Cutleria. Der einzige Unterschied besteht darin, dass Gametophyt und Sporophyt bei Dictylota phänotypisch gleich aussehen. Laminaria hat wie Cutleria einen heterophasischen, heteromorphen Generationswechsel. Die Fortpflanzung erfolgt in der gleichen Weise. Die Gametophyten sind jedoch sehr stark reduziert. der Sporophyt stellt die große Pflanze dar.

② Die Verhältnisse ähneln denen von Laminaria am meisten. Die Formen sind einander analog. Es gibt keine Bauplanähnlichkeiten (Homologiekriterien des Baus und der Lage). Laminaria fehlen z. B. Blüten, in denen die Gameten entstehen. Bei ihr sind die Gametophyten winzige, aber dennoch selbstständige Lebewesen.

### Seite 47

① Wenn die Pflanzen der P-Generation bei gleichen Haltungsbedingungen so unterschiedliche Sprosslängen aufweisen und in der $F_1$-Gneration Mittelwerte zu finden sind, ist dies ein Beleg dafür, dass die Sprosslänge vererbt wird. Dies zeigt sich auch an der $F_3$-Generation. In der $F_2$-Generation findet man jedoch keine Aufspaltung entsprechend der 2. mendelschen Regel. Es müssen mehrere Gene an der Vererbung der Sprosslänge beteiligt sein.

② Durch Kreuzung unterschiedlicher Sorten (gezielte Übertragung von Pollen der Sorte A auf die Narbe von Pflanzen der Sorte B) und Auslese unter den Nachkommen können Linien mit bestimmten Merkmalskombinationen gezüchtet werden. Durch Kreuzung von Inzuchtlinien können bei anschließender Kreuzung Hybridisierungseffekte hervorgerufen werden.

### Seite 48

① Bei Stammbaum A handelt es sich um ein dominant vererbtes Leiden. Personen die homozygot das Allel 2 tragen sind gesund, solche die heterozygot sind, erkranken. Allel 1 ist Auslöser für die Krankheit. Bei Stammbaum 2 handelt es sich um ein rezessiv vererbtes Leiden. Sowohl homozygote Träger des Allels 2 als auch heterozygote Personen sind gesund. Nur homozygote Träger des Allels 2 erkranken. Bei Stammbaum C handelt es sich um einen gonosomalen Erbgang. Nur männliche Träger des Allels 1 erkranken. Männer sind in keinem Fall heterozygot. Die Eltern der ersten Generation sind gesund. Also muss der Erbgang X-chromosomal sein. Die heterozygote Frau (2) ist Überträgerin, das Allel 1 ist rezessiv.

② Da der Marker nicht nur das betrachtete Gen enthält, kann es durch Rekombination zu einer Verschiebung kommen, d. h. das Gen hat den Platz gewechselt, ohne dass das Verhalten des Markers in der Elektrophorese verändert wurde.

**Seite 49**

① Galactose wird normalerweise über zwei Zwischenschritte enzymatisch zu Glucose umgebaut. Bei Galactosämie ist Enzym II dieser Wirkkette so verändert, dass es kaum noch katalytisch wirksam ist. Das Zwischenprodukt reichert sich deshalb an. Durch eine galactosefreie Diät kann dieser Zustand vermindert werden, also auch die Hirnschädigung.

② Das Allel für Galactosämie ist rezessiv. Die gemessenen Enzymaktivitäten zeigen, dass die Eltern von Erkrankten eine etwa halb so große Enzymaktivität bezüglich des Enzyms II aufweisen wie die Normalbevölkerung. Im Stammbaum zeigt sich dies, da eine erkrankte Person mit einer gesunden Person gesunde Kinder bekommt und dennoch bei einer Verwandtenehe in der Urenkelgeneration das Merkmal auftritt. Alle Kinder des Elternpaares müssen heterozygot sein, ebenso wie die Personen 9 und 10. Mögliche Genotypen: 1 (aa), 2 (AA) oder (Aa), 3 (Aa), 4 (AA) oder (Aa), 5 (Aa), 6 (Aa) oder (AA), 7 (Aa), 8 (Aa) oder (AA) 9 (Aa), 10 (Aa), 11 (Aa) oder (AA), 12 (Aa) oder (AA), 13 (Aa) oder (AA), 14 (aa), 15 (Aa) oder (AA), 16 (aa), 17 (Aa) oder (AA), 18 (Aa) oder (AA).

**Seite 50**

① Bei eineiigen Zwillingen findet man eine gemeinsame Plazenta und eine oder zwei getrennte Fruchtblasen. Die Kinder gehen aus einer Zygote hervor. Entweder führt schon die erste Furchung der Zygote zu zwei Zellen, die sich jeweils zu einem Kind entwickeln, oder in einem späteren Mehrzellstadium tritt die Aufteilung der entstandenen Zellen auf. Bei zweieiigen Zwillingen werden zwei zumindest nahezu gleichzeitig frei werdende Eizellen befruchtet und entwickeln sich. Es kann eine gemeinsame Plazenta entstehen, die Embryonen wachsen in getrennten Fruchtblasen heran.

② Die zufällige Teilung einer Zygote in zwei Keime ist mit großer Wahrscheinlichkeit weniger von Umwelt, Ernährung, Stress usw. beeinflusst, wie die zu Eisprüngen führende Hormonlage der Frau. Deshalb ist eine Umweltabhängigkeit für das Auftreten zweieiiger Zwillinge zu vermuten.

③ Sind die Übereinstimmungen bei eineiigen Zwillingen viel größer als bei zweieiigen, so ist eine genetische Disposition wahrscheinlich (z. B. Gaumenspalte, Gallensteine, Allergien, Herzgefäßkrankheiten und möglicherweise Bluthochdruck). Bei der Körperhöhe ist die Übereinstimmung zwar auch größer, aber auch bei zweieiigen Zwillingen sehr hoch. Hier können z. B. die meist gleichen Ernährungsgewohnheiten bei Geschwistern eine Rolle spielen. Dies trifft evt. auch für Bluthochdruck zu.

## Lösungen

### Seite 51

① Im Stammbaum fällt auf, dass alle Kinder einer erkrankten Frau ebenfalls diese Krankheit haben, während erkrankte Väter gesunde Kinder haben. Bei der Befruchtung gelangen väterliche Mitochondrien nicht in die Zygote, sondern nur mütterliche. Weisen diese einen genetischen Defekt auf, leiden zwangsläufig auch die Kinder darunter, unabhängig vom Geschlecht.

② Meist weisen nicht alle Mitochondrien die Mutation auf. Da sich die Mitochondrien zwischen den Zellteilungen ebenfalls teilen und dann auf die Tochterzellen verteilt werden, sind nicht zwangsläufig alle Zelllinien gleich stark betroffen. Die Schädigung hängt vom Anteil der Mitochondrien mit verändertem Genom ab.

③ In den Mitochondrien findet die Energiebereitstellung durch Tricarbonsäurezyklus und Atmungskette statt. Ein Mangel an funktionsfähigen Mitochondrien macht sich in besonders energiestoffwechselaktiven Geweben mehr bemerkbar als in anderen.

### Seite 52

① Bakterien sind leicht zu vermehren. Ihr Genom weist einige Besonderheiten auf: Es besteht aus einem ringförmigen Chromosom (haploid) und ggf. Plasmiden. Da die Zellen nicht diploid sind, ist Rekombination weitgehend ausgeschlossen. Die Plasmide können genutzt werden zur Einschleusung von Fremdgenen in das Bakteriengenom.

② Das gewünschte Gen wird isoliert, in ein Bakterienplasmid integriert und vermehrt. So lässt es sich in andere Bakterien als Plasmid integrieren oder auf Pflanzen und Tiere übertragen, sodass es sich in deren Genom einfügt. Eine andere Möglichkeit besteht darin, die Bakterien zu vermehren und aus ihnen das gewünschte Genprodukt (Protein) zu isolieren.

### Seite 53

① Nach dem Kultivieren der Bakterien werden sie auf Filterpapier übertragen und dann aufgelöst. Die Sonde ist ein Stück DNA oder RNA, das mit einem Stück aus dem Strang des übertragenen Plasmids einen Doppelstrang bilden kann. Dazu muss die Bakterien-DNA zuerst in Einzelstränge aufgespalten werden (Denaturierung). Das Erkennungszeichen der Sonne kann radioaktive Strahlung oder ein gebundenes Enzym sein, das z. B. eine Farbreaktion katalysiert. (Wenn die Sonde den komplementären Strang des übertragenen Gens enthält, zeigt die Sonde in der Regel auch schon die Funktionsfähigkeit an; vgl. Aufgabe 2). Sind die Kolonien auf dem Filterpapier identifiziert, können Bakterien aus der Ursprungskolonie für die weitere Vermehrung gewonnen werden.

② Der Test zeigt die Anwesenheit eines bestimmten DNA-Abschnittes, sagt aber nichts über dessen Funktion aus. Dazu müsste entweder das Genprodukt direkt nachgewiesen werden oder es ließe sich indirekt nachweisen z. B. über ein Produkt des entsprechenden Proteins.

### Seite 54

① B-Zellen können zu Plasmazellen heranreifen und als solche Antikörper produzieren. Jede B-Zelle produziert bestimmte Antikörper. Nur der richtige Typ wird durch T-Helferzellen aktiviert. So entstehen nur die benötigten Antikörper.

# Lösungen

② Durch die Immunisierung der Maus (1) vermehren sich die entsprechenden B-Zellen (2). Durch die Verschmelzung mit Krebszellen (3) bleiben sie teilungsfähig, teilen sich als auf dem Nährmedium (4). Nicht verschmolzene Krebszellen sterben ab, ebenso wie nach einiger Zeit die B-Zellen. Die Zellen mit den gewünschten Eigenschaften können praktisch unbegrenzt vermehrt werden und produzieren die gewünschten Antikörper für den Schwangerschaftstest.

**Seite 55**

① Antikörper binden an die Erreger (Viren, Bakterien) selbst oder an z. B. von den Bakterien abgegebene lösliche Toxine. Diese können dann von den Makrophagen beseitigt werden. Fremdzellen können zerstört werden, indem sie durch Antikörper markiert und dann von Produkten aktivierter Killerzellen (cytotoxische Moleküle) geschädigt werden.

② Wird das Immunsystem bei der Erstinfektion aktiviert, so entstehen aus einigen B-Zellen Gedächtniszellen, die bei einer Zweitinfektion durch das entsprechende Antigen rascher Teilung angeregt werden und dann in großen Mengen Antikörper produzieren.

**Seite 56**

① Durch das Wundgewebe müssen die Stammzellen erkennen, in welcher Körperregion sie sich befinden und welche Gewebe benötigt werden. Neben der Teilungsaktivität müssen sich entstehende Zellen zu Sinnes-, Nerven-, Hautzellen differenzieren. Dazu müssen Gene aktiviert werden. Durch Botenstoffe in den unterschiedlichen Geweben muss das Wachstum koordiniert werden ebenso wie dessen Beendigung nach Abschluss der Regeneration.

② Die Zellen einer Planarie weisen identische Genome auf. Das gilt auch für die aus Teilstücken entstehenden Organismen. Sie sind also Klone.

**Seite 57**

① Aus vier unterschiedlichen Froschzellen werden Zellkerne gewonnen und dann in eine entkernte Eizelle eingesetzt. Der Blastulazellkern ebenso wie der aus einer Larve bzw. einer Hautzelle eines adulten Frosches führen zu der Entwicklung eines vollständigen Frosches. Lediglich der Kern der Hirnzelle ermöglicht diese Entwicklung nicht. Zur Entwicklung ist das gesamte Genom des Frosches notwendig. Auch bei differenzierten Zellen, die nicht mehr alle Informationen verwenden, ist dies möglich. Die Ausnahme stellt hier die Gehirnzelle dar. Nach der Differenzierung können nicht alle Gene reaktiviert werden.

② Möglicherweise wird die Ordnung der Eizelle durch die Manipulation so stark beeinträchtigt, dass zur Entwicklungssteuerung notwendige Substanzen im Zellplasma nicht in der erforderlichen Verteilung vorliegen. Außerdem besteht die Möglichkeit, dass die Säugtierzellkerne bereits zumindest teilweise irreversibel determiniert sind, bzw. deren Aufhebung nicht vollständig gelingt.

③ Die Zellen des Spendertieres haben bereits ein gewisses Alter. Wenn dies Spuren im Genom hinterlassen hat (Telomerenverkürzung), so reduziert sich die Lebenserwartung des erzeugten Klons entsprechend.

## Lösungen

**Seite 58**

① Beide Gastrulae entwickeln sich prinzipiell gleich. Der Grundbauplan der Larven bestätigt dies. So entwickelt sich am Vorderende jeweils ein Mund.

② Durch die Übertragung eines Gastrulastücks von der Froschgastrula auf die Molchgastrula entstand ein Lebenwesen mit Merkmalen beider Arten. Das implantierte Stück entwickelte sich ortsgemäß zu Elementen des Mundbereichs. Anstelle der Molchgene wurden jedoch in den implantierten Zellen Gene des Frosches aktiviert, sodass sich froschtypische Körperteile entwickelten. In Zellen des Ursprungskeims wurden die Molchgene exprimiert (z. B. Haftfäden).

③ Je mehr sich das Genom unterscheidet, desto unwahrscheinlicher ist es, dass einerseits die ortsgemäße Genaktivierung möglich ist, und desto wahrscheinlicher ist es, dass die entstehenden Strukturen der beiden Arten nicht zueinander passen.

**Seite 59**

① Die ausgewachsene Alge erzeugt Meiosporen, von denen jeweils zwei zur Zygote verschmelzen. Aus ihr entwickelt sich das Lebewesen. Da es mit Ausnahme der Meiosporen nur diploide Zellen gibt, liegt kein Generationswechsel vor.

② Die Entwicklung der Teilstücke ist abhängig von der Konzentration zweier Stoffe. Der Stoff, der oben die höchste Konzentration hat, löst die Bildung des Schirms aus (Schirmstoff). Die zweite Substanz ist unten am stärksten konzentriert und löst die Bildung des Rhizoids aus (Rhizoidstoff). Ein kurzes oberes Stück enthält fast nur Schirmstoff, es entstehen Schirme an beiden Enden. Ein längeres Stück enthält am unteren Ende genügend Rhizoidstoff für die Induktion eines Rhizoids. Im mittleren Bereich entsteht nur ein Stiel. Ist das Stück länger, entstehen an den Enden Verzweigungen. Wäre nur der Abstand zum Kern entscheidend, müssten die Stücke vom unteren Teil oben Schirme bilden und die beiden oberen Stücke an ihrem unteren Ende die gleichen Strukturen bilden.

**Seite 60**

① Eine Ausstülpung des Gehirns, die Augenblase, berührt die Epidermis. Durch den Kontakt wird die Umgestaltung des Kontaktbereichs der Augenblase zur Netzhaut induziert, während bei der Epidermis die Einstülpung der späteren Linse induziert wird. Die nachrückende Epidermis wird zur durchsichtigen Netzhaut. Es handelt sich um eine Induktionskette.

② Die ausgetauschten Stücke entwickeln sich ortsgemäß. Das bedeutet, dass die Induktionsketten bei beiden Arten sehr ähnlich sein müssen. Die jeweiligen Linsen entsprechen denen der Spenderart, dass heißt, es werden jeweils die arteigenen Gene aktiviert.

**Seite 61**

① Vom Waldfrosch zum Ochsenfrosch findet man eine zunehmende Angepasstheit an höhere Temperaturen. Die nördliche Ausbreitungsgrenze verschiebt sich in Richtung Äquator, der für die Entwicklung förderliche Temperatur verschiebt sich zu höheren Werten. Die Entwicklungszeiten bei 20 °C sind dadurch zu erklären, dass der Ochsenfrosch z. B. am weitesten vom Temperaturoptimum entfernt ist und dadurch die

Entwicklung am langsamsten ist. Der Eidurchmesser ist ein Maß für die vorhandenen Reservestoffe. Dieser ist bei den sich schnell entwickelnden Ochsenfröschen am geringsten. Da in wärmeren Gewässern der Sauerstoffgehalt des Wassers geringer ist, ist die Versorgung nur im oberflächennahen Wasser gewährleistet. Die Brutzeit liegt bei den rechts stehenden Arten auch eher im warmen Frühsommer.

② Der Gasaustausch erfolgt über feuchte Oberflächen. Haut und Kiemen bedeuten das Angewiesensein auf Wasser bzw. eine hohe relative Luftfeuchtigkeit. Durch die Verlagerung der atmungsaktiven Fläche in das Innere des Tieres (Lunge) ist eine größere Unabhängigkeit vom Wasser gegeben. Lunge und Kiemen weisen eine Oberflächenvergrößerung auf, sodass die Austauschrate für die Atemgase groß ist. Hätte auch die Haut eine wesentlich größere Oberfläche, bestünde ein großes Risiko, an Land auszutrocknen.

**Seite 62**

① Aus den Morulazellen entwickeln sich bestimmte Bereiche des später ausgewachsenen Lebewesens. Wenn Zellen hinzukommen, die sich ebenfalls auf dieser Entwicklungsstufe befinden, müssen prospektive Entwicklungen zurückgenommen werden, da sonst die verschiedenen Bereiche doppelt entstehen würden. Außerdem müssen sie durch wechselseitige Beeinflussung in dem vermischten Verschmelzungsprodukt „ihre" Aufgabe übernehmen.

② Ein Teil der Tochterzellen aus der Morula sind Hautzellen. Diese entwickeln sich in der Chimäre ortsgemäß korrekt und bilden u. a. Haare. Da sie unterschiedliche Gene für die Haarfarbe enthalten (schwarz/weiß), entsteht ein Farbmuster. Da die Anordnung der Zellen bei der Verschmelzung der Keime zufällig ist, entstehen jeweils zufällig andere Muster. Das Ergebnis zeigt auch, dass im 16-Zellstadium jede Zelle noch jeden beliebigen Keimteil bilden kann.

**Seite 63**

① Durch die Kalium-Natrium-Pumpe werden unter ATP-Verbrauch Natriumionen aus dem Axoninneren entfernt und gleichzeitig Kaliumionen von der umgebenden Flüssigkeit ins Innere transportiert. Da gleichzeitig einige Kaliumporen geöffnet sind, diffundieren sie teilweise nach außen. Dadurch entsteht im Inneren ein negatives Diffusionspotential. Es stellt sich ein Gleichgewicht ein, da die negative Ladung dem Ausstrom der positiven Ionen entgegenwirkt. Zuerst ist ein großer Teil der nach außen transportierten Natriumionen radioaktiv. Der Anteil nimmt ab.

② Durch das Gift wird die ATP-Synthese unterbunden. Dadurch kann die Kalium-Natrium-Pumpe nicht mehr arbeiten und es gelangen nur wenige Natriumionen durch Diffusion nach außen. Wenn das Gift nicht mehr wirkt, werden wieder unter ATP-Verbrauch Kalium- gegen Natriumionen ausgetauscht.

**Seite 64**

① Wenn sich (elektrisch ausgelöst) die Natriumporen in der Axonmembran öffnen, strömen Natriumionen ein, da diese im Außenmedium in größerer Konzentration vorliegen. Dadurch erhöht sich das Potential im Inneren, ein Aktionspotential entsteht. Dies bewirkt die Öffnung von Kaliumporen. Nun strömen Kaliumionen aus, einerseits durch die Abstoßung der Ladungen und andererseits durch einen entsprechenden Konzentrationsunterschied. Es herrscht dann zwischen innen und außen etwa die Ausgangsspannung. Die elektrisch gesteuerten Poren schließen sich. Durch die Tätigkeit der Ionenpumpe wird die Ausgangsverteilung wiederhergestellt.

② Balrachotoxin bewirkt die Entstehung von Aktionspotentialen, ohne dass dafür ein natürlicher Grund vorliegt. Bei Muskeln enervierenden Neuronen bedeutet dies z. B. die Auslösung von Krämpfen, Sinneszellen liefern falsche Signale und die inneren Organe enthalten ebenfalls Fehlsignale. Histrionicotoxin führt dazu, dass Neuronen aus einmal entstandenen Aktionspotentialen nicht zum Ruhepotential zurückkehren können. Dauererregungen sind die Folge, Muskeln verkrampfen.

**Seite 65**

① Neuronen, auf die durch Erregungen anderer Nervenzellen, die zu einem eigentlich unterschwelligen EPSP führen, übertragen werden, senden unter Wirkung des Giftes dennoch Aktionspotentiale. Dadurch kommt es im Nervensystem zu einer Vielzahl zusätzlicher Erregungen.

② Sympathicus und Parasympathicus steuern eine große Zahl von Körperfunktionen. Durch die zusätzlichen Impulse kann es zu falschen Sinneseindrücken (Kribbeln im Mund), zusätzlichen Muskelkontraktionen (Zittern, Muskelschmerzen) und Fehlfunktionen bei der Thermoregulation (Schüttelfrost) und Verdauung (Erbrechen) kommen.

**Seite 66**

① Koffein stellt einen kompetitiven Hemmstoff dar. Es bindet anstelle von Transmittermolekülen (Adenosin) an den Rezeptoren der postsynaptischen Membran, ohne die Öffnung der Poren für negative Ionen zu bewirken. Nikotin hat dieselbe Wirkung wie der Transmitter. Es treten zusätzliche Aktionspotentiale auf.

② Sympathicus und Parasympathicus sind Antagonisten des autonomen Nervensystems. Erregungen des Sympathicus („Tagnerv") fördern die körperliche Leistungsfähigkeit durch Steigerung der Durchblutung, der Herztätigkeit und der Leistungsfähigkeit der Muskulatur. Er hemmt z. B. die Tätigkeit des Verdauungstrakts. Der Parasympathicus („Nachtnerv") bewirkt das Gegenteil. So werden die Körperaktivitäten optimal an Phasen körperlicher Leistung und Ruhephasen angepasst.

**Seite 67**

① In beiden Fällen wird vom präsynaptischen Neuron aufgrund von Aktionspotentialen ein Transmitter ausgeschüttet. Im Fall der Synapse führt die Anlagerung des Transmitters direkt zu einer Konzentrationsänderung bei Ionen im Zellplasma. In der Muskelzelle muss das ankommende Signal vom Zellplasma auf das ER übertragen werden. Die Calciumionen bewirken nach ihrem Austritt keine Weiterleitung eines Signals, sondern führen zu einer physiologischen Reaktion, der Kontraktion.

② Im Konzentrationsbereich von $10^{-8}$ bis $10^{-6}$ mol/l führen die Calciumionen zu zunehmender Kontraktionskraft der Muskelfaser. Beträgt die Konzentration ein zehntel oder weniger, so ist der Muskel fast vollständig funktionsunfähig. Durch die Aktionspotentialfrequenz kann die Heftigkeit der Muskelkontraktion beeinflusst werden.

# Lösungen

**Seite 68**

① Einzelne Aktionspotentiale in größerem Abstand führen zu Einzelkontraktionen einer Faser mit dazwischen liegender Refraktärphase. Eine schnelle Abfolge von Aktionspotentialen bewirkt eine stärkere ununterbrochene Kontraktion für die Dauer der Impulsfolge. Die Übersetzung von der Impulsfrequenz in eine Kontraktionsstärke erfolgt innerhalb der Muskelzelle.

② Die Skelettmuskulatur unterliegt der direkten Steuerung durch Nervenimpulse. So können anatomisch mögliche Bewegungen beliebig und gezielt ausgeführt werden. Muskelanspannungen werden gezielt in Kraft und zeitlichem Ablauf gesteuert. Die glatte Muskulatur ist auf dauernde oder längerfristige Tätigkeit ausgelegt. Erregungen werden im Organ selbst erzeugt bzw. durch die Ausschüttung von Transmittersubstanzen in die Körperflüssigkeit, die den Muskel umgeben. Nervenimpulse dienen der Anpassung der Tätigkeit an den momentanen Bedarf.

**Seite 69**

① Bei nicht myelinisierten Axonen steigt die Leitungsgeschwindigkeit mit zunehmendem Durchmesser, bei kleinen Werten sehr rasch, bei sehr hohem Wert des Durchmessers allerdings nicht mehr so stark. Bei Wirbeltieren scheint eine optimierte Form bei den nicht myelinisierten Fasern vorzuliegen. Neurone mit Myelinscheide leiten Erregungen wesentlich schneller. Durch die Myelinscheide springt die Erregung sehr schnell von Schnürring zu Schnürring, Nur dort findet eine Depolarisierung statt. 99,9 % des Axons sind von der Myelinscheide umgeben.

② Wenn hinreichend viele Natriumionenporen vom Medikament blockiert sind, kann sich trotz Depolarisierung der Nachbarstelle kein Aktionspotential bilden. Die Erregungsleitung ist also unterbrochen. Dadurch wird die betäubende Wirkung hervorgerufen.

**Seite 70**

① Bei a) liegen eine fördernde und eine hemmende Synapse vor. Der hemmende Einfluss wird vom fördernden subtrahiert. Bei b) liegt doppelte Förderung vor, dies entspricht einer Summenbildung. Bei c) wird eine fördernde Synapse über eine hemmende auf das folgende Neuron geschaltet. Dadurch wird das zweite ursprünglich fördernde Signal vom Signal des ersten Neurons subtrahiert. Bei d) liegt eine gewichtete Hemmung vor, die man mit einer Multiplikation vergleichen kann.

② Der Vergleich der Aktionspotentiale zeigt, dass es sich bei der unteren Synapse um eine hemmende Synapse handeln muss. Das entspricht dem Fall a aus Abbildung 1.

③ Bei der postsynaptischen Hemmung findet die hemmende Wirkung direkt durch Verrechnung (dem EPSP) im postsynaptischen Neuron statt. Bei der präsynaptischen Hemmung wird die Transmitterausschüttung des präsynaptischen Neurons verringert, sodass ein Signal ggf. die postsynaptische Zelle nicht oder abgeschwächt erreicht.

**Seite 71**

① Alle Sinneszellen erzeugen Rezeptorpotentiale, die zu Aktionspotentialen in Neuronen führen. Durch die Verschaltung mit spezifischen Neuronengruppen im Gehirn wird den Aktionspotentialen dort eine Reizqualität zugeordnet.

② Das Nervensystem spricht durch die immer gleichen Aktionspotentiale eine einheitliche Sprache. So ist gewährleistet, dass alle Informationen unabhängig von der Quelle miteinander verrechnet werden können.

**Seite 72**

① Durch die Schwerkraft drückt der Statolith auf die unteren Sinneshärchen. Dies löst Rezeptorpotentiale aus, die über Neuronen als Aktionspotentiale weitergeleitet werden. Dadurch erhält das Tier die Information, „wo unten ist", also die relative Lage des Körpers zur Erdoberfläche. Durch den seitlich präsentierten Magneten wird dem Tier vorgetäuscht, die Erdanziehung wirke von der Seite.

② Das entsprechende Organ beim Menschen ist der Schweresinn. Es stellt ebenfalls eine Statozyste dar. Die ähnlich funktionierenden Bogengänge und das Innenohr enthalten ebenfalls Sinneshärchen, die bei Abknicken Rezeptorpotentiale bilden. In den Bogengänge erfolgt das Abknicken aufgrund der Zugwirkung der Bogengangsflüssigkeit (Drehsinn in den drei Raumrichtungen), im Ohr durch das Schwingen der Basilarmembran (in Abhängigkeit der Tonhöhe und der Lautstärke; Hörsinn).

**Seite 73**

① Dehnungsrezeptoren in den Muskeln von Menschen (Muskelspindeln) liefern Informationen über den Dehnungszustand des Muskels bei passiver Dehnung oder aktiver Kontraktion. Bei der Stechmücke führen Schallwellen zu Dehnungen in einer bestimmten Frequenz. Es wird also das Vorhandensein eines Tons mit einer bestimmten Frequenz wahrgenommen.

② Die unterschiedliche Flügelschlagfrequenz hat zum einen zur Folge, dass die Männchen Weibchen von Männchen unterscheiden können und nur auf Weibchen mit Begattungsanflügen reagieren können und zum anderen wird ihre Wahrnehmung nicht durch den eigenen Flügelschlag beeinträchtigt.

**Seite 74**

① Ein Chemorezeptortyp reagiert besonders empfindlich auf Kochsalz, während ein anderer optimal auf Zucker reagiert. Das Ergebnis zu Fleisch im Vergleich zu Honig legt die Vermutung nahe, dass Fleisch aufgrund seines höheren Salzgehaltes erkannt wird, Honig aufgrund des Zuckergehalts. Das Potentialmuster aller fünf Sensortypen erlaubt die hinreichend sichere Identifizierung einer Vielzahl von Materialien.

② Beim Farbensehen des Menschen reagieren drei unterschiedliche Sinneszelltypen (Zapfen) auf Lichtwellen unterschiedlicher Frequenz optimal. Dadurch kann das Wellenlängenspektrum des eintreffenden Lichtes analysiert werden (Farbensehen).

**Seite 75**

① Die Information aus der Schrift gelangt unter den Versuchsbedingungen nur in die rechte Hirnhälfte. Wenn das Ertasten nur mit der linken Hand gelingt, muss diese von der rechten Hirnhälfte versorgt werden. Das Benennen gelingt nur nach dem Fixieren mit beiden Augen (Abbildung auf beiden Netzhauthälften, da das Sprachzentrum in der linken Hirnhälfte lokalisiert ist.

② Höhere Leistungen wie das Sprechen werden normalerweise von bestimmten Hirnzellen erbracht. Bei Ausfall dieser Zentren können nach längerem Training andere Hirnregionen ganz oder teilweise die Funktion übernehmen.

**Seite 76**

① Es müsste im Gehirn eine Instanz geben, die das Bild „ansieht“. Wenn dem so wäre, müsste nach dem gleichen Prinzip eine Instanz das Bild in dieser Instanz ansehen usw.

② Die im Auge aufgenommenen Reize werden in unterschiedlichen Hirnregionen auf unterschiedliche Eigenschaften hin untersucht (Position, Farbe, Identifizierung, etc.). Die Summe der Repräsentationen stellt die Gesamtinformation über das Objekt dar. Im Gegensatz zur früheren Vorstellung gibt es im Hirn kein „Bild“ des Gegenstandes.

③ Um ein Auto zu erkennen, muss eine Vorerfahrung mit dieser Objektklasse vorliegen. Man muss vorher gelernt haben, was ein Auto ist, auch wenn sich das aktuell gesehene Auto in Form, Farbe etc. von bisher gesehenen Autos unterscheidet.

**Seite 77**

① Die Muskeltätigkeit verbraucht Glucose, der Blutzuckerspiegel sinkt (Störgröße). Durch Regelungsvorgänge wird die Insulinausschüttung verringert und gleichzeitig die Glucagonausschüttung erhöht (Stellgröße). Dadurch wird der Blutzuckerspiegel wieder erhöht und so die Störung ausgeglichen.

② Während bei Gesunden die Zuckerzufuhr nur für kurze Zeit zu einer relativ geringen Erhöhung des Blutzuckerspiegels führt, wird die Störung beim Diabetiker nicht ausgeglichen. Die zweite Zuckergabe führt zu einer weiteren Erhöhung.

③ Als Peptid würde es im Magen durch Proteasen abgebaut. Durch Kapselung könnte dies verhindert werden. Es bliebe jedoch das Problem der Resorption des Makromoleküls.

**Seite 78**

① Im Frühjahr steigt die Hodengröße und damit der Testosteronspiegel. Parallel entwickelt sich das Gehörn und die Böcke zeigen Kampfverhalten gegen männliche Artgenossen. Das legt einen inneren Zusammenhang nahe.

② Die Ursachenkette für die drei Faktoren muss in irgendeiner Weise zusammenhängen. Entweder werden alle drei Veränderungen durch eine gemeinsame Ursache (z. B. Hormonausschüttung) ausgelöst oder eine der Hormonausschüttungen bewirkt direkt oder indirekt die Freisetzung des anderen.

**Seite 79**

① Proximate Ursachen sind direkte kausale Ursachen. Die Frage wäre, welche Reizsituation löst bei dem Falter dieses Verhalten aus. Ultimate Ursachen sind im evolutionsbedingten Hintergrund zu suchen. Tiere mit diesem Muster und Verhalten haben vermutlich einen Selektionsvorteil gegenüber Artgenossen, die dies nicht aufweisen.

② Wenn wir in den Flecken Augenattrappen sehen, muss dies nicht für die Wahrnehmung der übrigen Tiere (z. B. der Beute suchenden Vögel) gelten.

③ Instinkte werden durch eine spezifische Reizkombination bei gleichzeitig vorhandener Handlungsbereitschaft ausgelöst (Gesetz der doppelten Quantifizierung), wenn die Reize einen spezifischen auslösenden Mechanismus ansprechen. Ein Reflex ist eine definierte neuronale Verschaltung, die normalerweise motivationsunabhängig abläuft.

**Seite 80**

① Wenn es bei jedem Zusammentreffen von Pappelblattlausweibchen zum Kampf kommt, der immer in der gleichen Weise geführt wird, so sind dies Hinweise auf ein genetisch bedingtes Verhalten. Da die Lage und das Verhalten der Gegnerin sowie die räumlichen Gegebenheiten des Blattes den Kampf beeinflussen, handelt es sich nicht um reflexartiges, sondern um instinktives Verhalten.

② Die Position am Blattstiel führt zum größten Fortpflanzungserfolg. Tiere, die diese Position zur Eiablage nutzen, haben einen Selektionsvorteil. Anders ausgedrückt: Ihre reproduktive Fitness ist größer als die von Weibchen, die eine Position in Richtung Blattmitte tolerieren bzw. die überhaupt ein zweites Weibchen auf dem Blatt tolerieren. Selektion führte zur Ausbreitung der Anlagen für das Kampfverhalten in der Population, nachdem es als genetisch bedingte Verhaltensvariante entstanden war.

**Seite 81**

① Die Balzgesänge der drei Arten unterscheiden sich in den Tonhöhen und den Rhythmen. Die Tiere können also leicht arteigene Gesänge von artfremden unterscheiden. Dadurch können artspezifisch Reviere abgegrenzt werden, die sich mit Revieren anderer Arten überlappen.

② Die Warnrufe bei Bodenfeinden sind kurz und enthalten gleiche Frequenzen. Dies erlaubt einerseits die Ortung des aussendenden Tieres und damit der Richtung der möglichen Gefahrenquelle und kann andererseits auch zwischenartlich als Warnruf verstanden werden. Letzteres gilt auch für den ähnlichen Warnruf bei Luftfeinden. Dieser ist länger, also schwerer zu orten. Bei Luftfeinden ist dies kein Nachteil.

③ Durch die Ähnlichkeit der Rufe und des Verhaltens kommt es zu einem kooperativen Effekt über Artgrenzen hinweg. Dieses Verhalten kann die reproduktive Fitness aller angegriffenen Arten erhöhen.

**Seite 82**

① Die Versuche von ROWLAND und SEVENSTER ergeben eine leicht erhöhte Angriffsrate gegen silbrig glänzende Attrappen, die von COLLIAS eine für die rot gefärbten. Eine eindeutige Reiz-Reaktionsbeziehung lässt sich daraus nicht ableiten.

② Bei gleichzeitiger Präsentation der Attrappen wählt das Versuchstier zwischen zwei Reizsituationen aus. Bei der Sukzessivmethode wird nur die auslösende Wirkung der jeweils präsentierten Attrappe erfasst. Durch das mehrfache Präsentieren von Attrappen hintereinander kann entweder Ermüdung im Verhalten auftreten oder eine Steigerung der Handlungsbereitschaft durch die vorher gezeigten Attrappen.

③ Möglicherweise ist der rote Bauch kein Signal, das bei Rivalen Kampfverhalten auslöst, sondern ein Hinweis für Weibchen bezüglich des Gesundheitszustandes. Dann könnte die Entstehung des roten Bauches durch sexuelle Selektion entsprechender Mutanten durch die Weibchen entstanden sein.

## Lösungen

**Seite 83**

① Je älter untergeschobene Junge sind, desto weniger Zeit investieren die Wirtseltern in die Versorgung. Würde das Fütterungsverhalten im Wesentlichen von so genannten Schlüsselreizen bestimmt, müsste der Fütterungsaufwand konstant bleiben bzw. nach einem möglichen Verschwinden des Schlüsselreizes abrupt aufhören. Die Versuchsergebnisse legen eher erfahrungsbedingtes Erkennen nahe.

② Bei Dreizehenmöwen ist die individuelle Erkennung der eigenen Jungen überflüssig, wenn das eigene Nest erkannt wird. Vertauschungen kommen natürlich nicht vor. Silbermöwen und insbesondere Delawarenmöwen leben in Kolonien, in denen auch viele arteigene Junge von anderen Eltern leben. Individuelles Erkennen der eigenen Jungen erhöht die reproduktive Fitness und bietet deshalb einen Selektionsvorteil.

**Seite 84**

① Hassende Vögel setzen sich selbst einer Gefahr aus, mindern also ihre Lebenserwartung. Sie erhöhen jedoch die Lebenserwartung ihrer Jungen, sofern die Vertreibung des Angreifers erfolgreich ist und die Jungen nicht während des Hassens regelmäßig von Artgenossen getötet werden. Hassen ist evolutionsbiologisch begünstigt, wenn in der Summe aller Effekte die reproduktive Fitness der Tiere, die dieses Verhalten zeigen, höher ist als bei Tieren, die nicht hassen.

② Spezielle Umweltbedingungen auf Galapagos hatten entsprechende Selektionsbedingungen zur Folge. Dies kann bei nicht verwandten Arten zu konvergenten Entwicklungen geführt haben und bei verwandten Arten zu Unterschieden.

**Seite 85**

① Stachelleguane mit Testosteron freisetzender Kapsel sind im Tagesverlauf deutlich aktiver als die Kontrolltiere. Testosteron erhöht die Handlungsbereitschaft, außer in der ohnehin sehr aktiven Morgenphase. Erhalten die Tiere keine Nahrungsergänzung, so führt die gesteigerte Aktivität zu einer deutlich geringeren Lebenserwartung. Ursache dafür kann der gesteigerte Nährstoffverbrauch durch die Aktivität sein.

② Testosteron steigert die Aggressivität und Kampfbereitschaft. Dadurch wird die Nahrungsaufnahme bei gleichzeitigem Mehrverbrauch eher vermindert als gefördert.

③ Mit diesem Kontrollversuch kann ausgeschlossen werden, dass allein das Implantieren zu den aufgezeigten Veränderungen führt und nicht das freigesetzte Testosteron.

**Seite 86**

① Während die Kopulationshäufigkeit bei der Gruppe 1 nahezu konstant bleibt, sinkt sie bei den kastrierten Tieren deutlich. Testosteroninjektionen führen bei den Tieren der Gruppe 3 zu einer Steigerung der Kopulationshäufigkeit auf das Niveau der nicht kastrierten Tiere. Das in den Hoden produzierte Testosteron stimuliert also die Mäuse zu Kopulationen. Gruppe 1 dien als Kontrollgruppe dem Nachweis einer Veränderung durch die Kastration (Gruppe 2).

② Die Mäusemännchen lernen am Geruch des Urins Schwestern von nicht verwandten Weibchen zu unterscheiden. Zur Unterscheidung wählen sie nicht verwandte Weibchen. Auf diese Weise wird Inzucht vermieden. Es findet bei der Fortpflanzung genetische Rekombination mit fremden Weibchen statt.

## Lösungen

**Seite 87**

① Die aus der Kreuzung hervorgegangenen Tiere bevorzugten in der Zugunruhe eine südliche Richtung. Dies entspricht dem Ergebnis eines intermediären Erbgangs. Die Hypothese HELBIGS könnte also stimmen. Die mischerbigen Nachkommen werden von den Genen beider Elternteile beeinflusst.

② Der Vogelzug stellt eine enorme Anstrengung für die Tiere dar. Stürme, Entkräftung nicht vollständig gesunder und gut ernährter Tiere, Nahrungsmangel auf der Zugroute sind Beispiele für Gefahren. Vorteile des Vogelzugs liegen im Aufsuchen von Lebensräumen mit jeweils optimalen Ressourcen. So ist z. B. das Nahrungsangebot für Insekten fressende Vögel in Nordeuropa im Winter sehr gering.

③ Vermutlich herrschen auf den Kapverdischen Inseln ganzjährig Bedingungen (Klima, Nahrungsangebot), unter denen ein Verbleiben günstiger für die reproduktive Fitness ist als der Vogelzug.

**Seite 88**

① Ein Reflex ist ein Reiz-Reaktions-Zusammenhang, bei dem ein bestimmter Reiz bei allen Individuen einer Art dieselbe, stereotype, nervös ausgelöste unwillkürliche Reaktion hervorruft. Das schnelle, automatische Reagieren dient in der Regel dem Schutz vor Gefahr bzw. Verletzung.

② Nach Abbildung a wird dem Tier ein Klingelton geboten und kurze Zeit später der Reflex ausgelöst. Der Klingelton selbst bedingt keine Verhaltensänderung. In Abbildung b ist zu erkennen, dass der Reflex vor Ausführen des Luftstoßes eintritt, also von dem Klingelton ausgelöst werden muss. Bei diesem bedingten Reflex wurde vom Tier ein vor dem Training neutraler Reiz mit dem Ausführen des Reflexes assoziiert. Hier liegt eine einfache Lernform vor.

**Seite 89**

① Das Verhalten wird je nach Stärke des Reizes unterschiedlich heftig ausgeführt. Die Reaktionsintensität ist also variabel. Bei Mehrfachreizung nimmt die Reaktionsintensität mit zunehmender Zahl der Wiederholungen ab. Nach Reizung an einer anderen Stelle, tritt die Reaktion wieder in der ursprünglichen Stärke auf .

② Bei dem stereotypen schnellen Reagieren auf einen Reiz handelt es sich um einen Reflex. Die Abnahme der Reaktion ist durch Habituation zu erklären. Die Abnahme der Reaktionsstärke ist nicht auf Lernen oder Ermüdung zurückzuführen, wie die Reaktion nach Reizung an Ort B zeigt. Hierdurch wird eine Dishabituation bewirkt; die Reaktion tritt in ursprünglicher Stärke auf.

**Seite 90**

① Das Verhalten in Versuch a zeigt, dass sich die Sandwespe tatsächlich an den Zapfen orientiert hat. Die Hypothese TINBERGENS wird bestätigt. Versuch b zeigt darüber hinaus, dass die Anordnung der Objekte wichtiger ist als deren Form.

② Die Tatsache, dass die meisten Sandwespen so reagieren, legt die Annahme nahe, dass eine entsprechende genetisch bedingte Lerndisposition vorliegt. Im Zusammenhang mit dem Nestanflug wird eine Landmarke gelernt. Dabei ist bei mehreren Gegenständen die Anordnung von größerer Bedeutung als die Form.

## Lösungen

### Seite 91

① Die Hummeln suchen (genetisch bedingt) Blüten zur Nektaraufnahme auf. Dabei lernen sie mit zunehmender Anzahl der Erfahrungen, effektiver Nektar zu gewinnen. Nach ca. 60 bis 100 Anflügen haben die meisten Tiere das Optimum erreicht.

② Je nach Blütenform führen unterschiedliche Verhaltensweisen zur optimalen Nektaraufnahme. Das Aufsuchen bereits bekannter Blütenformen führt schneller zum maximalen Nahrungsgewinn. Da sich nach Jahreszeit oder durch andere Faktoren das Angebot an Blüten verändern kann, führt Lernen bevorzugt zu einem sicheren Nahrungserwerb als die genetische Fixierung auf einen Blütentyp.

③ Für die Pflanzen bedeutet die Bevorzugung einer Blütenart durch die Hummeln, dass diese mit größerer Wahrscheinlichkeit arteigenen Pollen mitbringen bzw. auf eine Pflanze derselben Art übertragen. Die Effektivität der Bestäubung ist höher.

### Seite 92

① Die in Abb. a dargestellten Ergebnisse zeigen, dass die Masse bzw. Größe der Individuen wenig über den Kampfausgang aussagen. Nur in 10 von 22 Fällen gewinnt das schwerere Tier. Abb. b lässt erkennen, dass in fast allen Fällen das Tier mit den größeren Fettreserven gewinnt. Dies ist der entscheidende Vorteil bei einem langen, Kraft zehrenden Kampf. Das Tier mit mehr Fettreserven ist auf Dauer das stärkere.

② In Kommentkämpfen kann z. B. die Ausprägungsform sekundärer Geschlechtsmerkmale (Geweih, Gefiedermerkmale) kampfentscheidend sein, also eine spezifische Eigenschaft, aber auch die Stärke (z. B. in Schiebekämpfen bei Säugetieren) kann den Ausschlag geben. Revierinhaber zu sein reicht in der Regel nicht, kann aber die Kampfbereitschaft bzw. die Motivation erhöhen („Heimvorteil").

### Seite 93

① In den letzten ca. 10 Tagen vor der Eiablage nimmt die Gesangshäufigkeit stark zu. Dies passt gut zu der genannten Hypothese, da in den Tagen vor der Eiablage die Begattung stattfindet und Eindringlinge durch die Gesänge des Revierinhabers vertrieben werden können.

② Neulinge in einem Gebiet kämpfen nur sehr kurz mit Revierinhabern. Halten sie sich schon einige Tage im fremden Revier auf, steigt die durchschnittliche Kampfdauer stark an. Entweder steigt durch den Aufenthalt im Revier die Motivation zum Kampf oder die Ortskenntnis im Revier stellt einen Vorteil beim Kampf dar, sodass ggf. ein Auseichen erst später erfolgt.

### Seite 94

① Teil 1 und 2 der Abbildung zeigen, dass mit Zunahme der Größe der Muschel einerseits die Masse des gewonnenen Muschelfleisches steigt, andererseits aber auch der Zeitbedarf zum Öffnen der Schale. Teil 3 zeigt die Kombination der beiden Faktoren: Ca. 4 cm große Muscheln stellen den besten Kompromiss aus Aufwand und Nahrungsgewinn dar. In Teil 4 erkennt man, dass die Austernfischer in Jahren mit großem Nahrungsangebot etwas größere Muscheln bevorzugen. In Jahren mit wenig Muscheln bevorzugen sie etwas kleinere und ernähren sich zu einem nennenswerten Teil von sehr kleinen, schnell zu öffnenden Muscheln.

② Da die Muscheln der verschiedenen Arten unterschiedlich leicht zu öffnen sind, ergibt sich für jede Art ein unterschiedliches optimales Verhältnis von Aufwand zu Fleischmenge.

**Seite 95**

① Links in Abbildung 1 ist eine Kurztagpflanze dargestellt. Blüten bilden sich dort nur, wenn die Dunkelphase lang und nicht unterbrochen ist. Der rechte Teil zeigt eine Langtagpflanze. Sie blüht nur dann trotz langer Nächte, wenn die Dunkelheit unterbrochen ist.

② Die rechte Pflanze blüht ebenfalls, obwohl nach der Belichtung nur die linke blühen dürfte. Eine mögliche Erklärung besteht darin, dass in der linken Pflanze zur Blüteninduktion beleuchtungsbedingt ein Stoff freigesetzt wird, der durch die Pfropfstelle auch in die rechte Pflanze gelangt.

③ Die Pflanzen sind daran angepasst, in ihrem Ursprungsverbreitungsgebiet dann zu blühen, wenn jahreszeitlich optimale Voraussetzungen für die Fortpflanzung gegeben sind.

**Seite 96**

① Beide Pflanzengruppen erhalten genügend Licht zur Fotosynthese, ohne selbst einen entsprechend langen und stabilen Spross zu bilden. Die Bromelien wachsen in der Baumkrone, indem sie dort Wasser speichern und gelöste Mineralien sowie Wasser aus dem Tropfwasser in der Baumkrone aufnehmen. Die Lianen wachsen rasch an einem Urwaldbaum empor. Dabei heften sie ihren dünnen Spross durch Klimmhilfen an den Baumstamm. Auch Blätter und Dornen können bei der Verankerung in der Baumkrone helfen. Lianen nehmen Wasser und Mineralstoffe aus dem Boden auf.

② Die Mistel ist ein Halbparasit, der der Wirtspflanze Stoffe entnimmt, während Bromelien und Lianen die Bäume nur als Standort verwenden, ihnen aber keine Stoffe entnehmen.

**Seite 97**

① Die Nadeln der immergrünen Fichten weisen Einrichtungen zum Verdunstungsschutz (schmale dicke Blätter, dicke Kutikula, mehrschichtige Epidermis, eingesenkte Spaltöffnungen) auf, die Buche nicht. Die Fotosyntheserate der Nadelblätter ist geringer. Fichten bilden weniger Blattmasse als Buchen, die Blätter bleiben aber länger funktionsfähig.

② Die Buche bildet eine breite Krone, die im Sommer sehr intensiv Fotosynthese betreibt. Dazu bildet sie in jedem Jahr viel Blattmasse. Die Fichte erreicht eine ähnliche Nettoprimärproduktion, indem sie ganzjährig Fotosynthese betreibt mit großer Gesamtblattmasse, aber geringerer Jahresproduktion an Blättern. Der Wuchs ist schlanker, aber höher.

**Seite 98**

① Die Rotbuche bildet einen dichten flachen Wurzelteller aus. Dadurch wird ein Vordringen in Staunässe (mit mangelnder Sauerstoffversorgung) vermieden und gleichzeitig gute Wasseraufnahme nach Regenfällen ermöglicht. Die Standfestigkeit (z. B. bei Sturm) ist eingeschränkt, ebenso die Überdauerung längerer Trockenperioden. Die Stieleiche bildet neben flachen Wurzeln zusätzlich Tiefenwurzeln aus, die die Standfestigkeit erhöhen. Damit kann sie Wasser aus tieferen Schichten nutzen. In direkter Konkurrenz mit Rotbuchen erhalten sie allerdings fast ausschließlich jenes Wasser, das von den Buchen nicht aufgenommen wurde.

② Es findet Sukzession statt. In der Initialphase siedeln sich kurzlebige typische r-Strategen an, die keinen mehrjährigen Pflanzenkörper bilden, aber viele Fortpflanzungsprodukte. Sie werden in der Folgephase zum großen Teil von mehrjährigen Sträuchern verdrängt, deren Wachstum dann wiederum in der Klimaxphase von typischen K-Strategen, den Bäumen, eingeschränkt wird.

**Seite 99**

① Die Brandente sucht tastend im Flachwasser nach Beute, während der Austernfischer mit seinem kurzen Schnabel überwiegend Kleinkrebse und Muscheln von der Oberfläche absammelt. Der Austernfischer kann gut Muscheln öffnen. Rotschenkel und Brachvogel setzen ihre längeren Schnäbel zum Beutefang unter der Oberfläche ein. Die ökologische Nische ist die Gesamtheit der Ansprüche einer Art an ihre Umwelt. Die Vögel im Watt bilden unterschiedliche Nahrungsnischen aus, sodass sie bezüglich der Nahrung kaum miteinander konkurrieren.

② Die Wirbellosen im Watt zeigen unterschiedliche Angepasstheiten an den Wechsel von Ebbe und Flut. Muscheln, Krebse und Schnecken können während der Ebbe trocken fallen, ohne zu ersticken. Einige Arten leben im dauerfeuchten Boden und sind dort, ebenso wie einige Wurmarten, zumindest teilweise vor Fressfeinden geschützt. Auch die Ernährung (Substratfresser, Strudler, Jäger) ist bei ihnen unterschiedlich.

**Seite 100**

① In kühl-feuchter Umgebung ist der Amerikanische Reismehlkäfer überlegen, in warmfeuchter der Rotbraune Reismehlkäfer. Nach dem Konkurrenzausschlussprinzip wird die jeweils andere Art nach einigen Generationen verdrängt. Bei Umweltbedingungen, die Präferenzen beider Arten aufweisen, dominiert nach einiger Zeit die eine oder die andere Art. Das Konkurrenzausschlussprinzip gilt auch hier. Ein anfangs eher zufallsbedingt unterschiedlicher Fortpflanzungserfolg führt letztlich zur Verdrängung einer der Arten.

② Die ökologische Nische ist die Gesamtheit der Ansprüche einer Art an ihre Umwelt. Neben den Nahrungsansprüchen gehören dazu auch die abiotischen Bedingungen wie Temperatur und Feuchtigkeit.

③ Wenn z. B. die Umweltbedingungen starken Schwankungen unterliegen, kann es vorkommen, dass manchmal die eine und manchmal die andere Art bessere Lebensbedingungen hat. Dann schwanken zwar die Populationsgrößen stark, aber keine der beiden Arten kann ganz verdrängt werden.

**Seite 101**

① Beide Versuchsreihen zeigen, dass bei zunehmender Individuendichte die Anzahl der Fortpflanzungseinheiten pro Individuum abnimmt. Die Individuen investieren bei zunehmend knapper werdenden Ressourcen weniger Aufwand in die Nachkommenproduktion, entweder aus Mangel an Ressourcen oder weil sie mehr Ressourcen für das eigene Überleben brauchen, und dadurch die Chance haben, häufiger Nachkommen zu produzieren.

② Die Umverteilung der Ressourcen in Richtung Erhaltung des eigenen Lebens kann insgesamt zur Steigerung des eigenen Lebensfortpflanzungserfolges führen und könnte deshalb einen Selektionsvorteil darstellen.

③ Beim Getreideanbau steht nicht die maximale Biomasse im Vordergrund, sondern die größtmögliche Masse an Getreidekörnern. Bei zu geringem Abstand der Pflanzen würde die Ernte geringer ausfallen.

**Seite 102**

① Die Messdaten für die gleichzeitige Anwesenheit von Räuber und Beute entsprechen der ersten und zweiten Volterra'schen Regel. Beide Werte schwanken um einen gleich bleibenden Mittelwert und die Maxima sind versetzt.

② Ein besonders strenger Winter oder andere ungünstige Witterungseinflüsse können zu Einbrüchen bei der Populationsgröße geführt haben oder Überweidung (Überbeanspruchung der Ressourcen) könnte zu einem Massensterben geführt haben. Eine dritte Möglichkeit wäre die Verbreitung von Krankheiten bei hoher Individuendichte.

**Seite 103**

① Einige Beispiele sind: Je mehr Nagetiere desto mehr Kojoten; je mehr Greifvögel desto weniger Nagetiere; je mehr Biber desto weniger Pappeln.

② Senken und Gebüsche sind mögliche Verstecke für Wölfe und damit gefährliche Aufenthaltsorte für die Hirsche. Deshalb konnten sich diese Bereiche zur Grundlage neuer Bewaldung entwickeln.

**Seite 104**

① Es handelt sich um Symbiosen, also Lebensgemeinschaften, von denen beide Arten profitieren, ohne dass irgendeine Art von Altruismus vorliegt.

② Die Wimperntierchen müssen Angepasstheiten an das Leben im Verdauungstrakt der Termiten aufweisen, da sie außerhalb nicht mehr lebensfähig sind. Ein anderes Beispiel ist das Verhalten der Blattschneideameisen. Sie tragen Blätter in ihr Nest ein, obwohl sie diese nicht direkt verwerten können. Das Verhalten wird erst vorteilhaft durch die Lebensgemeinschaft mit den Pilzen.

**Seite 105**

① Im offenen Meer ist die durchschnittliche Produktivität gering, durch die große Fläche ist der Anteil an der Welt-Nettoprimärproduktion jedoch sehr hoch. Der tropische Regenwald hat eine enorme Produktivität (viele ökologische Nischen, Mineralstoffkreislauf wird schnell durchlaufen, genügend Wasser, warm). In der Tundra ist die Temperatur und zum Teil auch Wasser begrenzender Faktor, die Produktivität ist recht gering. Korallenriffe beinhalten eine komplexe Lebensgemeinschaft in warmem Wasser. Da es bezogen auf die Erdoberfläche relativ wenige Korallenriffe gibt, ist der Beitrag zur globalen Nettoprimärproduktion recht gering.

② Unter Nettoprimärproduktion versteht man die durch Fotosynthese und Chemosynthese gebildete Biomasse in einer bestimmten Zeit nach Abzug des von den Organismen selbst verbrauchten Anteils.

**Seite 106**

① Unter Nettoprimärproduktion versteht man die durch Fotosynthese und Chemosynthese gebildete Biomasse in einer bestimmten Zeit nach Abzug des von den Organismen selbst verbrauchten Anteils. Unter Bestandsmasse der Pflanzen versteht man die Summe der Massen aller Pflanzen pro Flächeneinheit zu einem bestimmten Zeitpunkt bzw. im Jahresmittel.

② Temperatur, Wasserangebot und Mineralstoffangebot sind mögliche Minimumfaktoren, die die Nettoprimärproduktion begrenzen können.

③ Der tropische Regelwald ist dicht besiedelt mit langlebigen K-Strategen (Urwaldbäumen und Lianen), während man im Meer in oberen Wasserschichten Phytoplankton (kurzlebige r-Strategen) findet.

**Seite 107**

① Wiesen werden nach einer längeren Wachstumsperiode einmal oder mehrfach gemäht und abgeerntet. Die Artenzahl ist recht hoch, gedüngt wird nur bei sehr intensiver Nutzung (mehrfacher Mahd). Weiden werden nur gedüngt, wenn zusätzlich zum Weideauftrieb Mahd und Ernte erfolgen. Je intensiver insgesamt die Bewirtschaftung ist, desto mehr Dünger wird eingesetzt und desto geringer ist die Artenvielfalt.

② Plantagen sind Monokulturen, also ökologisch extrem verarmte Ökosysteme. Schädlinge verbreiten sich rasch und müssen intensiv bekämpft werden. Wiesen und Weiden sind deutlich artenreicher, vielfältiger und weniger schädlingsanfällig. Unkräuter sind meist kein gravierendes Problem, da sie durch Mahd bzw. Fraß zurückgedrängt werden. Grünland ist auch Lebensraum für eine Vielzahl von Tierarten.

**Seite 108**

① Nach der Erstbesiedlung des fruchtbaren Bodens durch schnell wachsende Kräuter werden diese durch Gräser und Sträucher verdrängt. Dadurch erhalten die Erstbesiedler weniger Licht und ggf. weniger Mineralstoffe. Danach wiederholt sich der Verdrängungsvorgang durch die langsam heranwachsenden Bäume. Damit erhalten auch die Erstbesiedler noch weniger Licht.

② Die r-Strategen verwenden viel Energie für die Fortpflanzung und erzeugen meist schon im ersten Jahr viele Samen. Die K-Strategen investieren mehr Aufwand in die eigene Langlebigkeit. Es dauert lange bis ein kräftiger Baum heranwächst, die Brennnessel wächst schneller, aber unterliegt im Kampf ums Licht.

③ Pflanzliches Nahrungsangebot und andere Bedingungen, wie Mikroklima, Angebot an Brutplätzen oder Möglichkeiten zum Schutzsuchen ändern sich so gravierend, dass manche Tierarten nur zeitweise in diesem Bereich leben. Dies wiederum verändert das Beuteangebot oder den Feinddruck für Tierarten. Manche Generalisten kommen auch in der ganzen Zeit am gleichen Ort vor, da sie sich den jeweiligen Gegebenheiten anpassen können.

# Lösungen

## Seite 109

① Bis zu einer Tiefe von 10 m sind die Parameter konstant. Für die Herbstzirkulation ist das Wasser noch etwas zu warm. Also muss durch Wind eine Durchmischung hervorgerufen werden. Der Dichteunterschied der Wasserschichten ist schon sehr gering (beginnende Zirkulation. Am Boden findet man durch langjährige Anreicherung von abgesunkener Biomasse wenig Sauerstoff und viele Mineralstoffe. Der hohe Nitratgehalt in mittlerer Tiefe beruht auf dem Abbau absinkender Biomasse.

② Auf dem Grund herrschen anaerobe Bedingungen, Mineralstoffe sammeln sich an, die nicht durch Zirkulation in obere Bereiche zurücktransportiert werden. Diese Schichten werden extrem mineralstoffarm, wenn kein Eintrag von außen vorliegt.

③ Das Abpumpen von Tiefenwasser bedeutet die Entnahme von Mineralstoffen aus dem See. Dadurch wurde verhindert, dass diese durch die Verwirbelungen aufgrund der Luftzufuhr obere Bereiche eutrophieren. Die zugeführte Luft erlaubt in der Tiefe die Oxidation von Ammonium und vermutlich dort durch anaerobem Abbau von Biomasse angereichertem Schwefelwasserstoff.

## Seite 110

① Nach der Rodung im Dezember bleiben die Werte bis zum darauf folgenden Sommer etwa gleich. Im Sommer nach der Abholzung steigt der Nitratgehalt im Sickerwasser aus dem gerodeten Gebiet sprunghaft auf das 40-fache an und bleibt über Jahre auf dem hohen Niveau.

② Im Sommer wird wenig Nitrat ausgewaschen, da die Bäume es in großen Mengen aus dem Boden aufnehmen und zum Wachstum verwenden. Der Laubfall im Herbst liefert die Grundlage für die Nitratentstehung im Boden im folgenden Frühjahr.

③ Proteine und Nucleinsäuren ergeben beim Abbau durch Destruenten überwiegend Ammoniumionen, die dann durch nitrifizierende Bakterien zu Nitrit bzw. Nitrat oxidiert werden.

## Seite 111

① Durch Holzeinschlag und Brandrodung wurden Lichtungen erzeugt, in denen eine Sukzession von Kräutern über Gras zu Sträuchern einsetzte. Die Beweidung und der Verbiss an jungen Sträuchern führten zu einer Graslandschaft mit Waldinseln (Parklandschaft). Bei intensiver Nutzung erfolgte eine Selektion zu Pflanzen, die als Futterpflanzen ungeeignet waren. Damit waren Holzwert, Futterwert und Produktionskraft des Ökosystems minimal.

② Durch die Trennung entsprechend der Funktionen entstanden Wälder und Weiden mit hoher Produktionskraft und optimalem Nutzen für die Menschen.

## Seite 112

① In den 80er-Jahren erfolgte die Eiablage zeitlich so, dass eine Woche nach dem Schlüpfen das Nahrungsangebot für die Meisen am größten war. Zwanzig Jahre später haben sich die durchschnittlichen Brutzeiten der Meisen nicht verändert, die Entwicklung der Frostspanner-Raupen und vermutlich als Ursache dafür die Austriebszeit der Eiche haben sich jedoch um eine Woche nach vorn verschoben. Die Meisen haben also zur Zeit des größten Bedarfs ein geringeres Nahrungsangebot.

② Aufgrund der mangelnden Nahrung sinkt der Fortpflanzungserfolg der Meisen und damit deren Populationsdichte. Die Frostspanner-Raupen haben eine höhere Überlebensrate, da der Räuberdruck am größten ist, wenn sich die meisten Raupen schon verpuppt haben. Die Populationsdichte der Frostspanner steigt, sie richten mehr Fraßschäden an den Eichen an. Die Eichenbestände werden mehr geschädigt.

**Seite 113**

① Wenn zwei Allele A (dominant) und a (rezessiv) vorliegen, so ist die Summe der Häufigkeiten gleich 1 ($p + q = 1$). Die Summe der Häufigkeiten der drei möglichen Genotypen ist ebenfalls 1 ($p^2 + 2pq + q^2 = 1$). Mit den Gleichungen lässt sich die Häufigkeit der Allele und der Genotypen bestimmen, wenn die Häufigkeit der homozygot rezessiven Individuen bekannt ist.

② In einer idealen Population bleibt die Häufigkeit der Allele und der Genotypen konstant. Die in Abbildung 2 dargestellten Faktoren verändern sie jedoch. Das Hardy-Weinberg-Gesetz kann für reale Populationen deshalb nur Näherungswerte liefern und erlaubt nur begrenzt Vorhersagen.

③ Da es sich um statistische Aussagen handelt, gilt, dass die Zuverlässigkeit mit der Größe der betrachteten Population steigt. Je weniger Individuen betrachtet werden, desto größer ist der Einfluss des Zufalls.

**Seite 114**

① Pfauenmännchen mit vielen Augenflecken auf dem Gefieder sind erfolgreicher bei der Partnersuche. Männchen mit größeren Flecken auf den Federn ziehen erfolgreicher Junge auf. Je mehr und je größere Augenflecken die Männchen haben, desto höher ist ihre reproduktive Fitness. Dies führte wohl durch Selektion durch die Weibchen bzw. durch die Überlebensrate der Jungen zur Ausbildung eines immer extremeren Schwanzgefieders.

② Die in Abbildung 2a dargestellten Ergebnisse zeigen, dass die Zahl der Augenflecken die Wahl durch Weibchen beeinflusst. Dies geschieht in jeder Generation, also auch bei den Töchtern bzw. Söhnen. Dies spricht für die zweite Hypothese. Die in Abbildung 2b wiedergegebenen Ergebnisse zeigen, dass bei „prächtigen“ Hähnen mehr Junge überleben. Dabei spielt die Partnerwahl in der nächsten Generation keine Rolle. Dies stützt also die erste Hypothese. Da sich die Hypothesen nicht ausschließen, sondern in die gleiche Richtung führen, können beide zutreffen.

**Seite 115**

① Die Ernten zeigen eine sehr unterschiedliche Zusammensetzung. Die jeweiligen Klimaeinflüsse stellen Selektionsfaktoren dar, die die Reproduktionsrate der einzelnen Sorten beeinflussen. In Virginia und Oregon z. B. scheinen die Einflüsse ähnlich zu sein. Hier erweist sich eine Sorte als besonders gut angepasst, wie an den meisten anderen Standorten auch.

② Bei Selbstbefruchtung wird die Kreuzung unter den gemeinsam ausgebrachten Sorten und mit jeweils in der Nähe angebauten vermieden. Nur so können die ausgebrachten Sorten direkt verglichen werden.

## Lösungen

**Seite 116**

① Bis Mitte August bestäuben Schwärmer und Kolibris etwa gleich häufig die Pflanzen, dann wandern die Kolibris ab. Die Schwärmer orientieren sich offenbar nicht an der Farbe der Blüte. Während bis Mitte August mehr rote Blüten zu finden sind, dominieren danach weiße Blüten. Pflanzen mit Änderung der Blütenfarbe blühen ebenfalls überwiegend nach Mitte August. Die Pflanzen sind offenbar an die vorhandenen Bestäuber angepasst.

② Rot blühende Pflanzen haben bis Mitte August einen Selektionsvorteil, da sie die effektiver bestäubenden Kolibris anlocken. Dieser Vorteil wird ab Mitte August zum Nachteil. Wenn durch Mutation zufällig Varianten auftauchten, die den Vorteil „Rotblütigkeit" aufwiesen und ab Mitte August auf den Vorteil „Weißblütigkeit" umstellen konnten, hatten diese einen Selektionsvorteil, der ihre Verbreitung begünstigte.

**Seite 117**

① Durch die unterschiedlichen Trommel- und Rufsignale sind die Arten ethologisch isoliert. Weitere Mutationen, wie in der Färbung, haben sich dann nicht mehr über die Isolationsgrenze verbreitet.

② Die Signale der Bastarde zeigen Merkmale beider Elternarten. Das deutet darauf hin, dass genetische Grundlagen für dieses Verhalten vorliegen, und zwar auch bei den Elternarten. Damit sind die Signale ein stabiler Isolationsfaktor.

**Seite 118**

① Auf den Zentralinseln konkurrieren drei Arten miteinander, während auf Hood nur zwei der Arten vorkommen. Zur Vermeidung von Nahrungskonkurrenz sind die Arten an unterschiedliche Samen angepasst. Auf Hood fehlt die Art 3 und damit der Konkurrenzdruck bei Samen, die einen breiteren Schnabel erfordern. Hier ist es für Art 2 vorteilhafter, auch dieses Spektrum der Nahrung mit zu erschließen.

② Durch die Dürre fand eine intensive Selektion innerhalb einer Generation statt. Dabei überlebten anteilig mehr Individuen mit längerem Schnabel, vermutlich weil sie damit eine verbleibende Nahrungsquelle besser erschließen konnten.

**Seite 119**

① Durch die Verbreitung in einem sehr großen Gebiet könnten geografische Rassen entstanden sein. Weit voneinander entfernte Populationen haben sich nicht mehr vermischt. Der Regenwald am Kongo stellte eine natürliche Barriere zwischen den südlichen und nördlichen Formen dar. Möglicherweise haben sich in unterschiedlichen Klimaphasen der Erde Regenwald und Wüsten unterschiedlich ausgebildet und Isolation von Populationen bewirkt. So konnten sich Unterschiede bei verschiedenen Formen ansammeln, die unter natürlichen Bedingungen Fortpflanzungsbarrieren darstellten.

② Unter einer Art versteht man die Mitglieder einer Fortpflanzungsgemeinschaft, die unter natürlichen Bedingungen fruchtbare Nachkommen hervorbringen. Eine Rasse ist der Teil einer Art, der sich von den übrigen Individuen durch das Vorhandensein bestimmter, meist auffälliger Merkmale unterscheidet. Rassen können sich durch Isolationsmechanismen zu Arten entwickeln. In der Übergangsphase kann es zur Hervorbringung fruchtbarer Bastarde kommen. Geschieht dies sehr selten oder sind die Nachkommen in der Selektion benachteiligt, kann es dennoch zur Artbildung kommen.

**Seite 120**

① Direkt nach der Übernahme der Gruppe durch ein neues Brüllaffenmännchen sterben besonders junge Tiere, die noch von der Mutter gesäugt werden. Die Sterblichkeit der älteren Jungtiere ist eher geringer. Die jungen Säuglinge werden vom neuen Leittier getötet die Überlebensrate der anderen Gruppenmitglieder steigt etwas. Wenn die Mütter der getöteten Säuglinge paarungsbereit werden, ergänzt der Nachwuchs mit dem neuen Männchen die Gruppe.

② Die neuen Männchen erhöhen durch den Infantizid ihre reproduktive Fitness auf Kosten ihres Vorgängers, da nach kurzer Zeit ihr eigener Nachwuchs in der Gruppe großgezogen wird.

③ In erster Näherung kann man sagen, dass die Tötung von Artgenossen sich immer nachteilig auf die Chancen zur Erhaltung der Art auswirkt. Bei näherer Betrachtung muss dem aber gegenübergestellt werden, dass das Ersetzen der Nachkommen des schwächeren Vorgängers durch Nachkommen der stärkeren Nachfolgers sich positiv auf den Fortbestand der Art auswirken kann.

**Seite 121**

① Die Witwenvögel (Männchen und Weibchen) werden auf den Gesang der Wirtsvögel geprägt. Es tritt ethologische Isolation auf. Dadurch erkennen sie die Nester der Wirtsart und verpaaren sich mit Witwenvögeln gleicher Prägung. Auf diese Weise konnten sich Rassen bilden, die in der Eifärbung an die Wirtsvögel angepasst sind. Dies stellt einen Selektionsvorteil dar, da die Witwenvogeleier nicht so häufig von den Wirtstieren erkannt werden.

② Man findet sowohl bei den Witwenvögeln als auch beim Astrill Angepasstheiten an den Parasitismus. Eifärbung und Gesangsprägung stellen Angepasstheiten beim Brutparasiten dar. Die Erkennung von Fremdeiern und deren Entfernen aus dem Nest stellen Gegenanpassungen der Wirtsart dar. Parasit und Wirt üben jeweils Selektionsdruck aufeinander aus bis hin zur Perfektionierung des jeweiligen Mechanismus.

**Seite 122**

① Bei Monogamie ist die reproduktive Fitness bei beiden Geschlechtern gleich. Verpaart sich ein Weibchen mit mehreren Männchen (Polyandrie), erhöht es seine Fortpflanzungsrate, die der Männchen sinkt. Liegt Polygynie vor, ist es umgekehrt.

② Männchen können die eigenen Chancen zur Fortpflanzung durch Reduktion des Fortpflanzungserfolges von Konkurrenten erhöhen. Ein zweites Männchen zu dulden bietet die Möglichkeit, sich fortzupflanzen, auch wenn sie kein eigenes Revier exklusiv besetzen können. Gleiches gilt für die β-Männchen im polygynen System.

③ Die Interessen von Männchen und Weibchen decken sich nicht. Dadurch bildet sich über längere Zeit ein dynamisches Gleichgewicht der Erfolge der unterschiedlichen Strategien aus.

## Lösungen

**Seite 123**

① Die Steinkoralle verfügt über ein einfach gebautes Verdauungssystem mit nur einem Ein- und Ausgang. Alle übrigen Aufgaben werden von den beiden Schichten Ektoderm und Entoderm übernommen. Lunge, Herz/Kreislauf, Niere, Leber und Zentralnervensystem fehlen. Sauerstoffversorgung und Exkretion erfolgen über die beiden Schichten.

② In den Entodermzellen sind endosymbiontische Algen enthalten, die durch Fotosynthese und Glucoseabgabe zur Versorgung der Korallen beitragen. Das bei der Kalkskelettbildung anfallende $CO_2$ erhöht die Fotosyntheseleistung der Algen. Nur im flachen Wasser erhalten die Algen genügend Licht zur Fotosynthese.

**Seite 124**

① Bei den entwicklungsgeschichtlich alten Tierarten beruhen die Ähnlichkeiten, soweit noch vorhanden, auf Verwandtschaft. So stammen z. B. die Lungenfische von gemeinsamen Vorfahren ab. Bei den entwicklungsgeschichtlich jungen Arten beruhen die Ähnlichkeiten auf Konvergenz. So nutzen z. B. Kolibri und Nektarvogel die gleiche Nahrungsquelle oder Baumstachler und Stachelschwein den gleichen Schutzmechanismus gegen Feinde. Die Ähnlichkeiten beruhen auf Ähnlichkeiten der Anpassung ohne gemeinsame Vorfahren mit diesem Merkmal.

② Fische haben normalerweise Kiemen als Atmungsorgane, während Amphibien im Erwachsenenstadium mit einfach gebauten Lungen atmen und sich deshalb an Land aufhalten können. Lungenfische weisen also Merkmale von Fischen und von entwicklungsgeschichtlich jüngeren Tierarten auf. Solche Arten nennt man Brückentiere.

**Seite 125**

① Der grundsätzliche Aufbau des Skeletts entspricht bei den drei Arten dem der Säugetiere (Ausnahme: die reduzierten Gliedmaßen des Wals). Die gemeinsamen Skelettmerkmale beruhen auf Verwandtschaft, sie sind homolog, d. h. Bau und Lage stimmen im Wesentlichen überein und es wurden zumindest teilweise fossile Übergangsformen gefunden. Die ähnliche Körperform zwischen Seehund und Wal beruht auf Konvergenz (Ähnlichkeit, die nicht auf Verwandtschaft beruht), stellt also eine Analogie dar.

② Die Reste von Becken und Hinterbeinskelett des Blauwals sind so weit reduzierte Skelettteile, dass sie ihre ursprüngliche Funktion nicht mehr ausüben können. Sie sind Rudimente.

**Seite 126**

① Durch die Bestimmung von Tierknochen, die an Lagerplätzen der Neandertaler gefunden wurden, kann man auf die vermutlichen Nahrungsgewohnheiten schließen. Im Rahmen der experimentellen Archäologie kann man herausfinden, ob gefundene Pfeilspitzen bei der Jagd zur Tötung von Großtieren benutzt worden sein können. Die Auswertung von Bissspuren an gefundenen Tierknochen kann Hinweise darauf erbringen, dass als Nahrung genutzte Tiere nicht von den Menschen erbeutet wurden, sondern vorher Beute von Raubtieren waren. Elektronenmikroskopische Oberflächen-untersuchungen von Neandertalerzähnen erlauben durch Vergleich mit Zähnen von Mensch und Menschenaffen Rückschlüsse darauf, ob sich die frühen Menschen überwiegend von Pflanzen oder Fleisch ernährt haben. Verletzungen an Neandertalerknochen können Bissspuren von großen Raubtieren sein.

② Mitochondriale DNA unterliegt in der Regel nicht der Rekombination. Unter der Annahme einer konstanten Mutationsrate im Verlauf der Menschheitsentwicklung kann man durch den Vergleich mit mt-DNA von Menschen auf den möglichen Zeitraum der Aufspaltung der Hominiden in Neandertaler und Homo sapiens schließen und versuchen, der Frage nachzugehen, ob es eine Vermischung von Homo sapiens mit Homo neanderthalensis gab.

**Seite 127**

① Durch die Übereinstimmung bei heute lebenden Menschen schließt DARWIN auf die Ursachen für Auseinandersetzungen bei den Vorfahren. Auch Vergleiche mit Menschenaffen (Vierhänder) zieht er heran. Er erkennt gelegentliches Auftreten ursprünglicher Merkmale als Atavismen. Außerdem zieht er kausale Schlussfolgerungen: Da Wiederkäuer Hörner entwickelt haben, benötigen sie ihre Eckzähne nicht mehr und deshalb entwickelten sich diese zurück.

② Im letzten Drittel stellt er die These auf, dass nicht gebrauchte Organe sich weniger ausgeprägt entwickeln und diese erworbene Eigenschaft vererbt wird. Aus heutiger Sicht erklärt man die Rückbildung von Organen damit, dass die Nichtfunktion bzw. Nichtausprägung keinen Selektionsnachteil darstellt und entsprechende Individuen deshalb keinen Selektionsnachteil haben oder dadurch, dass Nichtträger des Merkmals sogar einen Selektionsvorteil haben.

**Seite 128**

① In Regionen ohne Milchwirtschaft ist die genetisch bedingte Lactoseintoleranz wesentlich häufiger (meist 80 bis 100 %) als bei den übrigen Bevölkerungsgruppen. Sind Milch und Milchprodukte wesentlich für die Ernährung, so stellt Lactoseintoleranz einen Selektionsnachteil dar. In den übrigen Gebieten hat ein defektes Gen für Lactase keinen Nachteil, sodass es hier verbreitet auftreten kann.

② Um eine optimale Verträglichkeit der Nahrungsmittel aus Hilfslieferungen zu gewährleisten, müssen entweder mögliche Unverträglichkeiten bekannt sein, oder, wenn dies nicht der Fall ist, sollte man darauf achten, dass Nahrungsmittel ausgewählt werden, die in der Region üblicherweise verzehrt werden.

**Seite 129**

① Süßwasserfische bzw. dort vorkommende Fischarten (Karpfen und Scholle) scheiden überwiegend Ammoniak aus. Sie müssen sowieso viel überschüssiges, durch Osmose aufgenommenes Wasser ausscheiden. Eidechsen und Vögel gehören zu den „Wassersparern“. Harnsäure kann praktisch ohne Wasserverlust ausgeschieden werden. Harnstoff wird mehr oder weniger konzentriert im Harn von Amphibien und Säugetieren ausgeschieden, die Wasser nicht unbegrenzt zur Verfügung haben. Gleiches gilt für Fische, die im Salzwasser leben. Die Stickstoffausscheidungsform stellt eine Angepasstheit an Verfügbarkeit von Wasser dar. Es hat sich die für die jeweiligen Verhältnisse optimale Form durchgesetzt.

② Die Biogenetische Grundregel besagt, dass Tiere in der Individualentwicklung einen verkürzten Abriss ihrer evolutionsgeschichtlichen Entwicklung durchlaufen. Dies trifft bei den Amphibien zu. Die im Süßwasser lebenden Kaulquappen scheiden Stickstoff wie evolutionsgeschichtlich ältere Vorfahren (Süßwasserfische) aus, während die Frösche nach der Metamorphose überwiegend Harnstoff ausscheiden.

③ Im Tricarbonsäurezyklus wird der Kohlenstoff aus den biogenen Molekülen oxidiert (durch Wasseranlagerung und anschließender Wasserstoffabspaltung). Dabei entsteht das Kohlenstoffdioxid, das ausgeatmet wird. Der Wasserstoff dient der ATP-Synthese in der Atmungskette. Außerdem wird im Zyklus der Akzeptor für Acetyl-CoA, die Oxalessigsäure, regeneriert.

**Seite 130**

① Der Vergleich der mitochondrialen DNA erlaubt bei als konstant angenommener Mutationsrate, die vermutlich vergangene Zeit seit der Aufspaltung von Arten zu ermitteln. Bei den Straußenvögeln passen die ermittelten genetischen Distanzen zu den nach der Kontinentalverschiebungstheorie zu erwartenden Zeitpunkten der geografischen Isolation. Damit bestätigen sich die beiden Theorien gegenseitig.

② Da Mitochondrien durch Teilung auseinander hervorgehen und fast ausschließlich durch die Eizelle in die Zygote gelangen, gibt es kaum Rekombination. Damit ergibt sich für den Vergleich eine fast reine mütterliche Linie. Nicht codierende Abschnitte der mt-DNA unterliegen vermutlich nicht der Selektion, sodass zu vermuten ist, dass die Unterschiede nur auf Zufällen und deren Weitergabe beruhen. Bei Kern-DNA sind die Zusammenhänge durch Meiose und Befruchtung sehr viel unübersichtlicher.

## Register